AURELIUS AUGUSTINUS
KOMMENTAR ZUM JOHANNESEVANGELIUM

CHRISTLICHE MEISTER

63

AURELIUS AUGUSTINUS

KOMMENTAR ZUM JOHANNES-EVANGELIUM

Ausgewählt, eingeleitet und übersetzt von
Susanne Greiner

JOHANNES

3. Auflage 2022

Druck: Stückle, Ettenheim
ISBN 978 3 89411 436 7

Was das Evangelium mit wenigen Worten sagt, darf nicht nur kurz erklärt werden, wenn man das Gehörte verstehen will. Der Herr macht zwar wenig Worte, aber sie sind bedeutungsvoll; man soll sie nicht ihrer Zahl nach, sondern ihrem Gewicht nach bemessen, und ihre Spärlichkeit soll uns nicht hindern, ihre Tiefe zu erforschen.

[XXXVII, 1]

INHALT

HINFÜHRUNG

Am Anfang war das Wort

Die in der Forschung etwas kontrovers diskutierten Entstehungsdaten, die auch zur Gliederung und Strukturierung für die Predigten über das Johannesevangelium herangezogen werden, verteilen sich auf mehrere Zeiträume: Die Auslegung von Joh 1-4 (Traktat I-XVI) ist auf den Winter 406 / 407 zu datieren[1]*; der Kommentar zu Johannes 5-12 (XVII-IXX; XXIII-LIV) stammt aus dem Jahr 414 und in einem Brief datiert Augustinus selbst die Entstehung der Predigten zu Joh 13-21 (LV-CXXIV) auf das Jahr 419. Die Traktate XX-XXII, in denen der Kirchenlehrer ein zweites Mal die Rede Jesu, die Verteidigung seines Wirkens als Sendung von Gott auslegt, (Joh 5,19-30), sind nach Meinung von M.-F. Berrouard erst 419 / 420 entstanden, nachdem sich Augustinus mit dem Arianismus beschäftigt hatte*[2]*.*

Wie die Abfassungen seiner anderen großen Werke hat also auch der Johanneskommentar Augustinus über Jahre begleitet. Dieser Umstand war seinen vielfältigen bischöflichen Funktionen geschuldet – schließlich stand er fast vierzig Jahre der Kir-

[1] «Als er seine stundenlangen subtilen Vorträge über das Johannesevangelium hielt, strömten die Menschen herbei; monatelang, auch bei rauem und kalten Wetter; und obschon er fast täglich predigte, einmal sogar sieben Tage hintereinander». Fréderic van der Meer, Augustinus der Seelsorger, Leben und Werk eines Kirchenvaters, Verlag J. P. Bachem, Köln 1951, 216.

[2] Zur Datierung vgl. Alland D. Fitzgerald, Homélies sur l'Évangile de Saint Jean, in: Encyclopédie Saint Augustin. Le Méditerranée et l'Éurope: IVe-XXIe Siècle, Les Éditions du Cerf, Paris 2005, 703. Hildegund Müller, In Iohannis euangelium tractatus, in: Augustinus-Lexikon, Verlag Schwabe, Basel 2008, 711, gliedert etwas anders, unterstützt aber diese These und spricht von einer «deutlichen antiarianischen Tendenz».

che von Hippo vor: Neben seinen pastoralen Pflichten, die sich damals auch auf den zivilrechtlichen Bereich erstreckten, engagierte sich der Bischof für die Konzile der afrikanischen Kirche und bekämpfte durch literarische Schriften die immer wieder aufsprießenden Irrlehren[3]. *Was überrascht es, dass Augustinus nach dem Jahr 420 keine Zeit mehr fand, seinen Kommentar zu überarbeiten, so dass es auf der Hand liegt, dass* In Iohannis Evangelium Tractatus *kein in sich geschlossenes harmonisches Ganzes sein kann. Es fällt sofort auf, dass die Traktate LV bis CXXIV wesentlich kürzer sind als die früheren; höchstwahrscheinlich wurden sie nur diktiert, um als Predigthilfe zu dienen*[4]. *Hans Urs von Balthasar hat die augustinischen Predigten allgemein als «lebendig-unmittelbar» und «unsystematisch» charakterisiert*[5]. *Auch die Auslegungen zum Johannesevangelium sprühen vor Ideen, Assoziationen und Abschweifungen, die bisweilen wieder fallen gelassen oder nicht nicht immer stringent zu Ende gedacht werden. Die Gemeinde von Hippo war gefordert, bei den vielen gedanklichen Wieder-*

[3] Vgl. Wilhelm Geerlings, Augustinus – Leben und Werk. Eine bibliographische Einführung, Ferdinand Schöningh, Paderborn, München, Wien, Zürich 2002, 31.

[4] Marie-François Berrouard, Introduction aux Homélies de Saint Augustin sur l'Évangile de Saint Jean, Paris (Institut d'Études Augustiniennes) 2004, 192, hat in seine Studie eine Tabelle eingefügt, welche über die jeweilige Seitenzahl der einzelnen Traktate in der CCL-Ausgabe Aufschluss gibt. In der Tat sind fast alle Predigten ab dem 53. Traktat kaum über drei Seiten lang. Vgl. weiterhin die Ausführungen von Alland D. Fitzgerald, Homélies, a.a.O., 703f., der außerdem auf die stilistischen Differenzen zwischen diesen Traktatgruppen verweist. H. Müller, Augustinus-Lexikon, a.a.O., 715, hat deshalb von einer «Doppelnatur des Werkes» gesprochen.

[5] Hans Urs von Balthasar, Das Antlitz der Kirche, Johannes Verlag Einsiedeln, Freiburg 1991, 23; vgl. weiterhin Einleitung BKV 1, XII.

holungen nicht zu ermüden und aus den bisweilen langatmigen und umständlichen Erklärungen das herauszuhören und mitzunehmen, worum es ihrem Bischof ging: um die Verkündigung der rechtsgläubigen Lehre in ihren großen heilsgeschichtlichen Zusammenhängen. War der ein oder andere Glaubenssatz zu Beginn des 5. Jahrhunderts noch umstritten, so diente die dogmatische Auslegung des Schrifttextes dem Prediger dazu, seine Gültigkeit zu sichern. Damit hat Augustinus das «vom Evangelisten gebotene Maß» der Auslegung weit überschritten, aber es gibt auch eine tragende Übereinstimmung zwischen dem Liebesjünger und ihm: «Beide wollen die Offenbarung der Christusbotschaft tradieren, indem sie sie in die Zeit und in den Raum ihrer eigenen Gegenwart übersetzen.»[6]

Schon die Vorschläge für eine Gliederung des Johannesevangeliums sind zahlreich und zweifellos besteht die Gefahr eines Zuviels an Systematik[7]*. Unumstritten ist die Sonderstellung des Prologs (Joh 1,1-18): die Fleischwerdung des göttlichen Wortes, das im Ursprung beim Vater war und gekommen ist, um den Menschen Auferstehung und ewiges Leben zu geben. Um dieses Geheimnis kreist das Denken des Evangelisten, auch in der Weise, dass er die Motive des Prologs, den man in der Tat als einen in sich bedeutsamen eigenen Abschitt betrachten kann*[8]*, im Evangelium wiederaufnimmt und in neuen Zusammenhängen ausfaltet. So ist etwa die motivische Abhängigkeit von Joh 8,12 oder 12,46 («Ich bin das Licht der Welt») und Joh 1,5 («Und das Licht scheint in der Finsternis») unum-*

[6] Ernst Dassmann, Augustinus, Heiliger und Kirchenlehrer, Kohlhammer, Stuttgart, Berlin, Köln 1993, 71; vgl. auch 64.

[7] Einleitung zum Johannesevangelium, in: Jerusalemer Bibel, Verlag Herder, Freiburg 1968, 1491.

[8] Vgl. Rudolf Schackenberg, Das Johannesevangelium. I. Teil, Einleitung und Kommentar zu Kap. 1-4, Verlag Herder Freiburg, Basel, Wien 1965, 197.

stritten[9]. *Rudolf Schnackenburg geht noch einen Schritt weiter: Er sieht den Prolog «durch Klammern» mit dem Evangelium verbunden und nennt ihn ein «urchristliches Lied, das Christus in seiner Präexistenz und Inkarnation» besingt und dessen Thematik im ersten Evangelienabschnitt (Joh 1,30) mit der Präexistenz des Logos wieder aufgenommen wird.*[10] *Formal ist der Prolog für ihn eine thematische Hinführung, eine «Vorgeschichte», die mit der Inkarnation in die «Geschichte Jesu» mündet*[11]. *Auch für Peter Hofrichter sind der Prolog und das sich anschließende Evangelium zwei Teile, die in Abhängigkeit stehen, selbst wenn er meint, der Prolog thematisiere nicht den für die damalige Kirche wesentlichen Inhalt des Evangeliums, da er Gericht, Geistverheißung, Passion und Auferstehung ausklammert*[12].

Wie immer es sich für den biblischen Text verhält: Es drängt sich die Frage auf, wie Augustinus den Bezug zwischen Prolog und eigentlichem Evangelienkommentar sieht, in welcher Weise er sich beide Stücke zu eigen macht, denn schließlich darf, wie bereits festgestellt wurde, nicht vergessen werden, dass die Lehre vom präexistenten Logos, von der Gottheit Christi und seiner Menschwerdung auch zu Beginn des 5. Jahrhun-

[9] Peter Hofrichter, Wer ist der «Mensch, von Gott gesandt» in Joh 1,6? Biblische Untersuchungen Bd. 21 (Ergänzungsheft zu Band 17), Verlag Friedrich Pustet, Regensburg 1990, 38.

[10] R. Schnackenburg, I. Teil, a.a.O., 199. Ansonsten, so schreibt Schnackenburg, werden Präexistenz und Inkarnation im Evangelium aber kaum reflektiert (außer Joh 8,58; 17,05).

[11] Ebd. 200.

[12] P. Hofrichter, a.a.O., 38f. Zur Ausklammerung der Passion bleibt die Frage: Ist die Finsternis, in welche das Licht eingeht, nicht das Dunkel der Passion? Augustinus wird in seiner Auslegung des Prologs das Kreuz Christi nicht verschweigen: Menschlicher Hochmut und der Einsicht verschlossene Gottesferne forderten die Kreuzigung des Wortes, das «am Anfang bei Gott war» (vgl. II, 4).

derts noch verteidigt werden musste, oder um es mit den Worten von E. Dassmann zu sagen: Auf der einen Seite war die Unterscheidung der beiden Naturen in Christus schon Teil des kirchlichen Glaubens, «auf der anderen Seite aber war dieser Glaubenssatz noch angefochten und verlangte danach, durch ständige Konfrontation mit dem Bibeltext gesichert zu werden»[13].

Die Frage, inwieweit sich etwa die Annahme belegen lässt, dass der Kirchenvater sich des johanneischen Textes als einer Folie bediente[14]*, um die für ihn zentralen Aussagen des Prologs – «Am Anfang war das Wort und das Wort war bei Gott» (1,1) sowie «Und das Wort ist Fleisch geworden» (1,14), also die Lehre von den zwei Naturen Christi, – anhand der Heiligen Schrift zu erläutern und untermauern, wird nicht nur in dieser Hinführung vertieft, sondern sie war auch mitbestimmend für die Auswahl der übersetzten Traktate.*

Zur Textauswahl dieses Bandes

Von den 124 Traktaten zum Johannesevangelium wurden gut die Hälfte teilweise oder vollständig übersetzt. Zum einen wollte die vorliegende Übertragung dem Leser ein ohne nennenswerte Lücken kommentiertes Stück Predigtliteratur vor Augen stellen, also die Absicht des Kirchenvaters aufgreifen und einen «commentarius currens» bieten[15]*, zum anderen ließ sich diese*

[13] E. Dassmann, a.a.O., 65.

[14] José Fernando Toribio, El prólogo de san Juan en la obra de San Augustin. Uso exegetico y teologico, in: Mayéutica 12 (1986) 40-146, hat die Stellung des johanneischen Prologs im Gesamtwerk des Kirchenvaters untersucht. Er analysiert die Sätze und Begriffe, die Augustinus für die Auslegung des Evangeliums verwendet hat. Vgl. besonders 54ff.

[15] H. Müller, Augustinus-Lexikon, a.a.O., 717.

Auswahl auch von der Beachtung und Rezeption einzelner Passagen durch die theologische Forschung leiten. Eine Orientierungshilfe für diese Auswahl bot die Textsammlung «Das Antlitz der Kirche», der H. U. von Balthasar das gesamte augustinische Predigtwerk zugrunde legt und welche auch den Gedanken des Abstiegs Gottes: dem «Abstieg des Ewigen Wortes in die endgültige Existenz im Fleische» hervorhebt[16]. *Daneben erwies sich auch die Beschäftigung Henri de Lubacs mit den «Quellen» der Patristik als eine wertvolle Ergänzung.*

Wie jedoch bereits angedeutet, wurde der augustinischen Auslegung des Prologs ein besonderes Interesse entgegengebracht. Nach dem Schriftstellenverzeichnis der CCL-Ausgabe nimmt Augustinus außerhalb des Prologes 32mal Bezug auf Joh 1,1 und 23mal auf Joh 1,14[17]. *Kein biblischer Rückbezug wird also so oft wieder hergestellt wie der Verweis auf den Ursprung des Sohnes in seinem himmlischen Vater und die Inkarnation Jesu Christi, so dass man sicher behaupten darf, Augustinus strebe in seinen Traktaten die Ausfaltung einer Theologie des Wortes an, die den Logos als Gottmenschen mit dem Sakrament des Wortes, losgelöst von der historischen Gestalt, gleich- und in eins setzt.*

[16] H U. von Balthasar, Das Antlitz der Kirche, a.a.O., 12 (die Stichworte: Das Wort / Der Abstieg Gottes / Die Sakramente des Heils / Geist-Fleisch).

[17] Vgl. Sancti Avrelii Avgvstini, In Iohannis Evangelivm Tractatvs CXXIV, CCL 36, Brepols, Tvrnholti 1954, 697. Von diesen 32 Bezügen auf Joh 1,1 greift die Übersetzung 14 Stellen auf und von den 23 Rekursen auf Joh 1,14 finden sich 11 Zusammenhänge in der vorliegenden Textauswahl. Dass Rückverweise auf den Prolog den sich ihm anschließenden Evangelientext durchziehen, stellt nicht nur H. Müller, 719, fest, denn allein in dieser Übersetzung konnten insgesamt 40 Anspielungen auf Joh 1,1 und 16 Bezüge auf Joh 1,14 ausgemacht werden.

Das Wort Gottes im Ursprung

Der Glaube der katholischen Kirche geht auf die Lehre der Apostel zurück und bezieht sich auf zwei Gegenstände: die göttliche Trinität als Ziel der Glaubenserkenntnis und die Menschheit Christi als Weg dazu[18]*. Das afrikanische Symbolum von Hippo, das auf dem Nizänum fußte, formulierte in Anlehnung an eine Predigt ihres Bischofs Augustinus (sermo 215): «Credo in Deum patrem omnipotentem... Credo in filium ejus Jesum Christum Dominum nostrum... Credo in Spiritum Sanctum»*[19]*: Ich glaube an Gott, den allmächtigen Vater, ich glaube an seinen Sohn Jesus Christus und ich glaube an den Heiligen Geist, also an drei Personen, die in einer Beziehung zueinander stehen, denn der Vater ist nur Vater in Beziehung zum Sohn und umgekehrt, während der Geist als fruchtbarer Austausch dieses Sein nur in Beziehung zu Vater und Sohn hat. Die drei Personen sind jede für sich Gott und sie sind, so erklärt Augustinus,* ein *Gott*[20]*. Sie sind eines Wesens und wirken ungetrennt. Die Wesensgleichheit von Vater und Sohn (vgl. Traktat XVIII, 8f.) – als Lehre bekräftigt auf dem Konzil von Nizäa gegenüber dem christologischen Subordinatianismus des Arius*[21] *– bedingt, dass ihnen gleiche Ehre gebührt (XIX, 6), dass sie eines Willens (XXI, 10) und*

[18] Henri de Lubac, Credo. Gestalt und Lebendigkeit unseres Glaubensbekenntnisses, Johannes Verlag, Einsiedeln 1975, 31.

[19] Zitiert ebd., 95. Hermann Josef Sieben, Augustinusauslese. Texte zum Glaubensbekenntnis, Ferdinand Schöningh, Paderborn 2006, 7, führt aus, dass bereits Mitte des 3. Jahrhunderts im Glaubensbekenntnis Tauffragen und Glaubensregeln verscholzen sind.

[20] XIV, 9: «Keiner ist für sich Gott und zusammen sind sie Götter, sondern jeder einzelne ist Gott und beide sind Gott.»

[21] Vgl. Jan-Heiner Tück, «Der Vater wäre ohne den Sohn nicht Vater». Zur Revolution des Gottesbegriffs (Nicaea 325), in Internationale Katholische Zeitschrift Communio 1 (2015), 23ff.

untrennbar in ihrem trinitarischen Heilshandeln sind[22]. *Insofern tut der Vater nichts ohne den Sohn und der Sohn kann nichts tun, außer was er den Vater tun sieht.*

«Am Anfang war das Wort und das Wort war bei Gott und Gott war das Wort.» Das Wort ist vor aller Zeit und erweist sich als das ewig aus Gott, seinem Ursprung und Vater, hervorgehende Wort. Im Gegensatz zu den menschlichen Worten, die ertönen und erlöschen (vgl. I, 8), ist das göttliche Wort mächtig und schöpferisch. Es ist nicht leer oder einmal abgeschlossen, sondern kraftvoll und zielstrebig tätig. Es teilt sich mit, so dass man sagen darf: «Auch der Ursprung der Welt liegt im Wort, und nichts von dem, was in der Welt anfängt, fängt außerhalb des Wortes an».[23] *Nie erschafft Gott ohne das Wort (vgl. XXI, 5). Am sichtbaren Weltgebäude lässt sich erkennen, welchen Plan das schöpferische Wort verfolgte, als es die Liebe und den Heilswillen des dreifaltigen Gottes, die Erlösung seines Geschöpfs, kund tat.*

Das Wort Gottes wird Mensch

Der Sohn Gottes, bekleidet mit einem menschlichen Leib, kommt in die von Gott geschaffene Welt, um den Menschen, den Demütigen und den Armen [XXXI, 7], Heil und Erlösung, «Gnade über Gnade» (Joh 1,16) zu bringen. Das dreieinige Wort Gottes tritt in Jesus Christus in die Zeitlichkeit und Vergänglichkeit des Seins und offenbart sich als Logos als ein von Gott kundgetanes, für den Menschen vernehmbares

[22] Felix Genn, Trinität und Amt nach Augustinus, Johannes Verlag, Einsiedeln 1986, 84.

[23] Adrienne von Speyr, Johannes I: Das Wort wird Fleisch. Betrachtungen über das Johannesevangelium Kapitel 1-5, Johannes Verlag Einsiedeln, Freiburg 2. Auflage 2004, 33.

Wort. Dieses Ereignis der Fleischwerdung «trennt» den Sohn vom Vater [XVIII, 2]: die Menschwerdung, so betont Augustinus [XXV, 16; 45,13?], ist ein Akt höchster Demut und Entäußerung [XXIX, 8]; der Sohn Gottes wird als Mensch sinnlich erfahrbar und verletzlich. Mit der Inkarnation treten die beiden Naturen Christi, die göttliche und die menschliche Natur, hervor: Mehrfach spricht Augustinus von Jesu Schwachheit des Fleisches[24], um dann aber sofort wieder an die Gottheit in ihrem ewigen Ursprung beim Vater zu erinnern.

Der Fleischwerdung des Wortes ist Jesu Müdigkeit am Jakobsbrunnen (Joh 4,6) geschuldet, die der Kirchenvater so kommentiert:

Deinetwegen ermüdet Jesus auf dem Weg. Wir finden Jesus die Kraft, und finden Jesus die Schwäche, Jesus stark und schwach: stark, denn «im Anfang war das Wort und das Wort war bei Gott und Gott war das Wort; dieses war im Anfang bei Gott» (Joh 1,1f.). Willst du sehen, wie stark dieser Sohn Gottes ist? «Alles ist durch ihn geworden und ohne ihn ist nichts geworden» (Joh 1,3) und ohne Mühe ist es geworden. Was ist also stärker als der, durch den ohne Mühe alles geworden ist? Willst du den schwachen kennen? «Das Wort ist Fleisch geworden und hat unter uns gewohnt» (Joh 1,14). Die Stärke Christi hat dich geschaffen, die Schwäche Christi hat dich neu geschaffen [XV, 6].

In Christus, der einer von uns geworden ist, ist der Mensch «neu geschaffen», eine neue Schöpfung, denn wegen des Wortes ist dem Vater das Wort des Fleisches lieb [vgl. CX, 5].

Oder vor der Auferweckung des Lazarus steht Jesus am Grab seines Freundes. Seine menschlich-seelischen Regungen und Tränen, unterscheiden sich nicht von der Trauer, die Maria

[24] M.-F. Berrouard, Introduction, 127, meint, «Jésus est pour lui (Augustin) l'homme parfait … il réalise concrètement l'idéal selon le modèle de son temps.

und die Juden angesichts dieses Todes empfinden. Augustinus kommentiert (Joh 11,33):

Ich weiß nicht, was er uns nahegebracht hat, als er im Geist ergrimmte und sich selbst betrübte. Denn wer könnte ihn betrüben außer er sich selbst? Deshalb, meine Brüder, beachtet zuerst die Macht und erforscht dann ihre Bedeutung. Du wirst betrübt, ohne es zu wollen; Christus wurde betrübt, weil er wollte. Es hungerte Jesus (vgl. Lk 4,2), das ist wahr, aber weil er wollte; Jesus schlief (vgl. Mt 8,24), das ist wahr, aber weil er wollte; Jesus wurde traurig (vgl. Joh 11,35), das ist wahr, aber weil er wollte; Jesus starb (vgl. Joh 19,30), das ist wahr, aber weil er wollte; es lag in seiner Macht, so oder so ergriffen zu werden oder nicht ergriffen zu werden. Das Wort nahm nämlich Seele und Fleisch an, indem es sich mit der Natur des ganzen Menschen in der Einheit der Person verband. Denn auch die Seele des Apostels ist durch das Wort erleuchtet worden, die Seele des Petrus, die Seele des Paulus, der anderen Apostel, der heiligen Propheten, sind durch das Wort erleuchtet worden, aber von keiner wird gesagt: «Das Wort ist Fleisch geworden» (Joh 1,14) und «Ich und der Vater sind eins» (Joh 10,30). Die Seele und das Fleisch ist mit dem Wort Gottes eine Person, ein Christus. Und darum wird, wo die höchste Macht ist, gemäß der Zustimmung des Willens die Schwäche gehandhabt; das heißt: «Er betrübte sich selbst» [XVIX, 18].

Den Kirchenvater interessiert hier nicht das sichtbare Leiden des Herrn, das die Umstehenden verstehen, sondern er will die Sendung Christi unterstreichen: Es liegt im Auftrag des Herrn, sich selbst zu betrüben, wenn er es will. Seiner Schwäche geht die Zustimmung des göttlichen Willens voraus. Hans Urs von Balthasar stellt diesen Gedanken in Zusammenhang mit dem «admirabile commercium»: Es ist der freie Wille des Sohnes Gottes, die seelischen Affekte der gefallenen Menschen zu übernehmen, «nicht aufgrund einer Notwendigkeit seiner Verfassung, sondern aus willentlichem Erbarmen»[25]*.*

[25] Hans Urs von Balthasar, Theodramatik III: Die Handlung, Johannes Verlag, Einsiedeln 1980, 231.

Das Erschaudern am Grab des Lazarus kann als eine «Vorahnung»[26] *Jesu der eigenen Passion verstanden werden. Vor seinem Leiden wird der Herr im Geist verstört (vgl. LX, 1ff.), freiwillig verstört, vielleicht aus Mitleid mit Judas, vielleicht durch göttliche Vollmacht im Angesicht des eigenen herannahenden Todes.*

Er trug ja die Schwachheit des Fleisches, die durch die Auferstehung zunichte gemacht wurde. Der aber nicht nur Mensch, sondern auch Gott war, übertraf das ganze Menschengeschlecht in unsagbarem Abstand an Geistesstärke. Also nicht unter jemandes Zwang wurde er verstört, sondern er verstörte sich selbst; das wird über ihn ganz klar gesagt, als er Lazarus auferweckte (vgl. Joh 11,33). Dort steht über ihn geschrieben, dass er sich selbst verstörte, damit das auch verstanden werde, wo es nicht geschrieben steht und man doch von seiner Verstörung liest. Wenn er es für gegeben hielt, hat er durch eigene Vollmacht eine menschliche Empfindung gehabt, er, der in Vollmacht ganz Mensch zu sein sich entschloss. [LX, 5]

Auch in diesem Zusammenhang werden die menschlichen Empfindungen der göttlichen Natur untergeordnet. Zwar wird die Menschheit Christi im Innersten erschüttert, aber diese «Verstörung» bedeutet keine Gefahr für Jesu Sendung, so dass der Sohn womöglich nicht mehr um den Vater weiß, sondern sie dient erneut seinem Erlösungsauftrag. Die Übergabe des Geistes, das Sterben Jesu (Joh 19,30) kommentiert der Bischof von Hippo mit den folgenden Worten:

Wer schläft so, wann er will, wie Jesus gestorben ist, wann er wollte? Wer zieht so sein Kleid aus, wann er wollte, wie Jesus sein Fleisch ablegte, wann er wollte? Wer scheidet so, weil er wollte, wie er starb, weil er wollte? [CXIX, 6]

[26] Adrienne von Speyr, Johannes II: Die Streitreden, Johannes Verlag, Einsiedeln 1949, 442.

Im Tod Jesu, in seiner Hingabe an den Vater, leuchtet die Macht des Richters, aber auch des Erlösers auf. Ist die Sendung erfüllt und der Tod durch die Auferstehung besiegt, dann hat der erlöste Mensch teil an der Stärke und Unsterblichkeit göttlichen Lebens.

WORT UND SAKRAMENT

Die Fleischwerdung Jesu Christi befähigt den Menschen, der Gotteskindschaft teilhaftig zu werden. Augustinus fragt die Gemeinde:

Wie das, durch Christus zu Christus? Durch den Menschen zum Gott, durch das Fleisch gewordene Wort zum Wort, das am Anfang Gott war bei Gott, von dem, was der Mensch aß zu dem, was die Engel täglich essen. Denn so steht geschrieben: «Brot vom Himmel gab er ihnen, das Brot der Engel aß der Mensch» (Ps 77,24f.). Wer ist das Brot der Engel? «Im Anfang war das Wort und das Wort war bei Gott, und Gott war das Wort» (Joh 1,1). Wie aß der Mensch das Brot der Engel? «Und das Wort ist Fleisch geworden und hat unter uns gewohnt» (Joh 1,14). [XIII, 4]

Leiblich hat das Wort Gottes unter uns gewohnt; seine Gegenwart auf Erden endet mit der Himmelfahrt. Christus geht durch den Tod hindurch zur Unsterblichkeit, zu neuem und verklärtem Leben. Da der irdische Leib Christi teil hat an seiner Auferstehung, muss künftig alles Leibliche in ihm auferstehen. Das Brot, die Eucharistie, ist Zeichen für die Fleischwerdung Christi in seinem Leben und indem der Christ dieses Brot, das Brot der Engel, isst, gelangt er durch Christus zu Christus.

Durch das Fleisch kamst du und bliebest doch, wo du warst; durch dieses kehrtest du heim, ohne von dort zu scheiden, wohin du gekommen warst. Bist du also durch dieses gekommen und heimgegangen, so bist du durch das Fleisch ohne Zweifel nicht nur für uns der Weg zu dir gewesen, sondern warst auch dir selber der Weg für das Kommen und Gehen. Als du aber zum Leben, das du selber bist, gingst, so musstest du offenbar eben dies Fleisch vom Tode zum Leben führen. Ein anderes ist freilich Gottes Wort, ein andres der Mensch: aber das Wort wurde Fleisch (vgl. Joh 1,14), das heißt Mensch. Nicht also ist die Person des Wortes eine andere als die des Menschen, denn beides ist Christi eine Person; und wie deshalb mit dem Tode des Fleisches Christus starb, mit dem Begräbnis des Fleisches Christus begraben wurde (so glauben wir nämlich mit dem Herzen zur Gerechtigkeit, so bekennen wir mit dem Mund zum Heil; vgl. Röm 10,10), so kam, als das Fleisch vom Tode zum Leben kam, Christus zum Leben. Und weil das Wort Gottes Christus ist, so ist Christus das Leben. [LXIX, 3]

Christus, das Wort Gottes, ist also das lebendige, vom Himmel herabgestiegene Brot. Wenn man an Christus glaubt, wenn die menschlichen Sinne und das Herz nach ihm verlangen, so isst man dieses Brot und stillt seinen Hunger. Der Glaube hat also eine quasi sakramentale Funktion und wird durch den Empfang des Wortes Gottes verlebendigt. Dagegen sagt Augustinus über die Ungläubigen, die in der Sünde leben und keine Sehnsucht nach dem Herrn hatten:

Sie waren fern vom Brot des Himmels und kannten nicht den Hunger nach ihm. Der Zugang ihres Herzens war erschlafft, mit offenen Ohren waren sie taub, und sehend blieben sie blind. Das Brot des inneren Menschen fordert Hunger, weshalb der Herr anderswo sagt: «Selig, die hungern und dürsten nach der Gerechtigkeit, denn sie werden gesättigt werden» (Mt 5,6). So waren die, welche das vom Himmel herabsteigende Brot nicht erkannten, weil sie, satt von der eigenen Gerechtigkeit, nach der Gerechtigkeit Gottes keinen Hunger verspürten. [XXVI, 1]

Wenige Verse später heißt es dann:

Da also der Herr den Heiligen Geist geben wollte, nannte er sich das Brot, das vom Himmel herabgekommen ist – mit der Mahnung, an ihn zu glauben. An ihn glauben heißt das lebendige Brot essen. [XXVI, 1]

Das Brot ist zum einen sichtbares Zeichen, zum anderen eine Bezeichnung für Christus, das Wort Gottes, das man kraft des Heiligen Geistes empfängt.

Für den Glaubenden, der die Eucharistie empfängt, geht es um den wahren Vollzug, um ein inneres gläubiges Verkosten des eucharistischen Brotes. Denn das sichtbare Brot wird gegessen und verschwindet, aber seine unsichtbare göttliche Wirkkraft, virtus sacramenti, bleibt. Schon das Brot vom Himmel, das Manna, so sagt der Kirchenlehrer in anderem Zusammenhang, verweist auf das Sakrament. Sakramente sind verschiedene Zeichen[27]*, die in ihrer Verschiedenheit alle dasselbe bezeichnen oder auf denselben verweisen, auf Jesus Christus.*

«Dies ist das Brot, das vom Himmel herabkommt.» Dieses Brot bedeutete das Manna, dieses Brot bedeutete der Altar Gottes. Sakramente waren jene Dinge, in den Zeichen verschieden, in der Sache, die bezeichnet wird, sind sie gleich.
«Dies», also «ist das Brot, das vom Himmel herabkommt, damit, wer davon isst, nicht sterbe.» Aber nur, was die Kraft des Sakraments, nicht was das sichtbare Sakrament angeht: nur wer innerlich, nicht wer äußerlich isst, nur wer mit dem Herzen isst und es nicht mit den Zähnen zerdrückt. [XXVI, 12]

Für Augustinus hatte das alttestamentliche Manna damals also dieselbe Wirksamkeit wie die Eucharistie. Folglich gab es, so schreibt Walter Simonis, das Sakrament nicht erst nach seiner Einsetzung durch Christus, sondern schon vor ihm, denn

[27] Nach E. J. Curtrone, Sacrements, in Encyclopédie, a.a.O., 1266, stellt der Kirchenlehrer das Sakrament als heiliges Zeichen in einen neuplatonischen Kontext: Die natürliche Welt, das Brot, verweist für ihn auf eine tiefere Wirklichkeit.

schon damals gab es den gleichen Glauben, die gleiche Liebe und die gleiche Gnade[28].

Auch die Ausführungen des Bischofs von Hippo zur Taufe unterscheiden zwischen zwei Bestandteilen, nämlich dem sichtbaren Sakrament und seiner inneren Wirkkraft. Grundsätzlich hält Augustinus fest, dass die Vollmacht der Taufe beim Herrn liegt (im letzten spendet er die Taufe, nicht Johannes der Täufer und alle ihm nachfolgenden amtlichen Vollstrecker des Ritus; vgl. V 9). Die Macht Christi gibt dem sichtbaren Element eine solche Kraft, dass es als Sakrament wie ein Licht wirkt und von dem zu erleuchtenden Täufling aufgenommen werden kann. Mit anderen Worten: Tritt zum Materiellen oder zum Element des Wassers das machtvolle Wort Gottes, wird es zum Sakrament. Das Sakrament ist also die Versichtbarung des Wortes Gottes und ohne das Wort mit seiner Wirkkraft gäbe es kein Sakrament[29].

«Ihr seid schon rein auf Grund des Wortes, das ich zu euch sprach» (Joh 15,3). Warum sagt er nicht: Ihr seid rein auf Grund der Taufe, durch die ihr gewaschen seid, sondern: «auf Grund des Wortes, das ich zu euch sprach», wenn nicht, weil es auch im Wasser das Wort ist, das reinigt? Nimm weg das Wort, und was ist das Wasser, als eben Wasser? Es tritt das Wort zum Element, so wird das Sakrament, selbst gleichsam sichtbares Wort. [LXXX, 3]

Folglich konnte Walter Simonis darauf hinweisen, dass Augustinus das Taufsakrament nicht primär von «einer ekklesio-

[28] Walter Simonis, Ecclesia visibilis et invisibilis. Untersuchungen zur Ekklesiologie und Sakramentenlehre in der afrikanischen Tradition von Cyprian bis Augustinus, Josef Knecht, Frankfurt am Main 1970, 115.

[29] E. J. Curtrone, a.a.O., 1271.

logischen Wirksamkeit» abhängig sieht, sondern dass sein Vollzug dem «unmittelbaren Wirken Gottes selber» unterstellt ist. Zwar kommt der Kirche eine «vermittelnde Rolle» zu, aber es ist Gott, der allein «im Menschen und für den Menschen das Heil erwirken kann»[30]*. Marie-François Berrouard unterstreicht die Allgemeingültigkeit der Aussage des Bischofs, die auf alle Sakramente ausgedehnt werden darf*[31]*. Das Fleisch Jesu Christi bleibt über die Zeit hinaus gegenwärtig nicht nur im eucharistischen Leib, sondern als Wort Gottes auch im Wort der heiligen Schrift.*

Der dem Wort antwortende Mensch

Das Wort, das im Anfang bei Gott war, kommt in Jesus Christus zum Menschen. Es geht von Gott aus und kommt dann zu Gott zurück, wenn der Mensch es im Glauben aufnimmt, wenn er sein Jawort zu dem gibt, was Gott von ihm erwartet, wenn er den ihm von Gott zugedachten Auftrag, seine Sendung, ergreift.

Der Blick auf die eine oder andere Gestalt des Johannesevangeliums soll uns ihre Begegnung, ihren «Umgang» mit dem Wort (Joh 1,1) vor Augen führen, so wie der Bischof von Hippo ihn seiner Gemeinde vermitteln und nahebringen wollte.

Da ist zunächst Johannes der Täufer, der Vorläufer, der das Wort, das nicht nur erschien, sondern auch verstanden werden konnte, hört und sich freut über die Stimme des Bräutigams:

«Der Freund des Bräutigams aber, der dasteht und ihn hört, freut sich sehr über die Stimme des Bräutigams.» Ich freue mich nicht,

[30] W. Simonis, Ecclesia, a.a.O., 104.

[31] Marie-François Berrouard, Le Tractatus 80,3 in Iohannis Euangelium de saint Augustin: La parole, le sacrement et la foi in: Révue d'Études Augustiennes et Patristiques 33 (1987) 238.

sagt er, über meine Stimme, sondern über die Stimme des Bräutigams freue ich mich. Ich bin hier, um zu hören, jener, um zu sprechen; denn ich soll erleuchtet werden, jener ist das Licht. Ich bin als Ohr hier, jener ist das Wort. Also steht der Freund des Bräutigams da und hört ihn. Warum steht er da? Weil er nicht fällt. Warum fällt er nicht? Weil er demütig ist. [XIII, 12]

Als sein «Ohr» bezeichnet Augustinus den Freund des Bräutigams. Er ist Diener und Werkzeug des Wortes, das ihn erleuchtet, weil er «dasteht». Denn, so fragt der Kirchenvater: «Was heißt stehen? Verharren in seiner empfangenen Gnade» (XIV, 2). Der Vorläufer weiß sich selbst als Empfangender (XIII, 9) und kann dank seiner Demut das Wort im Heiligen Geist verkünden, das teilhat an Gottes gesprochenem Wort. Sein Auftrag reicht jedoch weiter als das Hören der Stimme und die Freude darüber: Er will abnehmen und zurücktreten:

Er nehme in sich selbst ab, damit er in Gott zunehme. Dieses Zeugnis und diese Wahrheit haben Christus und Johannes auch mit ihrem Leiden verkündet. Denn Johannes wurde enthauptet, Christus am Kreuz erhöht, damit auch da offenbar werde, was es heißt: «Jener muss wachsen, ich aber abnehmen». [XIV, 5]

Dieses «Abnehmen» bezieht sich also nicht nur auf den Einfluss, der von der Person und Verkündigung des Täufers ausgeht[32], sondern es ist ein Sterben, das zur Ehre Gottes bis zur physischen Lebenshingabe reicht.

Während Augustinus den «Freund des Bräutigams» in Anlehnung an den johanneischen Text als einen geistbegabten Diener und Zeugen des göttlichen Wortes schildert, geht er mit der Gestalt des Nikodemus vielleicht strenger zu Gericht als der Evangelist. Er scheint zu verkennen, dass dieser «Lehrer

[32] R. Schnackenburg, I. Teil, a.a.O., 454.

Israels» kein oberflächlich Glaubender ist[33]*, sondern zum Herrn kommt, weil er eine Antwort auf die Frage nach der «Geburt von oben» sucht. Schon durch die Deutung der Stunde ihres Zusammentreffens, der Nacht, gibt Augustinus der Begegnung ein negatives Vorzeichen:*

Obwohl [Nikodemus] zu Jesus kam, redet er doch, weil er nachts kam, aus der Finsternis seines Fleisches heraus. [XI, 5] Auch wenn Nikodemus den Herrn sucht, zu ihm hin unterwegs ist, redet er aus der Nacht der Sünde und des Unglaubens. Seine Frage nach dem «Wie» des Neu-Geboren-Werdens entstammt menschlich-zeitlichen Vorstellungen, die eine geistliche Neugeburt des Menschen im Schoß der Kirche verneinen und ausschließen. Beim Hören des erklärenden Wortes des Herrn –

wird er durch die zeitliche Erbschaft eines menschlichen Vaters geboren, muss er aus dem Schoß einer fleischlichen Mutter geboren werden; durch das ewige Erbe des göttlichen Vaters muss er aus dem Schoß der Kirche geboren werden [XII, 5]

– kommt Nikodemus mit seinem Verstand nicht mit; er weigert sich mitzugehen, auf die Kategorien der jüdischen Schriftgelehrten zu verzichten und ist nicht bereit, den eigenen engen Standpunkt aufzugeben. Er zweifelt am göttlichen Wort, so dass Augustinus seinen Hochmut geißelt:

Du weißt nichts, hochmütiger Vorsteher, werde du aus dem Geist geboren. Denn wenn du aus dem Geist geboren sein wirst, wirst du die Wege Gottes einschlagen, um der Demut Christi nachzufolgen. [XII, 6]

Erst mit der Paraphrase von Joh 7,50 korrigiert Augustinus sein Bild von dem Gesetzeslehrer:

[33] Ebd. 379.

Jedoch «Nikodemus, einer aus den Pharisäern, der nachts zum Herrn gekommen war», zwar nicht ungläubig, aber furchtsam, denn deshalb war er nachts zum Lichte gekommen, weil er erleuchtet werden wollte und bekannt zu werden sich scheute. [XXXIII, 2]

Während Nikodemus also zunächst nur äußerlich zum Herrn kommt und sich nicht wirklich mit ihm unterhält, steht Jesu Gespräch mit der Samariterin im Johannesevangelium unter dem Vorzeichen der alles bestimmenden Gnade[34]*. Vielleicht ist allein das der Grund, weshalb der Kirchenvater seinen Kommentar von vorne herein in einem typologisch-heilsgeschichtlichen Kontext einbettet: Wie Eva nicht aus dem schwachen Fleisch, sondern aus Adams Rippe gebildet wurde, so entstand aus der Seite des am Kreuz sterbenden Herrn die Kirche (vgl. XV, 8). Und die zum Jakobsbrunnen kommende Frau ist ein Bild für die Kirche (XV, 10), also weit mehr als was der Evangelist in diese geschichtliche Gestalt als «das ‹typische› Bild des samaritanischen Volkes in religiöser Hinsicht»*[35] *hineinlegt. Der Herr, der von der Samariterin zu trinken verlangt, dürstet, so sagt Augustinus, nach dem Glauben dieser Frau und schenkt ihr «bewusst von sich aus» stufenweise seine Selbstoffenbarung als der Retter der Welt*[36]*. Wie im Gespräch mit Nikodemus treffen zwei Ebenen aufeinander: Die Frau verlangt eine irdisch-natürliche Gabe und will mit dem «Schöpfgefäß ihrer Begierde» nach dem «Genuss in finsterer Tiefe» (XV, 16) suchen, während der Herr geistlich mit ihr redet und ihr Sättigung im Heiligen Geist verspricht. Erst nachdem das Wasser der Gnade die Seele der Frau berührt und verwandelt hat,*

[34] Vgl. Hans Urs von Balthasar, Licht des Wortes. Skizzen zu allen Sonntagslesungen, Johannes Verlag Einsiedeln, Freiburg 4. Auflage 2012, 50.

[35] R. Schnackenburg, I. Teil, a.a.O., 492.

[36] Ebd. 456.

kommt es zu einer Bekehrung: sie lässt den Krug stehen und wird zu einer Jüngerin Christi:

«Da ließ die Frau ihren Krug stehen.»[37] *Nachdem sie gehört hatte: «Ich bin es, der mit dir spricht» und Christus, den Herrn, in ihr Herz aufgenommen hatte, was sollte sie tun als den Krug stehen lassen und eilig die frohe Botschaft zu verkünden? [XV, 30]*

Indem sie das Offenbarungswort gläubig in ihr Herz aufnimmt, bricht sie mit ihrem alten Leben und verkündet Jesus Christus als die frohe Botschaft, als eine dem Wort entsprechende Antwort, welche sich in der Kirche immer wieder vollziehen wird.

Auch Maria Magdalena erhält vom Herrn einen besonderen Auftrag: Wie die Samariterin wurde sie in der Begegnung mit Christus von ihrer Sünde befreit (vgl. Lk 7,37; 8,2), so dass die Liebe sie auch über seinen Tod hinaus am leeren Grab ausharren lässt. Sie sucht den Herrn und weint darüber, dass sie den «entseelten Leib» nicht finden kann: Augustinus kommentiert diese Suche nach leiblicher Gegenwart:

(Maria Magdalena) «nimmt den Teil für das Ganze, so wie wir alle Jesus Christus, den Sohn Gottes als den einen Herrn bekennen, der sicher zugleich Wort, Seele und Fleisch ist.» [CXX, 11]

Sie sucht also das begrabene Fleisch, einen Teil, den reinen Menschen; das Wort, das der Herr auch im Fleisch ist und bleibt, die unsterbliche Gottheit, ist ihr in ihrem Schmerz zunächst veschlossen. Der Auferstandene öffnet die suchende Seele

[37] Adrienne von Speyr, Johannes I, a.a.O., 317, kommentiert: «Sie lässt den Krug stehen. Sie nimmt das Wasser nicht mit, denn sie ist ganz überwältigt von der Kunde des Herrn. Das Irdische ist in diesem Augenblick für sie verschwunden, vom Himmlischen aufgesogen.»

der Frau für den Glauben; seine Antwort sprengt alles irdisch Denkbare und menschlich Vorstellbare: «Rühre mich nicht an, denn ich bin noch nicht zu meinem Vater hinaufgestiegen.» Augustinus bietet zwei Deutungen an:

...dass in jener Frau die Kirche aus den Heiden vorabgebildet wurde, die an Christus erst glaubte, als er zum Vater hinaufgestiegen war; oder Jesus wollte, dass man so an ihn glaube, ihn geistig berühre, dass er und der Vater eins sind. [CXXI, 3]

Maria Magdalena soll Jesus nicht anrühren, nicht fleischlich glauben, sondern ihn im Glauben als den Sohn Gottes berühren, der nach seiner Menschwerdung zum Vater zurückkehrt. Es gibt keine Distanz zwischen seinem Vater und unserem Vater, zwischen seinem Gott und unserem Gott: das ist der Glaube der Kirche, für die hier Maria Magdalena, die absolvierte Frau, steht[38]*. Sie wird zu den Jüngern geschickt, um ihnen die Auferstehungsbotschaft zu verkünden.*

Aber das Wort wird nicht nur aufgenommen und ausgesendet: es leuchtet auch in die Finsternis hinein. Finsternis in Form von Ablehnung, Hass und Unglauben schreibt Augustinus neben den im biblischen Bericht vorgegebenen Personengruppen, den Juden als Gesetzeslehrern und Pharisäern, auch den Philosophen und Irrlehrern zu. Mehrfach werden die Juden schematisch, durch Gegenüberstellung des positiven Bildes, den Trägern des Glaubens, charakterisiert:

So schied auch Christus, der Herr, zwischen seinen Gläubigen und den feindlichen Juden wie zwischen Licht und Finsternis, gleichsam zwischen denen, die er mit dem Strahl des Glaubens überschüttete und jenen, deren geschlossene Augen er umleuchtete. [XXXV, 4]

oder:

[38] Vgl. H. U. von Balthasar, Licht, a.a.O., 62.

Der Tag gibt also dem Tag das Wort weiter (vgl. Ps 18,3), das heißt, Christus den gläubigen Jüngern, dass sie ihn hören und in der Nachfolge leben sollten; und die Nacht vermeldet der Nacht ihre Kunde (vgl. ebd.), das heißt, Judas den ungläubigen Juden, dass sie zu ihm kommen und (Jesus) mittels Verfolgung ergreifen sollten. [LXII, 6]

Wie im Schöpfungsbericht, der im Johannesprolog wieder anklingt, wird zwischen Hell und Dunkel, zwischen treuem Festhalten am Glauben und der Abkehr von diesem Treueglauben unterschieden, ja gerichtet. Der Unglaube wird erklärt:

Als die Juden zu ihm kamen, um sich taufen zu lassen, sagte er, damit sie mit dem Namen Abraham sich nicht brüsteten: «Ihr Natterngezücht, wer hat euch gezeigt, dem kommenden Zorn zu entfliehen? Bringt also Frucht, die der Umkehr entspricht» (Mt 3,7f.); das heißt, seid demütig – denn er redete zu Stolzen. Worauf aber waren sie stolz? Auf ihre fleischliche Abstammung, nicht auf die Frucht der Nachahmung ihres Vaters Abraham. [IX, 16]

Es kann also zu keinem Empfang des Glaubens und zu keiner Begegnung mit dem Wort Christi kommen, denn die Juden sind stolz auf ihre fleischliche Abstammung. Den Glauben ihres Stammvaters Abraham, der sich im Dasein der Gerechten Israels fortsetzt, das alttestamentliche Gesetz übersteigt und im Neuen Bund weiterlebt und den dem Glauben ergebenen Menschen lenkt, haben sie aufgegeben. An die Stelle des göttlichen Wortes haben sie ihr eigenes menschliches Wort gestellt. Sie sind verstockt und wollen Jesus Christus töten,

« (…) weil er nicht nur den Sabbat brach, sondern auch Gott seinen Vater nannte und sich so Gott gleichstellte», sie sahen das Fleisch, nicht aber das Wort. Also spreche auch gegen sie das Wort durch das Fleisch und im Inneren lasse sich der Bewohner aus seiner Wohnung vernehmen, damit, wer es vermag, wissen wird, wer darinnen wohnt. [XVIII, 2]

Der Unglaube sieht das Fleisch und verneint den Anspruch Christi, Gott zu sein, bis zu einem Hass, der den Herrn ans Kreuz bringt.

«Mich dürstet», als wolle er sagen: Ihr tatet das wenige, gebt, was ihr seid. Die Juden waren nämlich selbst Essig, degeneriert vom Wein der Patriarchen und Propheten und wie mit einem vollen Gefäß angefüllt von der Ungerechtigkeit dieser Welt, das Herz wie ein Schwamm, mit ausgehöhlten und gleichsam gewundenen Schlupfwinkeln, trügerisch. [CXIX, 4]

Das Wort, das im Fleisch Jesu Christi Wohnung nimmt, sollte sich auch im Wort der Lehrer der Theologie wiederfinden.

Wie schon bemerkt, hatte sich Augustinus zeit seines Lebens mit verschiedenen Irrlehren auseinanderzusetzen. So schreibt er, als er das Gleichnis vom guten Hirten auslegt:

Unzählige nämlich gibt es, die sich nicht nur als Sehende brüsten, sondern als von Christus Erleuchtete betrachtet sein wollen, aber Häretiker sind. Sind sie vielleicht durch die Tür eingegangen? Mitnichten! (...) Auch [der Häretiker Arius] geht nicht durch die Tür ein, denn er predigt den Christus, den er sich selber zurechtgemacht hat, nicht den, der die Wahrheit verkündet. [XLV, 5]

Arius geht nicht in den Schafstall Christi, die katholische Kirche, denn er benutzt den Namen Christi für seine eigenen Zwecke. Nach Meinung des Irrlehrers geht der Sohn nicht aus dem Vater hervor, sondern ist als Geschöpf veränderlich und keinesfalls «wahrer Gott». Das johanneische Wort: «Der Sohn kann von sich aus nichts tun, außer was er den Vater tun sieht», ziehen die Arianer heran, um zu behaupten:

Nicht durch die Inkarnation, sondern zuvor sei der Sohn, der Mensch wurde, geringer als der Vater und nicht eines Wesens mit ihm. [XVIII, 3]

Dieser Irrlehre, dass der Sohn dem Vater vielleicht ähnlich, aber als sein Geschöpf in jedem Fall ihm gegenüber geringer sei, widerspricht der Kirchenvater und widerlegt sie bei jeder sich ihm bietenden Gelegenheit. Alles was der Sohn tut, sein menschliches Wirken und sein göttliches Erlösungswerk, ist Ausdruck seiner gottmenschlichen Einheit, die nicht aufzulösen ist. In den Werken des Sohnes leuchten die Werke des Vaters und des Geistes auf, die nicht auseinander dividiert werden können.

Weil der Vater und der Sohn nicht zwei Götter sind, sondern ein Gott, das Wort und dessen Wort ist, einer und einzig, ein Gott der Vater und der Sohn, durch Liebe vereint, und einer ist ihr Geist der Liebe, damit es die Trinität sei: Vater, Sohn und Heiliger Geist. Wie also nicht nur Gleichheit und Untrennbarkeit des Vaters und des Sohnes, sondern auch des Heiligen Geistes besteht, so sind auch ihre Werke nicht zu trennen. Der katholische Glaube sagt nicht, der Vater habe etwas gemacht und der Sohn etwas anderes, sondern was der Vater gemacht hat, hat auch der Sohn gemacht und auch der Heilige Geist. [XX, 3]

Auch wenn in den Relationen verschieden, sind die drei Personen eins und wirken ein Werk. So nennt Augustinus etwa die Auferweckung des Lazarus [XXI, 10] oder die Einwohnung Gottes im Herzen der Menschen (vgl. Joh 14,23) ausdrücklich ein trinitarisches Werk [LXXVI, 4] und verteidigt damit den Glauben gegen alle häretischen Engführungen und trinitarischen Verwerfungen: Es gibt keine Ungleichheit von Vater, Sohn und Geist[39]*.*

Werfen wir zum Abschluss dieser Hinführung einen Blick auf die Gestalt des Evangelisten Johannes, der wie kein anderer Apostel die Nähe Jesu erfahren und aus ihr gelernt hat. Er

[39] Vgl. die Kapitel: CII, 5; CVII, 2; CXXIV, 7.

sollte die Geheimnisse vom Sohn Gottes verkünden, deshalb wurde er vom göttlichen Licht erleuchtet [I, 18] und empfing, an der Brust des Herrn ruhend, das Evangelium [I, 7]. Der Liebesjünger trank aus dieser Quelle der Brust das Wort, das er in seiner Predigt verströmte [CXXIV, 7]. Auch wir sollten uns nicht immer nur von Milch ernähren, sondern feste Speise genießen [XLVIII, 1], denn Johannes «verbürgt sich für das Gesehene und Überlieferte und interpretiert es zugleich aus der Sicht des Glaubens»[40]*. Das von ihm verkostete Wort ist sowohl das sich hoch emporschwingende Wort in seiner Geisthaftigkeit als auch das inkarnierte Wort als Fleisch, das alles Fleisch heilt. Im Schlusskapitel, in seiner Deutung der Verse vom «Bleiben bis ich komme» (Joh 21,22), bereichert der Kirchenvater sein Bild von der Kirche um einen wesentlichen Bestandteil*[41] *und umschreibt zugleich die Rolle, die Johannes darin zukommt.*

Der Herr sagt zu Petrus: «Du folge mir nach, du ahme mich nach im Ertragen zeitlicher Übel», während Johannes aufgetragen wird zu bleiben, «bis ich wiederkehrend ewige Güter bringe.»

Was sich deutlicher so umschreiben lässt: Die vollkommene Tätigkeit folge mir nach, durchformt vom Beispiel meines Leidens. Anhebende Kontemplation hingegen harre aus, bis ich komme, um dann erst, wenn ich komme, vollendet zu werden. [CXXIV, 5]

Denn:

Zweierlei Leben kennt die Kirche, beide von Gott her ihr offenbart und empfohlen: das eine im Glauben, das andere im Schauen; das

[40] Rudolf Schnackenburg, Das Johannesevangelium, III. Teil, Kommentar zu Kap. 13-21, Verlag Herder, Freiburg, Basel, Wien 1975, 445 (zu Joh 21,24).

[41] Vgl. Antlitz der Kirche [269] 214f. und ihre Deutung durch Hans Urs von Balthasar.

eine in wandernder Zeitlichkeit, das andere in der ewigen Wohnung; das eine in Mühe, das andere in Ruhe; das eine auf der Wanderung, das andere in der Heimat; das eine im Leisten des Werks, das andere im Lohn der Beschauung. [CXXIV, 5][42]

Während die Urkirche die Wiederkunft Christi noch zu Lebzeiten des Apostels Johannes erwartete, mussten die späteren Exegeten das Bleiben des Liebesjüngers in anderer Weise deuten. Johannes bleibt; als Heiliger der Kirche lebt er in der Kontemplation, deren Frucht sein Evangelium ist, das die Kirche ihm verdankt. Seine Kontemplation als Ausdruck seiner Liebe zu Gott steht über der Zeit, sie kreist um die göttlichen Wahrheiten und befindet sich damit auf einem Weg des Friedens und der Ruhe, dem das diesseitige Leben nichts mehr anhaben kann. Früh schon, um 400, betonte der Kirchenvater diese Bedeutung des Apostels Johannes auch gegenüber den anderen drei Evangelisten, welche – wie im Johannesevangelium Petrus – den Herrn auf Erden begleitet haben, während der Liebesjünger im Geist die Welt schon verlassen und das Wort, das im Anfang bei Gott war, auf Erden als den fleischgewordenen Menschensohn wiedererkannt hat. Das aktive Leben wird den drei Evangelisten zugesprochen, während das kontemplative Element, das Eindringen in die ewige Wahrheit, Johannes zu-

[42] «Kontemplation ist Johannes», schreibt der Schweizer Theologe in anderem Zusammenhang, «der den Logos am Anfang schaut und durch Hören, Sehen und Tasten das ewige Wort des Lebens vernimmt, der in der Apokalypse die ewige Gestalt des Wortes mit dem schneeweißen Haupt und Haar und die Stimme wie Rauschen gewaltiger Wasser erblickt; Aktion ist Petrus, der in zeitlichem Dienst die allmähliche und ewige wandelbare Herde des Hirten weidet. Jene betrachten in Vorwegnahme unvergänglicher Lust (delectatio), diese handeln in vergänglicher Mühsal, die ertragen wird aus dem Schwung der kontemplativen Antizipation.» In: Das betrachtende Gebet, Johannes Verlag Einsiedeln, Freiburg 5. Auflage 2003, 251.

geschrieben wird.[43] *So überrascht es nicht, dass Augustinus nicht nur dem Johannesevangelium gegenüber den synoptischen Schriften den Vorzug gibt, sondern auch dem Prolog mit seinem Schwerpunkt vom präexistenten Logos weiten Raum gibt, ja im gesamten Kommentar immer wieder auf ihn zurückverweist.*

[43] Die Passage aus De consenu evangelistarum ist zitiert bei Berrouard, a.a.O., 41.

DER KOMMENTAR ZUM JOHANNESEVANGELIUM

Der Prolog

Wenn ich erwäge, was wir soeben aus der Schrift des Apostels vernommen haben, dass «ein fleischlicher Mensch nicht begreift, was vom Geist Gottes stammt» (1 Kor 2,14) und bedenke, dass unter diesem versammelten Volk eurer geliebten Brüder notwendig viele fleischlich gesinnt sind, also noch weltlich denken und sich noch nicht zu einer geistlichen Einsicht emporschwingen können, dann zögere ich sehr, wie ich mit dem Beistand Gottes sprechen und nach meinen bescheidenen Möglichkeiten erklären kann, was aus dem Evangelium verlesen wurde: «Im Anfang war das Wort und das Wort war bei Gott und Gott war das Wort.» Denn der fleischliche Mensch begreift das nicht. Was nun, Brüder? Ist das ein Grund zu schweigen? Warum wird es verlesen, wenn dann geschwiegen wird? Oder warum hören wir es, wenn es nicht ausgelegt wird? Aber wozu wird es ausgelegt, wenn es nicht verstanden wird? Aber da ich andererseits nicht bezweifle, dass unter euch einige die Auslegung nicht nur erfassen, sondern schon im voraus verstehen, will ich sie denen, welche sie begreifen können, nicht vorenthalten, aus Furcht, für die, welche sie nicht begreifen können, unnütz zu reden. Die Barmherzigkeit Gottes wird schließlich helfen, dass vielleicht allen Genüge getan wird und jeder begreift, soviel er vermag. Auch der Redner sagt, was er vermag. Denn wer kann schon sagen, was das Wort ist? Meine Brüder, ich wage zu sagen, dass vielleicht selbst Johannes nicht gesagt hat, was es ist, sondern wie er es vermochte, weil er als Mensch von Gott gesprochen hat, zwar von Gott erleuchtet, aber als Mensch. Weil er erleuchtet war, hat er gesprochen, ohne Erleuchtung hätte er nichts gesagt. Aber als erleuchteter Mensch hat er nicht alles gesagt, was es ist, aber was er als Mensch zu sagen vermochte, hat er gesagt. [I, 1]

Dieser Johannes, meine geliebten Brüder, gehörte zu den Bergen, über die geschrieben steht: «Aufnehmen mögen die Berge Frieden für dein Volk und die Hügel Gerechtigkeit» (Ps 71,3). Die Berge sind die hohen, die Hügel die kleinen Seelen. Deshalb nehmen die Berge Frieden auf, damit die Hügel Gerechtigkeit aufnehmen können. Was ist die von den Hügeln aufgenommene Gerechtigkeit? Der Glaube, denn «der Gerechte lebt aus dem Glauben» (Hab 2,4; Röm 1,17). Aber die kleineren Seelen würden den Glauben nicht aufnehmen, wenn nicht die größeren Seelen, die Berge, von der Weisheit selbst erleuchtet wären, damit sie den kleinen Seelen zukommen lassen, was diese zu fassen vermögen, und die Hügel aus dem Glauben leben, weil die Berge Frieden aufnehmen. Von diesen Bergen ist der Kirche gesagt worden: Friede sei mit euch (vgl. Joh 20,19). Und indem die Berge der Kirche Frieden verkündeten, trennten sie sich nicht vom dem, der ihn ihnen zugesprochen hatte (vgl. ebd.), um den Frieden wahrheitsgemäß, nicht dem Schein nach, verkünden zu können. [I, 2]

Schaut also, Brüder, ob nicht Johannes zu diesen Bergen gehört, über die wir kurz zuvor gesagt haben: «Ich hebe meine Augen empor zu den Bergen, woher mir Hilfe kommen wird» (Ps 120,1). Brüder, wollt ihr an Einsicht zunehmen, hebt eure Augen empor zu jenem Berg, wendet eure Aufmerksamkeit dem Evangelisten zu, richtet euch nach seiner Gesinnung aus. Da aber jene Berge Frieden tragen (vgl. Ps 71,3), kann der nicht in

Frieden sein, der seine Hoffnung auf Menschen setzt. Erhebt die Augen nicht so zum Berg, dass ihr meint, eure Hoffnung auf Menschen gründen zu müssen, sondern sagt: «Ich hebe meine Augen empor zu den Bergen, woher mir Hilfe kommen wird» (Ps 120,1), um sofort anzufügen: «Meine Hilfe kommt vom Herrn, der Himmel und Erde geschaffen hat» (Ps 120,2). Heben wir also die Augen empor zu den Bergen, woher uns Hilfe kommen wird. Und doch sind es nicht die Berge an sich, auf die wir unsere Hoffnung setzen sollen; sie empfangen nämlich nur, was sie uns weiterreichen. Denn von woher auch die Berge Hilfe empfangen, darauf sollen wir unsere Hoffnung setzen. Wenn wir unsere Augen zu den Schriften erheben, die uns durch Menschen weitergereicht wurden, so erheben wir unsere Augen zu den Bergen, woher uns Hilfe kommt. Aber weil die Verfasser der Schriften gleichwohl Menschen waren, verbreiteten sie keinerlei Licht von sich, sondern jener war das wahre Licht, der jeden Menschen erleuchtet, der in die Welt kommt (vgl. Joh 1,9). Ein Berg war auch Johannes der Täufer, der sprach: «Ich bin nicht Christus» (Joh 1,20), damit keiner seine Hoffnung auf ihn, den Berg, setze und von dem abfalle, der die Berge erleuchtet; auch er bekannte: «Denn aus seiner Fülle haben wir alle empfangen» (Joh 1,16). Also musst du sagen: «Ich hebe meine Augen empor zu den Bergen, woher mir Hilfe kommen wird», und damit du die Hilfe, die du erfährst, nicht den Bergen zuschreibst, fortfahren: «Meine Hilfe kommt vom Herrn, der Himmel und Erde geschaffen hat» (Ps 120,1f.). [I, 6]

Daran, Brüder, wollte ich euch erinnert haben, damit ihr, wenn ihr eure Aufmerksamkeit den Schriften zugewandt habt, beim Ertönen des Wortes: «Im Anfang war das Wort und das Wort war bei Gott und Gott war das Wort» und bei allem sonst noch Verlesenem erkennt, dass ihr eure Augen empor zu den Bergen erhoben habt. Denn sagten dies nicht die Berge, ihr wüsstet nicht, worüber ihr nachdenken solltet. Von den Bergen kommt euch Hilfe, damit ihr es überhaupt hört, aber ihr könnt noch nicht verstehen, was ihr gehört habt. Ruft den Herrn zu Hilfe, der Himmel und Erde geschaffen hat. Die Berge konnten nur so sprechen, selbst aber nicht Erleuchtung schenken, da auch sie beim Hören erleuchtet wurden. Aus dieser Quelle, Brüder, empfing auch Johannes, der dieses Wort gesprochen hat und an der Brust des Herrn lag (vgl. Joh 13,25) und von da trank, was er uns zu kosten geben sollte. Aber er gab uns Worte zu kosten, deren Verständnis dir von der Quelle zukommen muss, von der er selbst getrunken hatte, bevor er dir zu kosten gab. Erhebe also die Augen empor zu den Bergen, woher dir Hilfe kommen wird und du gleichsam den Kelch, das verkostete Wort, empfängst. Weil deine Hilfe vom Herrn kommt, der Himmel und Erde geschaffen hat, sagst du mit erfüllter Brust, wie es auch Johannes getan hat: «Meine Hilfe kommt vom Herrn, der Himmel und Erde geschaffen hat» (Ps 120,1f.). (...) [I, 7]

Wozu erklangen die Worte: «Im Anfang war das Wort und das Wort war bei Gott und Gott war das Wort»? Auch wir haben Worte gesagt, als wir redeten. War etwa solch ein Wort bei Gott? Sind unsere Worte nicht erklungen und dann vergangen? Ist auch das Wort Gottes erklungen und dann vergangen? Wie ist alles durch das Wort geworden und ohne es ist nichts geworden? Wie wird alles Geschaffene durch das Wort gelenkt, wenn es erklungen und vergangen ist? Eure Liebe gebe acht: es handelt sich um etwas Wichtiges. Durch den täglichen Gebrauch sind unsere Worte wertlos geworden; im Ertönen und Vergehen haben sie ihren Wert verloren und scheinen nichts als nur Worte. Nun gibt es im Menschen ein Wort, das in seinem Inneren bleibt, denn nur der Ton kommt aus seinem Mund. Das ist das Wort, wenn ich ‹Gott› sage. Wie kurz ist es (Deus): vier Buchstaben und zwei Silben. Ist das von Gott etwa alles, vier Buchstaben und zwei Silben? Gilt nicht vielmehr: so wertlos die Buchstaben, so kostbar ihre Bedeutung? Was hat sich in deinem Herzen ereignet, als du hörtest: ‹Gott›? Was hat sich in meinem Herzen ereignet, als ich sagte: ‹Gott›? An ein großes und gleichsam höchstes Wesen haben wir gedacht, das alle veränderliche Kreatur, die fleischliche und die beseelte, überragt. Und frage ich dich: Ist Gott veränderlich oder unveränderlich?, wirst du sofort antworten: Das sei fern, dass ich glaube oder meine: Gott sei veränderlich; Gott ist unveränderlich. (...) [I, 8]

Wende deine Aufmerksamkeit erneut dem Wort zu. Nimm ein Wort in deinem Herzen an wie einen mit dem Verstand gefassten Plan, so dass dein Verstand den Plan hervorbringt und der Plan darin wie ein Sprössling deines Geistes ist, wie ein Sohn deines Herzens. Denn als erstes entwirft das Herz den Plan, damit du ein Gebäude bauen, etwas Großes auf Erden errichten kannst; der Plan ist schon gefasst, das Werk aber noch nicht vollendet. Du siehst, was du tun musst, aber der andere staunt erst, wenn du den Grund gelegt, gebaut und jenes Gebäude zu Form und Vollendung gebracht hast. Die Menschen betrachten das bewundernswerte Gebäude und staunen über den Plan ihres Erbauers. Sie bestaunen, was sie sehen, und lieben, was sie noch nicht sehen; wer kann schon den Plan sehen? Wird also dem Plan eines Menschen, ein großartiges Gebäude zu errichten, Lob gezollt, kannst du da erwägen, welchen Wert der Plan Gottes, das heißt Jesus Christus, das Wort Gottes, hat? Betrachte dieses Weltgebäude, schaue an, was durch das Wort geschaffen worden ist, dann wirst du erkennen, was für ein Wort das ist. Betrachte die beiden Weltkörper, den Himmel und die Erde: Wer erklärt mit Worten den Schmuck des Himmels oder die Fruchtbarkeit der Erde? Wer lobt angemessen den Wechsel der Zeiten oder die Kraft der Samen? Ihr seht, was ich verschweige, damit ich nicht in langen Aufzählungen weniger sage als ihr bedenken könnt. An diesem Gebäude erkennt ihr also, was für ein Wort das ist, durch das alles geworden ist, und es ist nicht das Einzige, was es geschaffen hat. Denn all das kann man sehen, da es zur sinnlich wahrnehmbaren Welt gehört. Durch das Wort sind auch die Engel, Erzengel, Mächte, Throne, Herrschaften, Fürstentümer geschaffen worden; alles ist durch das Wort geworden: von daher bedenkt, was für ein Wort das ist. [I, 9]

Nun, Brüder, beachtet, dass ihr das Folgende: «Alles ist durch es geworden und ohne es ist nichts geworden» nicht so versteht, als ob das Nichts etwas sei. Tatsächlich meinen nämlich viele, die «ohne es ist nichts geworden» falsch verstehen, das Nichts sei etwas. Sicher ist die Sünde nicht durch das Wort geworden; es ist klar, dass die Sünde nichts ist und die Menschen nichts werden, wenn sie sündigen. (...) Aber was immer auf natürliche Weise in den Geschöpfen geworden ist, überhaupt alles, was sich am Himmel befindet, am Firmament erstrahlt, unter dem Himmel fliegt und sich im gesamten Weltall bewegt; uneingeschränkt jedes Geschöpf – noch deutlicher, damit ihr versteht, Brüder, – vom Engel bis zum Würmchen ist alles durch das Wort geworden. Welches Geschöpf ist erhabener als der Engel? Welches Lebewesen niedriger als der Wurm? Der Schöpfer der Engel ist zugleich der Schöpfer des Würmchens, aber der Engel ist des Himmels würdig, das Würmchen der Erde. Der Schöpfer hat das selbst so verfügt. Hätte er das Würmchen in den Himmel gesetzt, würdest du ihm das vorwerfen, ebenso wie wenn er die Engel aus verwesendem Fleisch hätte entstehen lassen, und dennoch tut das Gott beinahe, und es darf ihm nicht vorgeworfen werden. Denn was sind alle Menschen aus Fleisch anders als Würmer? Aus Würmern macht er Engel. Wenn der Herr selber sagt: «Ich aber bin ein Wurm und kein Mensch» (Ps 21,7), wer zögert da zu sagen, was im Buch Job steht: «Wie viel mehr ist der Mensch Fäulnis und der Menschensohn ein Wurm» (Job 25,6)? Zuerst hat er gesagt: «Der Mensch ist Fäulnis» und dann: «Der Menschensohn ist ein Wurm». Siehe, um deinetwillen wollte er das werden, er, der «im Anfang das Wort war und das Wort war bei Gott und Gott war das Wort». Warum ist es um deinetwillen geworden? Um dir Milch zu geben, da du nicht essen konntest. Also, Brüder, nehmt es nur so an: «Alles ist durch es geworden und ohne es ist nichts geworden». Jedes Geschöpf, das größere und das kleinere, das obere und das untere, das geistige und das fleischliche, ist durch es geworden. Jede Form, jedes Gefüge, jede Einheit von Teilen, jede wie immer beschaffene Substanz, die Gewicht, Zahl und Maß hat, ist einzig durch das Wort geworden, und von diesem Schöpferwort steht geschrieben: «Alles hast du nach Maß und Zahl und Gewicht geordnet» (Weish 11,21). [I, 13]

«Alles», also meine Brüder, absolut «alles ist durch es geworden und ohne es ist nichts geworden.» Aber wie ist alles durch es geworden? «Was geworden ist, in ihm ist das Leben.» Es kann auch heißen: «Was in ihm geworden ist, ist Leben»; also ist alles Leben, wenn wir den Satz so verstehen. Denn was ist nicht in ihm geworden? Er ist die Weisheit Gottes und im Psalm steht: «Alles hast du geschaffen in Weisheit» (Ps 103,24); alles ist wie durch ihn, so auch in ihm geworden. Geliebte Brüder, ist alles in ihm Leben, so auch, was in ihm geworden ist; also ist auch die Erde Leben und das Holz ist Leben. Wir nennen das Holz Leben, verstehen darunter aber das Holz des Kreuzes, von dem wir das Leben empfangen haben. Ist also auch der Stein Leben[1]? Es ist falsch, das so zu verstehen, denn damit schliche sich bei uns wieder diese gemeine Sekte der Manichäer ein und ließe uns behaupten: Weil der Stein Leben hat, hat auch die Wand eine Seele, ebenso die Schnur, die Wolle und das Kleid. Das versichern sie nämlich gewöhnlich in ihrem Wahn und wenn sie verworfen und zurückgewiesen werden, berufen sie sich auf die Schrift: Warum, fragen sie, heißt es dort: «Was in ihm geworden ist, ist Leben»? Denn wenn alles in ihm geworden ist, ist alles Leben. Sie sollten dich nicht zum Abfall verleiten; lies es auf diese Weise: «Was

[1] Zwar lebt der Stein nicht in sich selbst, hat aber in Gott Leben, sofern in ihm alles lebendig und ewiges Leben ist. Dieser an sich platonische Gedanke findet sich oft bei Augustinus; vgl. etwa I, 17 und III, 4 sowie: H.U. von Balthasar, Theodramatik I: Prolegomena, Johannes Verlag Einsiedeln, Freiburg 2. Auflage 2009, 513.

geworden ist», hier unterbrich und dann fahre fort: «in ihm ist das Leben». Was bedeutet das? Die Erde wurde geschaffen, aber selbst diese geschaffene Erde ist nicht das Leben; in der Weisheit an sich ist jedoch geistig grundgelegt, wodurch die Erde geschaffen ist: diese ist Leben. [I, 16]

«Und das Leben war das Licht der Menschen»; von diesem Licht werden die Menschen erleuchtet. Die Tiere werden nicht erleuchtet, denn sie haben keinen vernünftigen Geist, um die Weisheit sehen zu können. Aber der Mensch, nach dem Bild Gottes erschaffen, hat einen vernünftigen Geist, durch den er die Weisheit erfassen kann. Also ist dieses Leben, durch das alles geworden ist, Licht, aber nicht das Licht der Tiere, sondern das Licht der Menschen. Daher sagt die Schrift kurz darauf: «Es war das wahre Licht, das jeden Menschen erleuchtet, der in die Welt kommt» (Joh 1,9). Von diesem Licht sind Johannes der Täufer und auch der Evangelist Johannes erleuchtet worden. Vom selben Licht war der erfüllt, welcher erklärte: «Ich bin nicht Christus; aber der nach mir kommt, dessen Schuhriemen zu lösen ich nicht würdig bin, der ist es» (Joh 1,20.27). Von diesem Licht war der erleuchtet, welcher gesagt hat: «Im Anfang war das Wort und das Wort war bei Gott und Gott war das Wort». Also ist jenes Leben das Licht der Menschen. [I, 18]

Es gab aber Philosophen in dieser Welt, die suchten den Schöpfer durch das Geschöpf, denn er kann durch das Geschöpf gefunden werden, wie der Apostel eindeutig sagt: «Sein unsichtbares Wesen wird seit der Erschaffung der Welt durch das, was geworden ist, mit Einsicht erblickt, auch seine ewige Kraft und Gottheit, so dass sie unentschuldbar sind» (Röm 1,20). Und weiter: «Denn obwohl sie Gott erkannt hatten», – er sagt nicht: Weil sie ihn nicht erkannt hatten, sondern: «Obwohl sie Gott erkannt hatten, haben sie ihn nicht als Gott verherrlicht und ihm Dank gesagt, sondern verfielen ihren eigenen nichtigen Gedanken, und ihr unverständiges Herz wurde verfinstert» (Röm 1,21). Warum wurde es verfinstert? Noch unverhohlener fährt er fort: «Denn indem sie vorgaben, weise zu sein, wurden sie zu Toren» (Röm 1,22). Sie sahen, wohin man gelangen müsste, aber im Undank gegenüber dem, der ihnen diese Einsicht gewährte, wollten sie sie sich selbst anrechnen, und in ihrem Stolz verloren sie sie und wandten sich darauf Götzen, Bildern und der Verehrung von Dämonen zu; sie beteten das Geschöpf an und verachteten den Schöpfer. Aber das taten sie schon als Gefallene, was von ihrem Hochmut herrührte: Da sie hochmütig waren, gaben sie sich als weise. Diese also, von denen der Apostel sagte: «Obwohl sie Gott erkannt hatten», sahen, dass durch das Wort alles geworden ist, wie Johannes sagt. Denn diese Wahrheit steht in den Büchern der Philosophen, dass Gott einen eingeborenen Sohn hat, durch den alles ist. Das konnten sie sehen, aber sie sahen es nur von weitem. Sie wollten sich nicht an der Demut Christi festmachen; in diesem Schiff wären sie sicher bis in den Hafen gelangt, den sie von weitem sehen konnten. Aber das Kreuz Christi war ihnen verächtlich.[2] Man muss das

[2] Durch alle Zeiten hindurch wird Christus und mit ihm die Kirche die Ablehnung und Verachtung der Gelehrten und Philosophen auf sich ziehen, die sich weigern, in der menschlichen Schwachheit «die Vollendung der erlösenden Kenose und die anbetungswürdige Spur der Demut Christi zu entdecken». Vgl. den Zusammenhang bei H. de Lubac, Die Kirche (Kapitel 8: Unsere Ver-

Meer durchqueren, und du verachtest das Holz, das dich trägt? Du stolze Weisheit! Du verhöhnst den gekreuzigten Christus, ihn, den du von weitem gesehen hast: «Am Anfang war das Wort und das Wort war bei Gott.» Warum aber ist er gekreuzigt worden? Weil das Kreuz seiner Demut für dich nötig war. Denn du schwelltest in Hochmut und warst weit von der Heimat entfernt. Die Fluten dieser Welt verstellten dir den Weg und es gab kein anderes Mittel, zur Heimat zu gelangen, als vom Kreuzesholz getragen zu werden. Du Undankbarer, du verhöhnst Christus, der zu dir gekommen ist, damit du umkehrst. Er selbst ist Weg geworden, Weg durch das Meer. Er ging auf dem Meer, um zu zeigen, dass auf dem Meer der Weg sei (vgl. Mt 14,25). Aber du, der du nicht wie er auf dem Meer gehen kannst, lass dich vom Schiff, vom Holz des Kreuzes, tragen: Glaube an den Gekreuzigten, und du wirst den Hafen erreichen. Um deinetwillen ist er gekreuzigt worden, um dich in der Demut zu lehren und auch, weil er nicht erkannt worden wäre, wenn er als Gott gekommen wäre. Denn wäre er als Gott gekommen, wäre er nicht für die gekommen, die Gott nicht sehen konnten. Er kam und ging nicht als Gott, weil er allgegenwärtig ist und nirgends festgehalten werden kann. Wie aber kam er? Er erschien als sichtbarer Mensch. [II, 4]

suchungen hinsichtlich der Kirche; 251-282), Johannes Verlag Einsiedeln, Freiburg, 2. Auflage 2011, 272. Thomas Fries, Eucharistische Spiritualität bei Augustinus von Hippo, Augustinus bei Echter, Würzburg 2016, 197, deutet biographisch, dass Augustinus bei der Suche nach seinem eigenen Weg «bei den platonischen Philosophen zwar viel Wahres gefunden (hat), jedoch nicht die Demut Christi, die ihn zum Glauben und schließlich zur Taufe führte».

«Er kam in sein Eigentum», weil alles durch ihn geworden ist. «Und die Seinen nahmen ihn nicht auf.» Wer sind die Seinen? Die Menschen, die er geschaffen hat. Die Juden, die er zuerst geschaffen hat, damit sie über allen Völkern stünden. Denn die anderen Völker beteten Götzen an und dienten Dämonen; die Juden aber waren aus dem Samen Abrahams geboren; und sie gehörten am meisten zu den Seinen, weil sie ihm verwandt waren, auch durch das Fleisch, das anzunehmen er sich würdigte: «Er kam in sein Eigentum und die Seinen nahmen ihn nicht auf.» Nahmen sie ihn überhaupt nicht auf?[3] Wurde also keiner erlöst? Denn keiner wird erlöst, wenn er nicht den erscheinenden Christus aufnimmt. [II, 12]

Weil «das Wort Fleisch geworden ist und unter uns gewohnt hat», hat Christus uns schon mit seiner Geburt eine Salbe bereitet, um die Augen unseres Herzens zu reinigen, damit wir in seiner Erniedrigung seine Erhabenheit sehen könnten. Deshalb «ist das Wort Fleisch geworden und hat unter uns gewohnt». Es hat unsere Augen geheilt. Und was ist die Folge? «Wir haben seine Herrlichkeit gesehen.» Keiner könnte seine Herrlichkeit sehen, wäre er nicht zuvor durch die Erniedrigung seines Fleisches geheilt. Weshalb konnten wir ihn nicht sehen? Eure Heiligkeit gebe acht, erwäge, was ich sage. Das Auge des Menschen hatte sich gleichsam Staub zugezogen; der war eingedrungen und hatte das Auge verwundet, so dass es das Licht nicht sehen konnte. Das kranke Auge wird gesalbt; durch Erde wurde es verletzt

[3] Vor dem Tod Jesu nimmt Johannes die Mutter des Herrn «in das Seine» auf; vgl. CXIX, 1.

und mit Erde wird es berührt, damit es heile[4]. Denn alle Salben und Arzneien sind ausschließlich von der Erde genommen. Staub ließ dich erblinden, Staub wird dich heilen; das Fleisch ließ dich also erblinden, das Fleisch heilt dich. Ihre Zustimmung zu fleischlichen Begierden hatte die Seele fleischlich werden lassen; daher war das Auge des Herzens erblindet. «Das Wort ist Fleisch geworden»: der Arzt hat dir eine Salbe bereitet. Und weil er kam, um die Gebrechen des Fleisches durch das Fleisch zunichte zu machen und durch seinen Tod den Tod zu töten, was er in dir erwirkt hat, und «weil das Wort Fleisch geworden ist», kannst du sagen: «Wir haben seine Herrlichkeit gesehen». Welche Herrlichkeit? Wie er Menschensohn geworden ist? Das ist für ihn Erniedrigung, nicht Herrlichkeit. Aber wohin wurde der vom Fleisch geheilte Blick des Menschen gelenkt? «Wir haben seine Herrlichkeit gesehen, die Herrlichkeit als des Eingeborenen vom Vater, voll Gnade und Wahrheit.» – Über Gnade und Wahrheit werden wir an anderer Stelle des Evangeliums ausführlicher handeln, wenn der Herr uns diese Gnade erweist. Diese Gedanken mögen jetzt reichen; auferbaut euch in Christus, seid stark im Glauben und wachsam in guten Werken. Weicht nicht vom Holz des Kreuzes, mit dessen Hilfe ihr das Meer durchqueren könnt. [II, 16]

Die Gnade und Wahrheit Gottes, in dessen Fülle der eingeborene Sohn, unser Herr und Heiland Jesus Christus, den Heiligen erschien, vom Alten Testament abzugrenzen als ein Ereignis des Neuen Testamentes, haben wir

[4] Vielleicht denkt Augustinus bereits hier an die «Heilung des Blindgeborenen».

uns im Namen des Herrn auferlegt und eurer Heiligkeit versprochen. Seid also aufmerksam dabei, damit Gott mir gebe, soviel wie möglich zu erfassen und damit ihr vernehmt, soviel ihr erfasst (...). [III, 1]

Wir sind Menschen und, davon brauche ich Eure Heiligkeit nicht lange zu überzeugen, Christen; und als Christen gehören wir schon durch den Namen unbedingt Christus an. Wir tragen sein Zeichen auf der Stirn und brauchen nicht zu erröten, wenn wir es auch im Herzen tragen. Sein Zeichen ist seine Erniedrigung. Durch einen Stern haben ihn die Weisen erkannt (vgl. Mt 2,2); und dieses Zeichen stammte vom Herrn, ein leuchtendes Zeichen vom Himmel. Er wollte nicht, dass als Zeichen ein Stern auf der Stirn der Gläubigen sei, sondern das Kreuz[5]. Wo Erniedrigung, dort Verherrlichung; die Niedrigen erhob er aus der Tiefe, in die der sich Erniedrigende selbst hinabstieg. Wir gehören also zum Evangelium, zum Neuen Bund. «Das Gesetz ist durch Mose gegeben worden, Gnade und Wahrheit sind durch Jesus Christus geworden.» Fragen wir den Apostel, so lehrt er uns, dass wir nicht unter dem Gesetz, sondern unter der Gnade stehen (vgl. Röm 6,14). «Er sandte seinen Sohn, geboren aus einer Frau, dem Gesetz unterstellt, damit er die, welche unter dem Gesetz standen, loskaufe und wir an Kindes Statt angenommen würden» (Gal 4,4f.). Dazu kam also Christus, um die, welche unter dem Gesetz standen, loszukaufen: damit wir nicht mehr unter dem Gesetz, sondern unter der Gnade stünden. Wer hat uns das Gesetz gegeben? Der,

[5] Zur Bedeutung des Kreuzes bzw. des Kreuzzeichens in diesem Zusammenhang vgl. F. van der Meer, a.a.O., 416f.

welcher uns auch die Gnade gegeben hat; aber das Gesetz ließ er durch einen Diener bringen, um uns die Gnade zu schenken, stieg er selbst hinab. Und wie kam es, dass die Menschen unter dem Gesetz standen? Weil sie es nicht erfüllten. Wer dagegen das Gesetz erfüllt, steht nicht unter, sondern ist mit dem Gesetz. Wer aber unter dem Gesetz steht, wird nicht erleichtert, sondern erdrückt. Alle, die unter ihm stehen, werden schuldig; das Gesetz sitzt ihnen im Nacken, um die Sünde offenbar werden zu lassen, nicht um sie zu tragen. Das Gesetz befiehlt, der Gesetzgeber erbarmt sich in Bezug auf das, was das Gesetz befiehlt. Da die Menschen versuchten, die Vorschriften des Gesetzes aus eigener Kraft zu erfüllen, kamen sie durch ihre eigene unbedachte und vorschnelle Vermessenheit zu Fall; sie waren nicht in Einklang mit dem Gesetz, sondern sind unter es gefallen und schuldig geworden. Weil sie das Gesetz aus eigener Kraft nicht erfüllen konnten, flehten sie um die Hilfe des Befreiers. Die Schuld unter dem Gesetz machte die Stolzen krank, was bei den Demütigen zum Bekenntnis führte. Jetzt gestehen die Kranken ihre Krankheit, der Arzt möge kommen und sie heilen.[6] [III, 2]

Wer ist der Arzt? Jesus Christus unser Herr. Wer ist Jesus Christus, unser Herr? Der auch von denen gesehen wurde, die ihn gekreuzigt haben, ergriffen, mit Fäusten geschlagen, gegeißelt, angespien, mit Dornen gekrönt

[6] Viele Male wird Christus im Johanneskommentar «medicus» genannt. T. Fries, a.a.O., 238-252, ist diesem Motiv im Zusammenhang mit der eucharistischen Spiritualität nachgegangen: Als Erlöser der Welt heilt Christus die inneren Krankheiten der Menschen und reicht ihnen als medicina die Eucharistie.

und ans Kreuz gehängt haben, der starb, mit der Lanze verwundet, vom Kreuz abgenommen und ins Grab gelegt wurde. Genau der ist Jesus Christus, unser Herr, das ist er, und er allein ist der Arzt unserer Wunden, der Gekreuzigte, der verspottet wurde, über den, als er am Kreuz hing, die Verfolger den Kopf schüttelten und sagten: «Wenn er der Sohn Gottes ist, steige er herab vom Kreuz» (Mt 27,39f.); genau er ist unser einziger Arzt, ja, das ist er. Warum hat er den Spöttern nicht gezeigt, dass er der Sohn Gottes ist? Wenn er schon zuließ, dass er am Kreuz erhöht werde, sollte er nicht wenigstens, als jene sagten: «Wenn er der Sohn Gottes ist, steige er herab vom Kreuz» wirklich herabsteigen und ihnen zeigen, dass er der wahre Sohn Gottes ist, den zu verhöhnen sie gewagt hatten? Er wollte es nicht. Warum wollte er es nicht? Etwa weil er nicht konnte? Er konnte es sicher. Denn was ist schwieriger: vom Kreuz herabsteigen oder aus dem Grab auferstehen? Er duldete die Spötter, denn das Kreuz diente ihm nicht zum Erweis seiner Macht, sondern als Beispiel seiner Geduld. Deine Wunden hat er dort geheilt, wo ihn seine Wunden lange leiden ließen, vom ewigen Tod hat er dich dort errettet, wo er den zeitlichen Tod zu sterben sich würdigte. Er starb – oder ist in ihm der Tod gestorben? Was für ein Tod ist das, der den Tod tötete (vgl. Hos 13,14)? [III, 3]

(...) «Und aus seiner Fülle haben wir alle empfangen». Was habt ihr empfangen? «Und zwar Gnade über Gnade». So lautet der Evangeliumstext nach den griechischen Abschriften. Es heißt nicht: ‹Aus seiner Fülle haben wir alle empfangen, Gnade über Gnade›, sondern: «Und aus seiner Fülle haben wir alle empfangen und zwar Gnade über Gnade». Der Evangelist wollte uns zu verstehen geben, dass wir aus seiner Fülle etwas empfangen haben und darüber hinaus noch Gnade über Gnade. Aus seiner Fülle haben wir also zuerst Gnade empfangen und dann nochmals Gnade, Gnade über Gnade. Welche Gnade haben wir zuerst empfangen? Den Glauben. Seit wir im Glauben wandeln, wandeln wir in der Gnade. Womit haben wir das verdient? Durch welche früheren Verdienste? Keiner schmeichle sich selbst, sondern gehe in sich und erforsche seine verborgenen Gedanken; er vergegenwärtige sich sein Tun und achte nicht auf das, was er ist, sofern er etwas ist, sondern was er gewesen ist, um etwas zu werden: So wird er erkennen, dass er Strafe verdient. Verdientest du Strafe und Christus kam, nicht um deine Sünden zu strafen, sondern zu vergeben, dann wurde dir eine Gnade gewährt, nicht Lohn vergolten. Warum heißt sie Gnade (gratia)? Weil sie gratis, umsonst verliehen wird. Nicht durch frühere Verdienste hast du sie erkauft. Das ist die erste Gnade, die der Sünder empfing: die Vergebung seiner Sünden. Was hat er verdient? Er befrage die Gerechtigkeit, so lautet die Antwort: Strafe; er befrage die Barmherzigkeit, von da erhält er Gnade. Das hatte Gott schon durch seine Propheten verheißen; als Christus kam, um die Verheißungen zu erfüllen, hat er nicht nur Gnade, sondern auch Wahrheit gebracht. Wie ist die Wahrheit offenkundig geworden? Indem er die Verheißungen erfüllt hat. [III, 8]

«Das Gesetz ist durch Mose gegeben worden, Gnade und Wahrheit sind durch Jesus Christus geworden.» Die Übergabe des Gesetzes durch einen Diener ließ schuldig werden; durch den Herrscher wurde Gnade gewährt, die Schuldigen wurden befreit. «Das Gesetz ist durch Mose gegeben worden.» Der Diener schreibe sich nicht mehr zu, als was er selbst gemacht hat. Erwählt zu hohem Amt, treu im Hause, kann er als Diener aber dennoch nur nach dem Gesetz handeln, von der Anklage am Gesetz befreien kann er nicht. Also «ist das Gesetz durch Mose gegeben worden, Gnade und Wahrheit sind durch Jesus Christus geworden.» [III, 16]

Und damit vielleicht nicht einer sage: Sind nicht auch Gnade und Wahrheit durch Mose gebracht worden, der Gott gesehen hat?, schloss der Evangelist sofort an: «Gott hat niemand jemals gesehen». Und woher hat Mose Gott gekannt? Weil der Herr sich seinem Diener offenbarte. Welcher Herr? Christus selbst, der zuerst das Gesetz durch seinen Diener gebracht hat, um dann selbst mit Gnade und Wahrheit zu kommen. Denn «Gott hat niemand jemals gesehen». Und wie ist er jenem Diener erschienen, soweit es dessen Fassungsvermögen erlaubte? Aber, so heißt es, «der eingeborene Sohn, der an der Brust des Vaters ist, der hat es kundgetan». Was heißt: «an der Brust des Vaters»? Im Verborgenen des Vaters. (...) Der den Vater in seinem Verborgenen kennt, der hat es kundgetan, denn «Gott hat niemand jemals gesehen». Der Sohn kam also und tat kund, was er gesehen hat. Was sah Mose? Mose sah eine Wolke, einen Engel, Feuer (vgl. Ex 3,2; 13,21), alles Geschaffene, ein Bild seines Herrn, aber nicht seine Gegenwart selbst. Denn klar steht im Gesetz: «Und es sprach Mose mit dem Herrn von Angesicht zu Angesicht wie ein Freund mit seinem Freund» (Ex 33,11). Liest du weiter in der Heiligen Schrift, findest du die Worte des Mose: «Wenn ich Gnade gefunden habe vor deinem Angesicht, so zeige dich mir offen, damit ich dich sehe» (Ex 33,13). Und nicht genug, dass er so redete – er erhielt auch Antwort: «Du kannst mein Angesicht nicht schauen» (Ex 33,20). Mit Mose, meine Brüder, sprach also ein Engel, der das Bild des Herrn verkörperte und alles, was durch den Engel geschah, verhieß die zukünftige Gnade und Wahrheit. Die das Gesetz genau durchforschen, wissen das, und da es jetzt angebracht ist, etwas von dem, was der Herr offenbart, zu sagen, verschweigen wir es eurer Heiligkeit nicht. [III, 17]

Die Taufe des Herrn

«Es geschah in Bethanien jenseits des Jordans, wo Johannes taufte. Am nächsten Tag sieht dieser Jesus auf sich zukommen und sagt: Siehe, das Lamm Gottes, das die Sünde der Welt hinweg trägt.» Niemand sage anmaßend, er trage selbst die Sünde der Welt hinweg. Beachtet, auf welche Stolzen Johannes mit dem Finger zeigte. Noch waren die Häretiker nicht geboren und schon verwies der Vorläufer auf sie: Vom Fluss aus erscholl damals seine Stimme gegen die, die er im Evangelium laut anklagt. Jesus kam und was sagt Johannes? «Siehe, das Lamm Gottes.» Ist das Lamm unschuldig, dann wäre Johannes ein Lamm. Ist er auch unschuldig? Aber wer ist unschuldig? Und bis zu welchem Punkt? Alle kommen aus dem Stamm und der Nachkommenschaft, über die David voll Trauer singt: «In Ungerechtigkeit bin ich empfangen und in Sünden hat mich meine Mutter im Schoß genährt» (Ps 50,7). Nur der allein ist das Lamm, der nicht so in die Welt kam. Denn er ist nicht in Ungerechtigkeit empfangen, weil er nicht in der Weise eines Sterblichen empfangen wurde. Auch hat ihn seine Mutter nicht in Sünden in ihrem Schoß genährt, denn eine Jungfrau empfing, und eine Jungfrau gebar ihn. Sie hat ihn im Glauben empfangen und im Glauben aufgenommen. Also «siehe das Lamm Gottes», das seine Abstammung nicht von Adam hat, nur das Fleisch, das jedoch die Sünde nicht annahm. Der von uns die Sünde nicht annahm, der trägt unsere Sünde hinweg. «Siehe, das Lamm Gottes, das die Sünde der Welt hinwegträgt.» [IV, 10]

Damit ihr es wisst, meine Brüder: keine Sünde zwang den Herrn, zu Johannes zu kommen. Wie die anderen Evangelisten uns berichten, sagt Johannes zum Herrn, als dieser zu ihm zur Taufe kam: «Du kommst zu mir? Ich habe nötig, von dir getauft zu werden» (Mt 3,14). Und was antwortet ihm Christus? «Lass es jetzt zu, es soll alle Gerechtigkeit erfüllt werden» (Mt 3,15). Was heißt das: «Alle Gerechtigkeit soll erfüllt werden»? Ich bin gekommen, um für die Menschen zu sterben, muss ich nicht auch für sie getauft werden? Was bedeutet: «Es soll alle Gerechtigkeit erfüllt werden»? Die Erniedrigung soll ganz und gar vollzogen werden. Wie sollte das geschehen? Sollte er nicht von einem guten Diener getauft werden, wenn ihm von bösen Knechten Leid zugefügt wurde? Habt also acht: Als Johannes den Herrn getauft hatte, damit dieser in seiner Taufe seine Niedrigkeit offenbarte, durfte danach kein anderer mehr mit der Taufe des Johannes getauft werden? Es wurden aber viele mit der Taufe des Johannes getauft, nach der Taufe des Herrn hörte die Taufe des Johannes auf. Johannes wurde dann in den Kerker geworfen; danach wird keiner mehr mit dieser Taufe getauft. Johannes kam also und taufte, um uns die Erniedrigung des Herrn zu offenbaren; weil dieser die Taufe von seinem Diener empfing, dürfen wir sie vom Herrn nicht verschmähen – denn sollte Johannes nur den Herrn taufen? Aber wenn Johannes nur den Herrn taufen sollte, würden schon einige meinen, die Taufe des Johannes sei heiliger als die Taufe Christi: Als verdiente es nur Christus, mit der Taufe des Johannes getauft zu werden, die Taufe Christi sei jedoch für das ganze Menschengeschlecht bestimmt. Eure Liebe merke auf: Mit der Taufe Christi wurden wir getauft und nicht nur wir, sondern dem ganzen Erdkreis bis zum Ende der Zeiten wird sie gespendet. Wer von uns kann sich in irgendeiner Weise mit Christus vergleichen, dessen Schuhriemen zu lösen Johannes sich für nicht würdig hielt (vgl. Joh 1,27)? Wenn also Christus, der erhabene Gott und Mensch, als einziger mit der Taufe des Johannes getauft worden wäre, was hätten da die Menschen gesagt? Was für eine Taufe hatte Johannes? Welch bedeutende Taufe hatte er, welch unsagbares Sakrament; denn schau, nur Christus verdiente mit der Taufe des Johannes getauft zu werden. Die Taufe seines Dieners wäre bedeutender gewesen als die Taufe des Herrn. Daher empfingen auch andere die Taufe des Johannes, damit sie nicht besser zu sein schien als die Taufe des Herrn. Der Herr wurde mit der Taufe seines Dieners getauft, damit die anderen Diener die Taufe des Herrn nicht verschmähten. Dazu also war Johannes gesandt. [IV, 14]

(…) Wer sandte Johannes? Sagen wir: der Vater, so sagen wir die Wahrheit; sagen wir: der Sohn, so sagen wir sie ebenfalls; noch eindeutiger wäre, wenn wir sagten: Vater und Sohn. Den aber, den Vater und Sohn sandten, sandte der eine und selbe Gott, da der Sohn gesagt hat: «Ich und der Vater sind eins» (Joh 10,30). Wie also kam es, dass Johannes den nicht kannte, der ihn gesandt hatte? Denn er beteuerte: «Ich kannte ihn nicht, aber der mich gesandt hat, im Wasser zu taufen, der sprach zu mir». Ich frage Johannes: Der dich gesandt hat, im Wasser zu taufen, was sprach er zu dir? «Auf den du den Geist wie eine Taube herabschweben und auf ihm bleiben siehst, der ist es, der im Heiligen Geist tauft.» Johannes, sprach das der zu dir, der dich gesandt hat? Ja, so ist es. Wer also sandte dich? Vielleicht der Vater. Wahrhaftig ist Gott der Vater wie auch der Sohn; wenn der Vater dich ohne den Sohn sandte, sandte dich Gott ohne die Wahrheit, aber wenn du wahrhaftig bist, weil du die Wahrheit sprichst, dann sandte dich nicht der Vater ohne den Sohn, sondern Vater und Sohn sandten dich gemeinsam. Wenn dich also auch der Sohn zusammen mit dem Vater gesandt hat, wie kommt es, dass du den kanntest, der dich gesandt hat? Den du in Wahrheit gesehen hattest, der hat dich gesandt, damit er im Fleisch erkannt werde, und er hat dir gesagt: «Auf den du den Geist wie eine Taube herabschweben und auf ihm bleiben siehst, der ist es, der im Heiligen Geist tauft». [V, 1]

Warum wurde Johannes gesandt mit dem Auftrag zu taufen? Soweit ich mich erinnere, habe ich diese Frage, so gut ich konnte, eurer Liebe schon beantwortet. Wenn die Taufe des Johannes für unser Heil notwendig war, müsste man sie auch heute noch spenden. Denn entweder werden die Menschen heute nicht erlöst, oder viele werden heute nicht erlöst, oder das Heil war damals ein anderes als heute. Wenn Christus sich geändert hat, hat sich unser Heil auch geändert; wenn das Heil in Christus ist und Christus derselbe ist, ist auch das Heil für uns dasselbe. Aber warum wurde Johannes gesandt mit dem Auftrag zu taufen? Weil Christus getauft werden musste. Warum musste Christus getauft werden? Warum musste Christus geboren werden? Warum musste Christus gekreuzigt werden? Wenn er gekommen war, um den Weg der Erniedrigung zu weisen und um sich selbst zu diesem Weg zu machen, musste von ihm die Erniedrigung in allem erfüllt werden. Daher würdigte er sich, seiner Taufe Ansehen zu verschaffen, damit seine Diener erkennten, mit welchem Eifer sie zur Taufe des Herrn laufen sollten, da er selbst die Taufe seines Dieners nicht verschmähte. Johannes war sie übergeben worden, so dass sie nach ihm genannt wurde. [V, 3]

Folgendes beachte, unterscheide und wisse Eure Liebe. Die Taufe, die Johannes spendete, heißt Taufe des Johannes; nur er erhielt ein solches Geschenk: keiner der Gerechten vor ihm, keiner nach ihm spendete eine Taufe, die nach ihm heißen sollte. Gewiss erhielt er die Vollmacht zu taufen, denn aus sich selbst konnte er das nicht; redet einer aus sich heraus, erzählt er nur Lügen über sich. Von wem aber erhielt er diese Vollmacht, wenn nicht von Jesus Christus? Von ihm erhielt er die Vollmacht, den zu taufen, den er dann taufte. Wundert euch nicht: Denn Christus hat in Hinblick auf Johannes so gehandelt wie bei seiner Mutter. Von Christus heißt es: «Alles ist durch ihn geworden» (Joh 1,3); wenn durch ihn alles geworden ist, dann ist auch Maria durch ihn geworden, von der später Christus geboren wurde. Eure Liebe habe acht: Wie er Maria schuf und von Maria geschaffen wurde, so übergab er Johannes die Taufe und wurde von Johannes getauft. [V, 4]

Das wusste Johannes schon und er kannte den Herrn. Was aber lehrte ihn die Taube? Was wollte der Herr durch die Taube, das heißt durch den Heiligen Geist, Johannes lehren, den er gesandt hatte und zu dem er sagte: «Auf den du den Geist wie eine Taube herabschweben und auf ihm bleiben siehst, der ist es»? Was heißt das, wer ist es? Es ist der Herr. Ich wusste es schon. Aber hast du auch gewusst, dass der Herr die Vollmacht zu taufen keinem übertragen, sondern sie für sich behalten wird, damit jeder, der kraft des Amtes von einem Diener getauft wird, es nicht dem Diener, sondern dem Herrn zuschreibe? Hast du das etwa gewusst? Nein, das wusste ich nicht, bis er mir sagte: «Auf den du den Geist wie eine Taube herabschweben und auf ihm bleiben siehst, der ist es, der im Heiligen Geist tauft». Er sagte nicht: Der ist der Herr, oder Christus oder Gott oder Jesus. Und auch nicht: Das ist der aus der Jungfrau Maria Geborene, der nach dir kommt, aber vor dir war; das alles sagte er nicht, denn das wusste Johannes schon. Was aber wusste er nicht? Dass der Herr die Vollmacht der Taufe selbst innehaben und für sich zurückbehalten würde, ob nun während seines irdischen Lebens oder nach der Himmelfahrt, auf Erden in seiner Hoheit noch gegenwärtig. Er werde die Vollmacht der Taufe für sich zurückbehalten, damit weder Paulus noch Petrus sage: ‹meine Taufe›. Daher vernehmt und beachtet die Worte der Apostel: Keiner von ihnen sagte: ‹meine Taufe›. Obwohl das Evangelium für alle da ist, findest du trotzdem die Aussage: ‹mein Evangelium›, aber niemals: ‹meine Taufe›. [V, 9]

Aber, sagen die Jünger zum Herrn, wir haben vernommen, in welchem Namen wir taufen sollen, du hast uns zu deinen Dienern gemacht und gesagt: «Geht hin und taufet im Namen des Vaters und des Sohnes und des Heiligen Geistes» (Mt 28,19) –, aber wohin sollen wir gehen? Wohin? Habt ihr nicht gehört? In mein Erbe. Ihr fragt mich: Wohin sollen wir gehen? In mein Eigentum, das ich mit meinem Blut erkauft habe. Also? Zu allen Völkern. Ich meinte, er hätte gesagt: Gehet hin und tauft die Afrikaner im Namen des Vaters und des Sohnes und des Heiligen Geistes. Gott sei Dank: der Herr hat dieses Problem gelöst, die Taube hat uns gelehrt, was wir tun sollen. Gott sei Dank! Zu allen Völkern sind die Apostel gesandt worden, und wenn zu allen Völkern, dann auch zu allen Sprachen. Das ist die Bedeutung des Heiligen Geistes, der in Zungen geteilt, in der Taube geeint war. Die Zungen teilen sich, die Taube verbindet. Standen die Sprachen der Völker zueinander im Einklang und nur die Sprache Afrikas war ein Missklang? Brüder, was ist am wahrscheinlichsten? In der Taube liegt Einheit, in den Sprachen verwirklicht sich die Gemeinschaft der Völker[1]. Durch Hochmut gerieten einst die Sprachen in Missklang und aus einer Sprache wurden viele. Denn nach der Sintflut bauten stolze Menschen einen Turm, als wollten sie gegen Gott eine Festung errichten, – wie wenn für Gott etwas zu hoch oder für den Hochmut gefahrlos wäre –, damit sie nicht durch eine weitere Sintflut vernichtet würden. Denn sie hatten gehört und erkannt, dass die Sintflut alle Ungerechtigkeit vernichtet hatte. Da sie sich aber in ihrer Ungerechtigkeit nicht mäßigen wollten, bauten sie gegen eine weitere Sintflut einen hoch emporragenden Turm. Gott

[1] Vgl. den Zusammenhang bei Henri de Lubac, Glauben aus der Liebe, Johannes Verlag Einsiedeln, Freiburg, 3. Auflage 1992, 50.

sah ihren Hochmut und ließ sie in Verblendung geraten, so dass sie sich beim Sprechen nicht mehr verstanden und so entstanden durch den Hochmut verschiedene Sprachen (vgl. Gen 11,1-9). Der Hochmut hat die Verschiedenheit der Sprachen bewirkt, die Demut Christi hat sie vereint. Was der Turm unvereinbar gemacht hatte, das vereinigt die Kirche wieder. Aus einer Sprache wurden viele; wundere dich nicht, das hat der Hochmut zustande gebracht. Aus vielen Sprachen wird eine; wundere dich nicht, das ist das Werk der Liebe. Obgleich der Klang der Sprachen verschieden ist, im Herzen wird ein Gott bekannt, ein Friede bewahrt. Wie also, geliebte Brüder, sollte der Heilige Geist, der auf die Einheit weist, anders dargestellt werden als in Gestalt einer Taube, um zu der im Frieden lebenden und versöhnten Kirche zu sagen: «Eine ist meine Taube» (Hl 6,8). Wie konnte die Demut anders dargestellt werden als in einem einfältigen und seufzenden Vogel? Sie konnte sich doch nicht in einem stolzen, aufgeplusterten Raben zeigen.[2] [VI, 10]

Die Hochzeit zu Kana

Der Herr war zur Hochzeit eingeladen. Was Wunder, dass er in jenes Haus zur Hochzeit erschien, der in diese Welt zur Hochzeit kam? Denn wäre er nicht zur Hochzeit erschienen, hätte er keine Braut hienieden. Und wie sagt doch der Apostel? «Ich habe euch einem Manne verlobt, um Christus eine reine Braut entgegenzuführen»

[2] Vgl. zum Ganzen Ferdinand Ulrich, Logotokos, Johannes Verlag Einsiedeln, Freiburg 2003, 429ff.

(2 Kor 11,2). Warum fürchtet er, die Jungfräulichkeit der Braut werde durch die Arglist des Satans verdorben? «Ich fürchte», sagt er, «dass, wie die Schlange mit ihrer Arglist Eva betrog, so auch eure Gedanken verdorben und von der Einfalt gegen Christus abgezogen werden» (2 Kor 11,3). Er hat also hier eine Braut, die er sich um den Preis seines Blutes erkaufte, und der er zum Unterpfand den Heiligen Geist verlieh. Er hat sie aus der Sklaverei Satans gerissen: Er starb um ihrer Vergehen willen und erstand um ihrer Rechtfertigung willen (Röm 4,25). Wer vermag seiner Braut ein so großes Geschenk zu bieten? Die Menschen mögen allen erdenklichen Schmuck der Welt anbieten: Gold, Silber, Edelsteine, Pferde, Sklaven, Ländereien, Landgüter: Wird etwa einer sein Blut anbieten? Böte er seiner Braut sein Blut, so wäre er nicht mehr da, um sie heimzuführen. Der Herr aber starb ohne Bedenken, gab sein Blut für die hin, die er auferstehend besitzen sollte, die er sich schon im Schoße der Jungfrau angetraut. Denn das Wort ist der Bräutigam, das menschliche Fleisch ist die Braut, und beides ist der eine Sohn Gottes und zugleich der Menschensohn. Als er zum Haupt der Kirche wurde, war der Schoß der Jungfrau Maria sein Brautgemach; von dort ging er hervor wie der Bräutigam aus seinem Gemach, von dem geschrieben steht: «Wie der Bräutigam aus seinem Gemach hervorgeht, frohlockte er wie ein Held, der seine Bahn durchläuft» (Ps 18,6). Aus dem Gemach ging er hervor wie der Bräutigam und erschien eingeladen zur Hochzeit.[1] [VIII, 4]

[1] Die Abschnitte dieses Kapitels [VIII, 4] [IX, 5] [IX, 10] finden sich teilweise vollständig übersetzt bei H.U. von Balthasar, Antlitz der Kirche, a.a.O., [70], 112; [46], 67f.; [71] 112f.

Warum sagt der Sohn zur Mutter: «Was ist zwischen mir und dir, Frau? Meine Stunde ist noch nicht gekommen?» Unser Herr Jesus war Gott und Mensch zugleich; als Gott hatte er keine Mutter, als Mensch hatte er eine. Sie war die Mutter des Fleisches, der Menschheit und Schwäche, die er um unseretwillen annahm. Das Wunder, das er wirken wollte, wollte er kraft seiner Gottheit, nicht kraft seiner Schwachheit vollbringen; weil er Gott, nicht, weil er in Schwachheit geboren war. Aber die göttliche Schwäche ist stärker als die der Menschen (1 Kor 1,25). Ein Wunder verlangt die Mutter, er aber erkennt den mütterlichen Schoß nicht an, während er ein göttliches Werk vollbringt, als wolle er sagen: Was von mir Wunder wirkt, meine Gottheit, hast du nicht geboren; aber weil du meine Schwachheit geboren hast, werde ich dich kennen, wenn eben diese Schwachheit am Kreuz hängen wird. «Meine Stunde ist noch nicht gekommen.» Am Kreuz erkannte er sie, die er sicher immer gekannt hatte. Bevor er von ihr geboren wurde, als er sie vorherbestimmte, erkannte er sie als seine Mutter, und bevor er sie als Gott erschuf, von der er selbst als Mensch erschaffen wurde, erkannte er sie als seine Mutter. Zu einer gewissen Stunde erkennt er sie auf geheimnisvolle Weise nicht, und zu einer anderen Stunde, die noch nicht gekommen war, erkennt er sie wiederum auf geheimnisvolle Weise, nämlich als starb, was sie geboren hatte. Es starb nicht das, aus dem Maria geboren war, sondern das, was Maria geboren hatte; nicht die ewige Gottheit starb, sondern das schwache Fleisch. Mit dieser Antwort wollte der Herr den Gläubigen helfen, in ihrem Glauben zu unterscheiden, wer er war und woher er gekommen ist. Der Gott und der Herr des Himmels und der Erde hat zur Mutter eine Frau gehabt.

Als Herr der Welt, des Himmels und der Erde ist er auch der Herr Marias; als Schöpfer des Himmels und der Erde ist er auch der Schöpfer Marias, wie geschrieben steht: «geboren aus einer Frau, dem Gesetz unterstellt» (Gal 4,4); er ist der Sohn Marias. Er ist der Herr Marias und zugleich der Sohn und Schöpfer Marias – wie das Geschöpf Marias. Wundere dich nicht, dass er zugleich Sohn und Herr ist: Wie Sohn Marias wird er auch zugleich Sohn Davids genannt und zwar deshalb, weil er der Sohn Marias ist. Vernimm, was der Apostel erkennt: «der nach dem Fleische aus dem Geschlecht Davids hervorgegangen ist» (Röm 1,3). Vernimm ihn auch als den Herrn Davids, der ihn selbst bestätigt: «Es sprach der Herr zu meinem Herrn: Setze dich mir zur Rechten» (Ps 109,1). Jesus legte selbst dieses Wort den Juden vor und überführte sie damit (vgl. Mt 22,45). Wie ist er zugleich Sohn und Herr Davids? Sohn Davids ist er dem Fleisch nach, der Herr Davids seiner Gottheit nach. Ebenso ist er der Sohn Marias dem Fleisch nach und Herr Marias seiner Würde nach. Weil sie also nicht die Mutter seiner Gottheit war und das Wunder, um das sie bat, durch die Gottheit geschehen musste, antwortete er ihr: «Was ist zwischen mir und dir, Frau?» Aber damit du nicht glaubst, dass ich dich als Mutter verleugne, fährt er fort: «Meine Stunde ist noch nicht gekommen». Wenn am Kreuz die Schwachheit hängt, werde ich dich als meine Mutter erkennen. Prüfen wir, ob es wahr ist. Als der Herr am Kreuz litt, erzählt derselbe Evangelist, der die Mutter des Herrn gekannt hatte und sie uns jetzt bei der Hochzeit vorstellt: «Es stand dort beim Kreuz die Mutter Jesu und Jesus sagte zu seiner Mutter: Frau, siehe deinen Sohn und zu dem Jünger: Siehe deine Mutter» (Joh 19,25-27). Er empfiehlt die Mutter dem Jünger, denn er sollte vor ihr sterben und auferstehen; er, der Mensch, empfiehlt einem Menschen ein menschliches Geschöpf. Die menschliche Natur hatte Maria geboren. Am Kreuz war jene Stunde gekommen, von der er in Kana gesagt hatte: «Meine Stunde ist noch nicht gekommen». [VIII, 9]

Indem der Herr die Einladung zur Hochzeit annahm, wollte er, unabhängig von ihrer mystischen Bedeutung, die Einsetzung der Ehe als sein Werk bestätigen. Denn es sollten sich die zu Wort melden, die, wie der Apostel sagt, die Ehe verbieten (1 Tim 4,3), sie als böse und als Werk des Teufels hinstellen. Dagegen erwidert der Herr auf die Frage, ob es dem Mann erlaubt sei, seine Frau aus jedem beliebigen Grund zu entlassen, es sei nur im Fall von Unzucht erlaubt. Dieser Antwort fügt er hinzu, wenn ihr euch erinnert: «Was Gott verbunden hat, soll der Mensch nicht trennen» (Mt 19,6). Die aber gut unterrichtet sind im katholischen Glauben, wissen, dass Gott die Ehe eingesetzt hat, und dass, wie die Einigung von Gott, so die Scheidung vom Teufel stammt. Nur dann darf man im Fall der Unzucht die Frau entlassen, wenn sie dem Manne die eheliche Treue nicht hielt und nicht mehr seine Gattin sein wollte. Auch jene, die Gott Jungfräulichkeit gelobten und gewiss einen höheren Grad von Ehre und Heiligkeit in der Kirche einnehmen, haben nicht vollkommen auf die Ehe verzichtet, denn mit der gesamten Kirche haben sie teil am Hochzeitsbund, in welchem Christus der Bräutigam ist. Darum befolgte der Herr die Einladung zur Hochzeit, um die eheliche Keuschheit zu festigen und das Sakrament der Ehe hervorzuheben, denn die Person unseres Herrn wurde durch den Bräutigam jener Hochzeit vorabgebildet, zu dem gesagt wurde: «Du hast den guten Wein bis zum Ende aufgespart». Tatsächlich hat Christus den guten Wein, sein Evangelium, bis jetzt aufgespart. [IX, 2]

Nun wollen wir den verborgenen Sinn jener Gnadenzeichen enthüllen, soweit der uns dazu die Gnade gibt, in dessen Namen wir es euch versprochen haben. Es gab in alten Zeiten Weissagungen, die zu allen Zeiten offenbar wurden. Jene Weissagungen waren aber nur Wasser, solange in ihnen nicht Christus erkannt wurde. Denn im Wasser ist der Wein gewissermaßen verborgen. Der Apostel sagt uns, was wir unter dem Wasser verstehen sollen: «Bis zum heutigen Tag liegt, sooft Mose vorgelesen wird, dieselbe Hülle auf den Herzen (der Juden), die nicht weggenommen wird, weil sie nur in Christus abgetan wird. Sobald du dich zum Herrn bekennst, wird die Hülle fortgenommen» (2 Kor 3,14-16). ‹Hülle› nennt er den verborgenen Sinn der Weissagung, die nicht verstanden wird. Die Hülle wird fortgenommen, wenn du dich zum Herrn bekehrst. Dann wird die Fadheit weggenommen und das Wasser wird für dich Wein. Lies all die prophetischen Bücher ohne Verständnis Christi: gibt es etwas Faderes und Törichteres? Siehst du Christus in ihnen, schmeckt das Gelesene nicht nur, sondern es berauscht dich sogar; es entzückt deine Seele über das Leibliche hinaus, so dass du vergisst, was hinter dir liegt und dich ausstreckst nach dem, was vor dir liegt (vgl. Phil 3,13). [IX, 3]

(...) So hat unser Herr Jesus Christus Wasser in Wein verwandelt, und schmackhaft wurde, was ehedem ohne Geschmack war, berauschend, was ehedem nicht berauschte. Hätte er nämlich das Wasser ausschütten lassen und selber den Wein aus irgendwelchen verborgenen Quellen der Schöpfung gespendet, aus denen er Brot schuf, als er Tausende nährte – fünf Brote vermochten nämlich nicht, fünftausend Menschen zu sättigen oder wenigstens zwölf Körbe zu füllen (vgl. Mt 14,17-21) –, wo die Allmacht des Herrn gleichsam Quelle des Brotes war, so hätte er auch an Stelle des ausgegossenen Wassers Wein spenden können. Hätte er dies getan, so schiene er die alten Schriften missbilligt zu haben. Da er aber das Wasser selbst in Wein verwandelte, zeigte er uns, dass auch das Alte Testament von ihm stammte: denn auf sein Geheiß hin wurden die Krüge gefüllt. Zwar sind auch die alten Schriften vom Herrn, aber sie schmecken gar nicht, wenn darin nicht Christus begriffen wird. [IX, 5]

(...) Die Weissagungen, die seit alter Zeit verkündet werden, betreffen das Heil aller Völker. (...) Aber Jesus Christus wurde noch nicht verstanden, weil das Wasser noch nicht in Wein verwandelt war. Die Weissagungen wurden also allen Völkern verkündet. Damit euch das deutlicher wird, wollen wir euch einiges von den einzelnen Zeitaltern erzählen, welche die sechs Krüge abbilden. [IX, 9]

Am Anfang standen Adam und Eva, die Eltern aller Völker, nicht nur der Juden. Folglich bezog sich alles, was in Adam von Christus abgebildet wurde, auf alle Völker, da sie ihr Heil nur in Christus finden. Kann man etwas Besseres über das Wasser des ersten Kruges sagen, als was der Apostel über Adam und Eva sagt? Keiner kann behaupten, ich hätte die Dinge falsch verstanden, wenn ich nicht meine eigene Einsicht vorbringe, sondern mich auf den Apostel berufe. Was er erinnert, birgt ein großes Geheimnis von Christus. Er schreibt: «Es werden zwei in einem Fleisch sein. Dieses Geheimnis ist groß» (Eph 5,31f.). Damit keiner die Größe dieses Geheimnisses unter all den Männern, die Frauen haben, auf sich beziehe, fährt er fort: «Ich deute es auf Christus und die Kirche» (ebd.). Worin besteht dieses große Geheimnis: «Es werden zwei in einem Fleisch sein»? In der Genesis steht über Adam und Eva: «Darum wird der Mensch Vater und Mutter verlassen und seinem Weibe anhangen, und es werden zwei in einem Fleisch sein» (Gen 2,24). Wenn also Christus der Kirche anhing, damit zwei in einem Fleisch seien, wie verließ er den Vater? wie die Mutter? Den Vater verließ er, indem er «in Gottes Gestalt war und es nicht für Raub hielt, Gott gleich zu sein, sich dennoch entäußerte und Gestalt des Sklaven annahm» (Phil 2,6f.). Er verließ den Vater, heißt also nicht, dass er sich ihm entzog und sich von ihm entfernte, sondern dass er den Menschen nicht in der Gestalt erschien, in der er dem Vater gleich ist. Die Mutter verließ er, indem er die Synagoge verließ, aus der er dem Fleisch nach geboren war, um der Kirche anzuhangen, die er aus allen Völkern gesammelt hat. Also beinhaltete der erste Krug auch eine Weissagung über Christus, aber solange diese Wahrheiten noch nicht den Völkern verkündet wurden, war es Wasser, noch nicht in Wein verwandelt. (...) [IX, 10]

Mit dem dritten Krug wurde Abraham gesagt (...): «In deinem Samen sollen alle Völker gesegnet werden» (Gen 22,18). Wer sieht nicht, wessen Vorbild sein einziger Sohn war, der selbst das Opferholz für seine eigene Schlachtung trug? Auch der Herr trug sein Kreuz, wie das Evangelium berichtet (vgl. Joh 19,17). Das möge zum dritten Krug genügen. [IX, 12]

Im fünften Zeitalter, das der fünfte Krug abbildet, sah Daniel, wie sich ein Stein ohne menschliches Zutun vom Berg löste und alle Reiche der Erde zerbrach und wie dieser Stein wuchs und zu einem großen Berg wurde, so dass er das Angesicht der Erde bedeckte (vgl. Dan 2,34f.). Meine Brüder, gibt es etwas Eindeutigeres? Ein Stein löst sich vom Berg; das ist der Stein, den die Bauleute verwarfen und der zum Eckstein geworden ist (vgl. Ps 117,22). Von welchem Berg löst er sich, wenn nicht vom Reich der Juden, aus dem unser Herr Jesus Christus dem Fleisch nach geboren wurde? Und er löst sich ohne menschliches Zutun, denn Christus ist ohne ehelichen Beischlaf aus der Jungfrau hervorgegangen. Der Berg, von dem der Stein sich löste, bedeckte nicht die ganze Erde, denn das jüdische Reich umschloss nicht alle Völker. Aber das Reich Christi umfasst, wie wir sehen, den ganzen Erdkreis. [IX, 15]

Es bleibt das sechste Zeitalter, zu dem Johannes der Täufer gehört, der Größte von den Frauen Geborenen, von dem es heißt: «Er ist größer als ein Prophet» (Mt 11,11.9). Wie hat er geoffenbart, dass Christus zu allen Völkern gesandt ist? Auf die folgende Weise: Als die Juden zu ihm kamen, um sich taufen zu lassen, sagte er, damit sie sich nicht mit dem Namen Abraham brüsteten: «Ihr Natterngezücht, wer hat euch gezeigt, dem kommenden Zorn zu entfliehen? Bringt also Frucht, die der Umkehr entspricht» (Mt 3,7f.); das heißt, seid demütig, denn er redete zu Stolzen. Worauf aber waren sie stolz? Auf ihre fleischliche Abstammung, nicht auf die Früchte, die durch die Nachahmung ihres Vaters Abraham hervorgebracht wurden. Weiter ermahnt er sie: «Sagt nicht, wir haben Abraham zum Vater, denn Gott hat die Macht, aus diesen Steinen Kinder Abrahams zu erwecken» (Mt 3,9). Mit den Steinen meinte er die Völker, nicht als hätten sie die Festigkeit des Steines, den die Bauleute verwarfen (vgl. Ps 118,22), sondern weil sie verstockt waren in ihrer Dummheit und Torheit, denn sie waren selbst Steinen ähnlich geworden und beteten törichte Götzenbilder an. Woher kam ihre Torheit? Dazu steht im Psalm: «Die sie gemacht haben, sollen ihrem Machwerk gleichen und alle, die auf sie vertrauen» (Ps 115,8). Als daher die Menschen begannen, Gott anzubeten, was empfahl ihnen der Herr? Seid «Kinder eures Vaters im Himmel, der seine Sonne aufgehen lässt über Gute und Böse, und regnen lässt über Gerechte und Ungerechte» (Mt 5,45). Wenn also der Mensch dem ähnlich wird, den er anbetet, was bedeuten dann die Worte: «Gott hat die Macht, aus diesen Steinen Kinder Abrahams zu erwecken» (Mt 3,9)? Befragen wir uns selbst, so stellen wir fest, dass sich eben das ereignet hat: Denn wir kommen aus den Heiden; aus diesen aber wären wir niemals hervorgegangen, wenn Gott nicht aus den Steinen Kinder Abrahams erweckt hätte. Wir sind Kinder Abrahams geworden in Nachahmung seines Glaubens, nicht durch fleischliche Abstammung. Wie die Juden vom Glauben abgewichen sind und enterbt wurden, so wurden wir in der Nachahmung dieses Glaubens angenommen. Also, meine Brüder, auf alle Völker bezog sich die Prophetie des sechsten Kruges; und darum wird von allen gesagt: «Sie fassten je zwei oder drei Maß». [IX, 16]

Nikodemus

«Es war aber ein Mann unter den Pharisäern namens Nikodemus, ein Vorsteher der Juden. Dieser kam nachts zu Jesus und sagte zu ihm: Rabbi.» – Rabbi, das wisst ihr, heißt Lehrer. «Wir wissen, dass du als Lehrer von Gott gekommen bist, denn niemand kann die Zeichen tun, die du tust, wenn nicht Gott mit ihm ist.» Dieser Nikodemus gehörte also zu denen, die an seinen Namen glaubten, wegen der Zeichen und Wunder, die er tat. Denn weiter oben hatte der Evangelist bemerkt: «Während er zum Paschafest in Jerusalem war, glaubten viele an seinen Namen» (Joh 2,23). Warum glaubten sie? «Weil sie die Zeichen sahen, die er tat.» Und was sagt er von Nikodemus? «Es war aber unter den Pharisäern ein Mann namens Nikodemus, ein Vorsteher der Juden. Dieser kam nachts zu Jesus und sagte zu ihm: Rabbi, wir wissen, dass du als Lehrer von Gott gekommen bist.» Auch er glaubte also an seinen Namen, und warum glaubte er? Nikodemus begründet das offen: «Denn niemand kann die Zeichen tun, die du tust, wenn nicht Gott mit ihm ist». Wenn also Nikodemus zu den vielen gehörte, die an seinen Namen glaubten, dann wollen wir uns jetzt am Beispiel von Nikodemus fragen, warum Jesus sich ihnen nicht anvertraute (vgl. Joh 2,24). «Jesus antwortete ihm: Amen, amen, ich sage dir, wenn jemand nicht von neuem geboren wird, kann er das Reich Gottes nicht schauen.» Jesus vertraut sich also denen an, die von neuem geboren sind. Jene anderen glaubten an ihn und Jesus vertraute sich ihnen dennoch nicht an. So sind die Katechumenen[1]: Sie glauben bereits an den Namen Christi,

[1] Zur Institution und zum Stand des Katechumenats vgl. F. van der Meer, a.a.O., besonders 418f.

aber Jesus vertraut sich ihnen nicht an. Eure Heiligkeit habe acht und begreife, was ich sagen will. Fragen wir einen Katechumenen: Glaubst du an Christus? so antwortet er: Ich glaube, und er bekreuzigt sich. Schon trägt er das Kreuz Christi auf seiner Stirn und schämt sich dessen nicht. Siehe, er glaubt an seinen Namen. Fragen wir ihn dagegen: Isst du das Fleisch des Menschensohnes und trinkst du sein Blut, weiß er nicht, was wir sagen, weil Jesus sich ihm noch nicht anvertraut hat. [XI, 3]

Gebt nun acht, meine Brüder, was Nikodemus antwortet, der nachts zu Jesus kam. Obwohl er zu Jesus kam, redet er doch, weil er nachts kam, aus der Finsternis seines Fleisches heraus. Er versteht nicht, was der Herr ihm sagt und auch nicht, was das Licht ihm sagt, «das jeden Menschen erleuchtet, der in die Welt kommt» (Joh 1,9). Der Herr hatte schon zu ihm gesagt: «Wenn jemand nicht von neuem geboren wird, wird er das Reich Gottes nicht schauen». Nikodemus entgegnete ihm: «Wie kann ein Mensch, der alt ist, geboren werden?» Der Geist redet zu ihm und Nikodemus hat nur fleischliche Vorstellungen. Nach diesen urteilt er, weil er den Geschmack des Fleisches Christi noch nicht erlebt hat. (...) Der Herr hatte den Aposteln schon erklärt, was das heißt: «Der Geist ist es, der lebendig macht» (Joh 6,63). Denn nachdem er gesagt hatte: «Wenn jemand mein Fleisch nicht isst und mein Blut nicht trinkt, wird er das Leben nicht in sich haben» (Joh 6,53), fügt er hinzu, damit sie diese Worte nicht auf fleischliche Weise auffassten: «Der Geist ist es, der lebendig macht, das Fleisch nützt nichts. Die Worte, die ich zu euch gesprochen habe, sind Geist und Leben» (Joh 6,63). [XI, 5]

Er erklärt Nikodemus: «Amen, amen, ich sage dir: Wer nicht aus Wasser und Geist geboren wird, kann nicht in das Reich Gottes eingehen». Du denkst an die fleischliche Geburt, wenn du meinst: «Kann etwa ein Mensch in den Schoß seiner Mutter zurückkehren?» Er muss aus Wasser und Geist geboren werden, um in das Reich Gottes einzugehen. Geht er aus der zeitlichen Erbschaft eines menschlichen Vaters hervor, muss er auch aus dem Schoß einer fleischlichen Mutter geboren werden; das ewige Erbe des göttlichen Vaters lässt ihn im Schoß der Kirche geboren werden. Ein sterblicher Vater zeugt durch seine Frau einen Sohn, der sein Nachfolger ist; Gott zeugt aus der Kirche Söhne, die nicht seine Nachfolger sind, sondern ewig bei ihm bleiben. Dann fügt Christus hinzu: «Was aus dem Fleisch geboren ist, ist Fleisch; was aus dem Geist geboren ist, ist Geist». Aus dem Geist werden wir also geboren, und diese Geburt ereignet sich durch Wort und Sakrament[2]. Der Geist tritt für uns ein, damit wir geboren werden, und wenn der Geist, aus dem du geboren werden sollst, unsichtbar zugegen ist, wirst du unsichtbar geboren. Daher fährt der Herr fort: «Wundere dich nicht darüber, dass ich dir sagte, ihr müsst von oben geboren werden. Der Geist weht, wo er will, und du hörst seine Stimme, aber du weißt nicht, woher er kommt noch wohin er geht.» Keiner sieht den Geist, und wie hören wir seine Stimme? Es ertönt ein Psalm, es ist die Stimme des Geistes; es ertönt das Evangelium, es ist die Stimme des Geistes; es ertönt ein göttliches Wort, die Stimme des Geistes. «Du hörst seine Stimme,

[2] In LXXX, 3 definiert Augustinus das Sakrament als sichtbares Wort: visibile Verbum, zit. nach der Anmerkung von Emilio Gandolfo, in: Agostino, Commento al Vangelo di Giovanni. Città Nuova Editrice, Roma 2012, 281.

aber du weißt nicht, woher er kommt noch wohin er geht.» Wenn du aus dem Geist geboren bist, wird es dir auch so geschehen, dass der, welcher noch nicht aus dem Geist geboren ist, von dir nicht weiß, woher du kommst und wohin du gehst. Denn er fährt fort: «So verhält es sich mit jedem, der aus dem Geist geboren ist».[3] [XII, 5]

«Nikodemus antwortete: Wie kann das geschehen?» Immer nur fleischliche Vorstellungen, er verstand nicht. In ihm verwirklichte sich, was der Herr gesagt hatte: Er hörte die Stimme des Geistes und wusste nicht, woher sie kam und wohin sie ging. «Jesus sprach zu ihm: Du bist Lehrer in Israel und weißt das nicht?» Meine Brüder, weshalb diese Worte; sollen wir meinen, der Herr habe diesen Lehrer der Juden beleidigen wollen? Der Herr wusste, was er tat: Er wollte, dass Nikodemus aus dem Geist geboren werde. Niemand wird aus dem Geist geboren, wenn er nicht demütig ist; gerade die Demut bewirkt, dass wir aus dem Geist geboren werden, denn nahe ist der Herr den gebrochenen Herzen (vgl. Ps 33,19). Nikodemus war durch sein Lehramt zu selbstsicher und meinte, eine wichtige Person zu sein, weil er der Lehrer der Juden war; der Herr befreit ihn von seinem Hochmut, damit er vom Geist geboren werden kann. Er stellt ihn bloß als einen Anfänger, ohne sich jedoch über ihn zu erheben. Wozu das? Auf der einen Seite Gott und die Wahrheit, auf der anderen Seite der Mensch und die Lüge. Darf man etwa nicht denken,

[3] M.-F. Berrouard, Introduction, a.a.O., 221f., verweist in diesem Zusammenhang auf CVIII, 1: «L'Esprit est donc le principe de cette naissance nouvelle qui est une renaissance, comme il a été le principe de la naissance du Christ selon la chair».

glauben und sagen, dass Christus größer als Nikodemus ist? Würde Christus nicht größer als die Engel genannt, wäre das zum Lachen. Er ist unvergleichlich größer als jedes Geschöpf, denn durch ihn ist alles geworden (vgl. Joh 1,3). Er aber geißelt den Hochmut des Menschen: «Du bist Lehrer in Israel und weißt das nicht?» Als wolle er sagen: Du weißt nichts, hochmütiger Vorsteher, werde du aus dem Geist geboren. Denn wenn du aus dem Geist geboren sein wirst, wirst du die Wege Gottes einschlagen, und der Demut Christi nachfolgen. Daher steht er hoch über allen Engeln, weil er, «als er in Gottes Gestalt war, es nicht für einen Raub hielt, wie Gott zu sein, sondern sich selbst entäußerte, indem er Knechtsgestalt annahm und den Menschen ähnlich wurde, und der Erscheinung nach wie ein Mensch erniedrigte er sich selbst und wurde gehorsam bis zum Tod», und damit dir nicht eine beliebige Todesart einfalle, fügt er hinzu: «bis zum Tod am Kreuz» (Phil 2,6-8). Er hing daran und wurde verhöhnt. Er konnte vom Kreuz herabsteigen, aber er wartete darauf, vom Grab aufzuerstehen. Der Herr ertrug die hochmütigen Knechte wie ein Arzt seine Kranken. Wenn er so gehandelt hat, was müssen dann die tun, die aus dem Geist wiedergeboren werden sollen? Wenn er uns dieses Beispiel gegeben hat, der wahre Lehrer im Himmel, nicht nur der Menschen, auch der Engel? Denn was die Engel wissen, hat ihnen das Wort Gottes beigebracht. Sucht zu erfahren, woher sie ihr Wissen haben, und im Evangelium werdet ihr finden: «Im Anfang war das Wort, und das Wort war bei Gott, und Gott war das Wort» (Joh 1,1). Der Mensch wird von seinem harten und rauen Joch befreit, damit er leicht sei, um das Joch Christi zu tragen, von dem es heißt: «Mein Joch ist sanft, und meine Bürde ist leicht» (Mt 11,30). [XII, 6]

Denn er stieg hinab und starb, und eben durch diesen Tod hat er uns vom Tod befreit; in dem Moment, in dem er vom Tod vernichtet wurde, vernichtete er selbst den Tod. Ihr wisst, Brüder, dass der Tod durch den Neid des Teufels in die Welt kam. «Gott hat den Tod nicht gemacht», sagt die Schrift, «und freut sich nicht am Untergang der Lebenden, denn damit es sei, hat er alles erschaffen» (Weish 1,13f.). Doch was sagt sie weiter? «Durch den Neid des Teufels aber ist der Tod in die Welt gekommen» (Weish 2,24). Der Mensch hätte nicht durch Gewalt zum Tod, den ihm der Teufel verschafft hatte, gebracht werden können, denn der Teufel hatte keine Macht, ihn zu vergewaltigen, sondern nur die List der Überredung. Hättest du seinen Einflüsterungen nicht zugestimmt, hätte der Teufel nichts vermocht; weil du zugestimmt hast, o Mensch, wurdest du zum Sterben gebracht. Von einem Sterblichen wurden wir Sterblichen geboren, unsterblich waren wir und sind sterblich geworden. Durch Adam sind ja alle Menschen sterblich; Jesus aber, der Sohn Gottes, das Wort Gottes, durch das alles geworden ist, wie der Vater einzig, ist ein sterblicher Mensch geworden; denn das Wort ist Fleisch geworden und hat unter uns gewohnt (vgl. Joh 1,14). [XII, 10]

Also nahm er den Tod auf sich und hing ihn ans Kreuz, und so wurden die (durch die Sünde[4]) Toten vom Tod befreit. Der Herr erinnert daran, dass die Alten die Träger des Vorbildes waren: «Und wie Mose in der Wüste die Schlange erhöht hat, so muss erhöht werden der Menschensohn, damit jeder, der glaubt, nicht verloren-

[4] Vgl. die interpretierende Übersetzung von F. Ulrich, Gabe und Vergebung, Johannes Verlag Einsiedeln, Freiburg, 2. Auflage 2015, 621.

gehe, sondern in ihm das ewige Leben habe». Ein großes Zeichen und alle, die davon gelesen haben, haben es verstanden. Ihr, die ihr nicht davon gelesen habt oder es nach dem Lesen oder Hören vergessen habt, hört darauf. Von Schlangen gebissen lag das Volk Israel in der Wüste in einem großen Sterben danieder; es war eine Plage Gottes, der das Volk züchtigte und geißelte, um es zu erziehen. Dieses große Zeichen weist auf Zukünftiges; der Herr bezeugt es selbst in diesem Abschnitt der Heiligen Schrift, so dass es keiner anders deuten kann als in der Weise, wie die Wahrheit es selbst von sich enthüllt. Mose[5] erhielt den Auftrag, eine eherne Schlange zu machen und sie auf einem Holz in der Wüste zu erhöhen und das Volk Israel zu ermahnen, dass jeder, der von der Schlange gebissen wurde, auf jene am Holz erhöhte Schlange hinblicken sollte. Und so geschah es: Die Menschen wurden gebissen, sie blickten empor und wurden geheilt. Was sind die beißenden Schlangen? Die Sünden von der Sterblichkeit des Fleisches. Was ist die erhöhte Schlange? Der Tod des Herrn am Kreuz. Weil von der Schlange der Tod kam, wurde er durch das Bild der Schlange dargestellt. Der Biss der Schlange ist tödlich; der Tod des Herrn macht lebendig. Man blickt auf die Schlange, damit die Schlange nichts vermag. Was ist das? Man blickt auf den Tod, damit der Tod nichts vermag. Aber wessen Tod? Des Lebens Tod, wenn man Tod des Lebens sagen kann; ja weil man es so sagen kann, es auf wunderbare Weise sagt. Oder sollte man nicht sagen dürfen, was doch geschehen sollte? Soll ich vielleicht zögern zu sagen, was der Herr für mich zu tun

[5] Im Folgenden: H. U. von Balthasar, Das Antlitz der Kirche, a.a.O., [35] 62.

sich entschloss? Ist Christus nicht das Leben? Und doch ist Christus am Kreuz. Ist Christus nicht das Leben? Und doch ist Christus tot. Aber im Tod Christi ist der Tod tot, weil das tote Leben den Tod tötete, verschlang die Fülle des Lebens den Tod; verschlungen ist der Tod im Leib Christi. So werden auch wir bei der Auferstehung sagen, wenn wir schon den Sieg davontragend singen: «Wo ist, o Tod, dein Sieg, wo ist, o Tod, dein Stachel?» (1 Kor 15,55). Einstweilen, Brüder, wollen wir, damit wir von der Sünde geheilt werden, auf den gekreuzigten Christus blicken, der sagt, «wie Moses in der Wüste die Schlange erhöht hat, so muss der Menschensohn erhöht werden; damit jeder, der an ihn glaubt, nicht verloren gehe, sondern ewiges Leben habe». Wie die, welche auf die Schlange blickten, durch deren Bisse nicht umkamen, so werden die, welche im Glauben den Tod Christi betrachten, von den Bissen der Sünde geheilt. Aber jene wurden vom Tod für das irdische Leben gerettet. Christus aber sagt: «damit sie ewiges Leben haben». Darin liegt nämlich der Unterschied zwischen dem Vorbild und der Sache an sich: Das Vorbild verlieh irdisches Leben, die Sache an sich, die das Vorbild abbildete, verleiht ewiges Leben. [XII, 11]

Johannes der Täufer

(…) «Darauf kam Jesus mit seinen Jüngern nach Judäa und hielt sich dort mit ihnen auf und taufte.» Nachdem er getauft war, taufte er. Er taufte nicht mit derselben Taufe, die er empfangen hatte. Der von seinem Diener getaufte Herr spendete die Taufe, um den Weg der Demut zu weisen (vgl. Joh 14,6) und um uns zur Taufe des Herrn, das heißt zu seiner Taufe zu führen, indem er ein Beispiel der Demut gab und die Taufe des Dieners nicht zurückwies. Die Taufe des Dieners bereitete dem Herrn den Weg und nachdem der Herr getauft war, machte er sich zum Weg für die, welche zu ihm kamen. Hören wir seine Worte: «Ich bin der Weg, die Wahrheit und das Leben» (Joh 4,6). Suchst du die Wahrheit, bleibe auf dem Weg, denn eben dieser Weg ist die Wahrheit. Das Ziel und der Weg sind eins, Weg und Ziel sind nicht zweierlei, auf keinem anderen Weg kommst du zu Christus: nur durch Christus kommst du zu Christus. Wie ist das möglich, durch Christus zu Christus? Durch den Menschen zum Gott, durch das Fleisch gewordene Wort zum Wort, das am Anfang Gott war bei Gott, von dem, was der Mensch aß, zu dem, was die Engel täglich essen. Denn so steht geschrieben: «Brot vom Himmel gab er ihnen, das Brot der Engel aß der Mensch» (Ps 77,24f.). Wer ist das Brot der Engel? «Im Anfang war das Wort und das Wort war bei Gott, und Gott war das Wort» (Joh 1,1). Wie aß der Mensch das Brot der Engel? «Und das Wort ist Fleisch geworden und hat unter uns gewohnt» (Joh 1,14). [XIII, 4]

Brüder, dass wir sagten, die Engel essen, heißt nicht, dass sie dabei beißen. Wenn ihr das so verstündet, würde Gott, von den Engeln gegessen, geradezu in Stücke zerrissen. Wer reißt die Gerechtigkeit in Stücke? Dagegen fragt ein anderer: Wer isst die Gerechtigkeit? Wie konnte denn Christus sagen: «Selig die hungern und dürsten nach der Gerechtigkeit, denn sie werden gesättigt werden» (Mt 5,6)? Die Speise, die du zur Kräftigung des Leibes isst, damit du gesättigt werdest, vergeht; zu deiner

Stärkung wird sie verzehrt. Iss die Gerechtigkeit, und du bekommst neue Kraft, während sie unversehrt bleibt; wie beim Erblicken des materiellen Lichtes unsere Augen erquickt werden und dennoch das mit den leiblichen Augen Gesehene etwas Materielles ist. Für viele, die länger im Dunkeln sind, ist ihre Sehstärke gleichsam durch den Verzicht auf Licht beeinträchtigt. Wird den Augen ihre Speise entzogen - durch Licht werden sie ja ernährt -, werden sie durch diesen Verzicht müde und schwach, so dass sie das sie erquickende Licht nicht mehr sehen können, und wenn es länger fehlt, erlöschen die Augen, und ihre Sehkraft stirbt gleichsam. Was dann? Wird dieses Licht etwa, weil es täglich so viele Augen ernährt, schwächer? Nein, die Augen werden erquickt, und das Licht bleibt unversehrt. Wenn Gott die leiblichen Augen mit dem materiellen Licht so ernährt, gewährt er dann nicht auch denen, die reinen Herzens sind, dieses unermüdliche, unversehrt bleibende Licht, dem nichts mangelt? Welches Licht? «Im Anfang war das Wort und das Wort war bei Gott.» Wir wollen schauen, ob Gott Licht ist. «Denn bei dir ist die Quelle des Lebens und in deinem Licht werden wir das Licht schauen» (Ps 36,10).[1] Auf Erden ist ein anderes die Quelle, ein anderes das Licht. Dürstend suchst du die Quelle, und um zur Quelle zu kommen, suchst du das Licht: und ist es nicht Tag, so zündest du eine Lampe an, um zur Quelle zu finden. Jene Quelle aber ist selber das Licht: dem Dürstenden ist sie Quelle, dem Blinden Licht: aufgehen sollen die Augen, dass sie sehen das Licht, auftun sollen sich die Kehlen des Herzens, um die Quelle zu trinken; was du trinkst, das siehst du, hörst du. Gott wird dir zu allem;

[1] Vgl. im Folgenden: Das Antlitz der Kirche, a.a.O., [287] 354.

weil er das All der Dinge ist, die du liebst. Achtest du auf das Sichtbare, so ist Gott weder Brot, noch ist Gott Wasser, noch dieses Licht hier, noch ist Gott Gewand, noch Haus. Denn dies alles ist Sichtbares und Einzelnes: was Brot ist, ist nicht Wasser; was Gewand ist, ist nicht Haus; und was all dies ist, ist nicht Gott, denn sichtbar ist es. Gott ist dir alles: hungerst du, ist er dir Brot; dürstest du, ist er dir Quell; bist du im Finstern, ist er dir Licht, weil er unverweslich verharrt; bist du nackt, so ist er dir Gewand der Unsterblichkeit, «wenn dies Verwesliche Unverweslichkeit anziehen wird, und dies Sterbliche Unsterblichkeit» (1 Kor 15,53f.). Alles kann ausgesagt werden von Gott, und nichts wird angemessen von Gott gesagt. Es gibt keinen größeren Reichtum als diese Bedrängnis. Du suchst einen passenden Namen und findest ihn nicht; du suchst ihn stammelnd zu nennen und findest alles. Welche Ähnlichkeit besteht zwischen einem Lamm und einem Löwen? Von Christus sagt die Heilige Schrift beides: «Siehe das Lamm Gottes» (Joh 1,29). Wie Löwe? «Gesiegt hat der Löwe aus dem Stamme Juda» (Apk 5,5). [XIII, 5]

«Es erhob sich aber eine Streitfrage zwischen den Jüngern des Johannes und den Juden über die Reinigung.» Johannes taufte, und Christus taufte auch; die Jünger des Johannes waren besorgt: man eilte zu Christus, man kam zu Johannes. Denn die zu Johannes kamen, schickte dieser zur Taufe zu Jesus; die Christus taufte, schickte dieser nicht zu Johannes. Die Jünger des Vorläufers gerieten in Verwirrung und begannen, mit den Juden eine Streitfrage zu verhandeln, wie es oft zu geschehen pflegt. Man kann sich leicht vorstellen, dass die Juden behaupteten, Christus sei größer als Johannes und man solle zu seiner Taufe gehen. Die Jünger verteidigten noch ohne rechte Einsicht die Taufe des Vorläufers. Man kam zu Johannes, damit er selbst die Streitfrage löse. Eure Liebe merke auf: Hier erkennt man den Nutzen der Demut, und es zeigt sich, ob gerade bei der Beantwortung dieser Frage Johannes sich rühmen wollte, während die Menschen sich irrten. Er hätte sagen können: Es ist wahr, euer Streit ist berechtigt, meine Taufe ist die bessere. Und ihr solltet wissen, dass meine Taufe die bessere ist, denn ich habe Christus getauft. Das konnte Johannes sagen, nachdem er Christus getauft hatte. Welch gute Gelegenheit, sich zu erheben, wenn er gewollt hätte? Aber er wusste, vor wem er sich erniedrigen sollte; er wusste, dass er ihm mit seiner Geburt vorausgehe und wollte ihm im Bekenntnis nachstehen, denn er wusste, dass sein Heil Christus sei. Schon vorher hatte er gesagt: «Wir haben alle aus seiner Fülle empfangen» (Joh 1,16). Das heißt auch ihn als Gott bekennen. Denn wie können alle Menschen aus seiner Fülle empfangen, wenn er nicht Gott ist? Denn wenn er so Mensch ist, dass er nicht zugleich Gott ist, empfängt er selbst aus der Fülle Gottes und ist nicht Gott. Empfangen aber alle aus seiner Fülle, ist er die Quelle, aus der sie trinken. Die aus der Quelle trinken, können sowohl dürsten als auch trinken; die Quelle dürstet niemals, sie braucht sich selbst nicht. Die Menschen brauchen die Quelle: mit abgezehrtem Eingeweide und trockener Kehle laufen sie zur Quelle, um sich zu erquicken; die Quelle fließt, um zu erquicken. So verhält es sich auch mit Jesus, dem Herrn. [XIII, 8]

Schauen wir, was Johannes antwortete: «Sie kamen zu Johannes und sagten zu ihm: Rabbi, der bei dir jenseits des Jordans war, für den du Zeugnis gegeben hast, siehe, er tauft und alle kommen zu ihm». Das heißt: Was sagst du dazu? Soll man sie nicht daran hindern, damit sie eher zu dir kommen? «Er antwortete und sprach: Ein Mensch kann nichts empfangen, wenn es ihm nicht vom Himmel gegeben wird.» Was meint ihr, von wem hat Johannes das gesagt? Von sich selbst. Da ich ein Mensch bin, habe ich vom Himmel empfangen. Eure Heiligkeit habe acht: «Ein Mensch kann nichts empfangen, wenn es ihm nicht vom Himmel gegeben wird. Ihr selbst bezeugt mir, dass ich gesagt habe: Ich bin nicht Christus.» Als sagte er ihnen: Was täuscht ihr euch? Warum legt ihr mir gerade diese Streitfrage vor? Warum sagt ihr mir: «Rabbi, der bei dir jenseits des Jordans war, für den du Zeugnis gegeben hast»? Ihr wisst doch, welches Zeugnis ich für ihn gegeben habe: Soll ich euch sagen, er sei nicht der, den ich genannt habe? Ich habe vom Himmel empfangen, etwas zu sein, und ihr wollt, dass ich unnütz bin und gegen die Wahrheit spreche? «Ein Mensch kann nichts empfangen, wenn es ihm nicht vom Himmel gegeben wird. Ihr selbst bezeugt mir, dass ich gesagt habe: Ich bin nicht Christus.» Du bist nicht Christus, aber wer bist du? Und wenn du größer bist als er, weil du ihn getauft hast? «Ich bin gesandt», ich bin der Bote, er der Richter. [XIII, 9]

(...) «Wer die Braut hat, ist der Bräutigam», das heißt, die Braut gehört nicht mir. Und freust du dich nicht auf der Hochzeit? Doch, ich freue mich, sagt der Täufer: «Der Freund des Bräutigams aber, der dasteht und ihn hört, freut sich sehr über die Stimme des Bräutigams». Ich freue mich nicht über meine Stimme, sondern über die Stimme des Bräutigams freue ich mich. Ich bin hier, um zu hören, jener, um zu sprechen; denn ich soll erleuchtet werden, jener ist das Licht. Ich bin das Ohr, jener ist das Wort. Also steht der Freund des Bräutigams da und hört ihn. Warum steht er? Weil er nicht fällt. Warum fällt er nicht? Weil er demütig ist. Betrachte den Vorläufer, er steht auf festem Boden. «Ich bin nicht würdig, ihm die Schuhriemen zu lösen» (Joh 1,27). Du demütigst dich mit Recht, verdientermaßen fällst du nicht, sondern stehst, hörst den Bräutigam und freust dich sehr über seine Stimme. Das tat auch der Apostel, ein anderer Freund des Bräutigams, auch er eifert, aber nicht für sich, sondern für ihn. Vernimm die Stimme des Eifernden: «Ich eifere um euch mit dem Eifer Gottes» (2 Kor 11,2), sagt er; nicht mit meinem Eifer, nicht für mich, sondern mit dem Eifer Gottes. Warum? Um wen oder für wen eiferst du? «Ich habe euch einem Mann verlobt, um euch als reine Jungfrau Christus zuzuführen» (ebd.). Was fürchtest du also? Weswegen eiferst du? «Ich fürchte, es werde wohl, wie die Schlange mit ihrer List Eva verführte, euer Sinn ins Verderben gezogen, weg von der Keuschheit, die in Christus ist» (2 Kor 11,3). Die ganze Kirche wird Jungfrau genannt. Ihr seht, sie hat verschiedene Glieder, die sich über ihre verschiedenen Aufgaben freuen: die einen sind verheiratete Männer, andere verheiratete Frauen; die einen, die ihre Frauen verloren haben, suchen als Witwer keine mehr, andere wollen verwitwet keine Männer mehr haben; die einen haben die Reinheit von Jugend an bewahrt, andere haben ihre Jungfräulichkeit Gott geweiht. Die Charismen sind verschieden, aber alle, die sie besitzen, bilden zusammen eine einzige Jungfrau. Wo trifft man diese Jungfräulichkeit? Sie ist nicht leiblich. Nur wenig Frauen leben sie und wenn man diesen Begriff auf Männer anwendet, leben sicher wenige Männer die heilige

Reinheit des Leibes in der Kirche und sind deshalb umso ehrenvollere Glieder. Alle anderen Glieder leben die Jungfräulichkeit nicht leiblich, wohl aber der Gesinnung nach. Was ist Jungfräulichkeit der Gesinnung? Vollkommener Glaube, feste Hoffnung, aufrichtige Liebe[2]. Diese Jungfräulichkeit, fürchtete jener, der für den Bräutigam eiferte, werde von der Schlange verdorben. Denn wie ein Glied des Leibes an irgendeiner Stelle Schaden nimmt, so kann die Verführung der Rede der Jungfräulichkeit des Herzens Gewalt antun. Wer nicht ohne Grund die Jungfräulichkeit des Leibes halten will, lasse seiner Gesinnung keinen Schaden zufügen. [XIII, 12]

(... Johannes zeigt ihnen) den Bräutigam, weil dieser sich selber zeigt. Der Vorläufer legt Zeugnis für ihn ab: «Dieser ist es, der tauft». O Jungfrau, wenn du für diesen Bräutigam deine Jungfräulichkeit bewahrst, warum läufst du dann zu dem, der sagt: Ich taufe, während der Freund des Bräutigams sagt: «Dieser ist es, der tauft»? Außerdem regiert dein Bräutigam über den ganzen Erdkreis, warum lässt du dich nur für einen Teil verführen? Wer ist dein Bräutigam?, «denn König der ganzen Erde ist Gott» (Ps 46,8). Dein Bräutigam regiert über den ganzen Erdkreis, weil er ihn ganz zurückgekauft hat. Schau, wie teuer er bezahlte, und du verstehst, wieviel er bezahlt hat. Welchen Preis zahlte er? Sein Blut. Wann gab, wann vergoss er sein Blut? Während seines Leidens. Preist du etwa nicht deinen Bräutigam oder tust du nur so, nachdem dieser den ganzen Erdkreis zurückgekauft hat: «Sie ha-

[2] Henri de Lubac, Quellen kirchlicher Einheit, Johannes Verlag, Einsiedeln 1974, 139, zitiert diese Zeilen als ein Textzeugnis, auf das das Zweite Vatikanische Konzil (Nr. 64) sein Kirchenbild (als Mutter und Jungfrau) stützte. Vgl. ders., Die Kirche, a.a.O., 292.

ben meine Hände und Füße durchbohrt, sie haben alle meine Gebeine gezählt; sie aber blickten her und schauten auf mich; sie haben meine Kleider unter sich geteilt und um mein Gewand das Los geworfen» (Ps 21,17-19)? Du bist die Braut, erkenne das Gewand deines Bräutigams. Um welches Gewand ist das Los geworfen worden? Frage den Evangelisten, siehe, wem du anverlobt bist und von wem du das Brautgeld bekommen hast. Frage den Evangelisten, siehe, was er über das Leiden des Herrn sagt: «Der Rock aber war», wie war er? «von oben gewoben» (Joh 19,23). Was bedeutet der von oben gewobene Rock anderes als Liebe und Einheit? Richte deine Aufmerksamkeit auf diesen Rock, den nicht einmal die Verfolger Christi geteilt haben. «Sie sagten untereinander: Wir wollen ihn nicht teilen, sondern das Los um ihn werfen» (Joh 19,24). Das habt ihr aus dem Psalm vernommen. Die Verfolger haben das Gewand nicht zerrissen, Christen spalten die Kirche. [XIII, 13]

Die Lesung des heiligen Evangeliums lehrt uns die Erhabenheit der Gottheit unseres Herrn Jesus Christus und die Demut eines Menschen, der verdiente, Freund des Bräutigams genannt zu werden. Es hilft uns, den Unterschied zu erkennen, der zwischen einem bloßen Menschen und einem Gottmenschen liegt. Denn Gottmensch ist unser Herr Jesus Christus, Gott vor aller Zeit und Mensch in unserer Zeit, als Gott vom Vater gezeugt und als Mensch von der Jungfrau geboren, und dennoch ein und derselbe Herr und Erlöser Jesus Christus, Sohn Gottes, Gott und Mensch. Johannes aber, außerordentlich begnadet, wurde ihm vorausgesandt; erleuchtet von ihm, der das Licht ist. Von Johannes wird nämlich gesagt: «Er war nicht das Licht, sondern er sollte Zeugnis ablegen über das Licht» (Joh 1,8). Sicher kann er auch Licht genannt werden und wird es auch mit Recht genannt, aber er ist ein Erleuchteter, nicht ein Erleuchtender. Denn zweierlei sind das leuchtende Licht und das erleuchtete Licht: Auch unsere Augen heißen Lichter, und obwohl sie in der Dunkelheit offen sind, sehen sie nicht. Das erleuchtende Licht leuchtet aber aus sich selbst heraus und ist für sich Licht und braucht zum Leuchten kein anderes Licht, sondern die übrigen brauchen es, um zu leuchten. [XIV, 1]

(...) Über die Stimme des Bräutigams freut sich der Freund des Bräutigams, sagt Johannes, nicht über die eigene Stimme; und «er steht da und hört ihn». Wenn er fällt, dann hört er ihn nicht, denn von einem, der gefallen ist, heißt es: «Und in der Wahrheit hatte er keinen Stand» (Joh 8,44); das wird vom Teufel gesagt. Der Freund des Bräutigams muss also stehen und hören. Was heißt stehen? Verharren in der empfangenen Gnade. Und er hört die Stimme und freut sich darüber. So war Johannes; er wusste, warum er sich freute; er maßte sich nicht an zu sein, was er nicht war, denn er wusste, dass er der Erleuchtete, nicht der Erleuchtende war. Der Evangelist sagt vom Herrn, «er war aber das wahre Licht, das jeden Menschen erleuchtet, der in die Welt kommt» (Joh 1,9). Jeden Menschen, also auch Johannes, weil auch er ein Mensch ist. Denn auch wenn von den unter den vom Weibe Geborenen kein Größerer aufgestanden ist (vgl. Mt 11,11), war auch er ein vom Weibe Geborener. Kann man ihn etwa mit dem vergleichen, der geboren wurde, weil er es wollte, und sich eine außergewöhnliche Geburt ereignete, da er auf außergewöhnliche Weise geboren wurde? Denn beide Zeugungen des Herrn sind ungewöhnlich: die göttliche und die menschliche: die göttliche, weil sie der Mutter, die menschliche, weil sie des Vaters entbehrt. Johannes war einer der übrigen, aber dennoch begnadet, so dass unter den vom Weibe Geborenen kein Größerer auferstand. Er erwies unserem Herrn Jesus Christus ein solches Zeugnis, indem er ihn Bräutigam nannte und sich Freund des Bräutigams, der jedoch nicht würdig war, ihm die Schuhriemen zu lösen. Hierüber hat eure Liebe schon viel vernommen; wir wollen schauen, was folgt (...). [XIV, 2]

Was heißt: «Jener muss wachsen, ich aber abnehmen»? Welch großes Geheimnis! Eure Heiligkeit versuche zu begreifen! Bevor der Herr Jesus kam, rühmten sich die Menschen um ihrer selbst willen. Er ist Mensch geworden, um den Ruhm des Menschen zu mindern und den Ruhm Gottes zu mehren. Denn er kam ohne Sünde und fand alle in Sünde verstrickt. Wenn er zur Vergebung der Sünden kam, muss Gott freigebig sein, aber der Mensch muss seine Sünde bekennen. Im Bekenntnis zeigt der Mensch seine Niedrigkeit, im Erbarmen offenbart Gott seine Erhabenheit. Wenn also jener kam, um dem Menschen die Sünden zu vergeben, erkenne der Mensch seine Niedrigkeit, damit Gott seine Barmherzigkeit erweise. «Jener muss wachsen, ich aber abnehmen»; das heißt, jener muss geben, ich aber empfangen, jener muss gerühmt werden, ich aber soll bekennen. Der Mensch erkenne seinen Stand, bekenne Gott seine Schuld und vernehme die Worte, die der Apostel an den hochmütigen und sich brüstenden Menschen, der sich rühmen will, richtet: «Was hast du denn, das du nicht empfangen hättest? Hast du es aber empfangen, was rühmst du dich, als ob du es nicht empfangen hättest?» (1 Kor 4,7).

Also erkenne der Mensch, dass er empfangen hat und sein Eigentum nennen wollte, was nicht das Seine ist, und er mache sich klein, denn es ist gut für ihn, dass Gott in ihm gerühmt werde. Er nehme in sich selbst ab, damit er in Gott zunehme. Dieses Zeugnis und diese Wahrheit haben Christus und Johannes auch mit ihrem Leiden verkündet. Denn Johannes wurde enthauptet, Christus am Kreuz erhöht, damit auch da offenbar werde, was es heißt: «Jener muss wachsen, ich aber abnehmen». Außerdem wurde Christus geboren, als die Tage zu wachsen anfingen, Johannes wurde geboren, als die Tage abzunehmen begannen. Selbst ihre Geburt und ihr Leiden bestätigen die Worte des Johannes: «Jener muss wachsen, ich aber abnehmen». Es wachse also in uns der Ruhm Gottes und der eigene Ruhm nehme ab, damit in Gott der unsrige wachse. Das sagt der Apostel in Übereinstimmung mit der Heiligen Schrift: «Wer sich rühmt, der rühme sich im Herrn» (1 Kor 1,31; vgl. Jer 9,22f.). Du willst dich in dir rühmen? Du willst wachsen, aber du wächst zu deinem Nachteil. Wer so wächst, nimmt zurecht ab. Es wachse also Gott, der immer vollkommen ist; er wachse in dir. Denn je mehr du Gott erkennst und begreifst, scheint er in dir zu wachsen; an sich aber wächst er nicht, sondern ist immer vollkommen. Gestern verstandest du etwas, heute verstehst du mehr, morgen wirst du noch viel mehr verstehen. Das Licht Gottes wächst in dir, so dass in gewisser Weise Gott in dir wächst, der immer vollkommen bleibt. Wie wenn jemandem die Augen von seiner langwierigen Blindheit geheilt würden, und er zunächst wenig Licht, am folgenden Tag mehr und am dritten Tag noch mehr sieht, scheint für ihn das Licht zu wachsen. Doch das Licht bleibt immer vollkommen, ob er es sieht oder nicht. So auch der innere Mensch: Er kommt voran in Gott und Gott scheint in ihm zu wachsen, er selbst nimmt dagegen ab, um seinem Ruhm zu sterben und im Ruhm Gottes aufzuerstehen. [XIV, 5]

«Denn der, den Gott gesandt hat, spricht die Worte Gottes.» Der ist der wahre Gott, und ihn hat Gott gesandt; Gott hat Gott gesandt. Verbinde beide, der eine Gott ist der wahre Gott, der von Gott gesandt ist. Frage nach jedem einzeln, er ist Gott; frage nach beiden zusammen, es ist auch Gott. Nicht einer für sich ist Gott und zusammen sind sie Götter, sondern jeder einzelne ist Gott und beide sind Gott. Denn so groß ist die Liebe des Heiligen Geistes, so vollkommen der Friede der Einheit, dass, wird nach den einzelnen Personen gefragt, dir geantwortet wird: Das ist Gott; wird nach der Trinität gefragt, wird dir erneut geantwortet: Das ist Gott. Denn der Geist des Menschen, wenn er Gott anhängt, ist ein Geist mit ihm, wie der Apostel sagt: «Wer dem Herrn anhängt, ist ein Geist mit ihm» (1 Kor 6,17), um wieviel mehr also der Sohn, der dem Vater anhängt und ihm gleich ist? Vernehmt ein anderes Zeugnis: Ihr wisst, wie viele damals glaubten, als sie verkauften, was sie besaßen und den Ertrag zu Füßen der Apostel legten, damit einem jedem zugeteilt werde entsprechend seiner Bedürftigkeit (vgl. Apg 4,34f.). Was sagt nun die Heilige Schrift über diese Gemeinde der Heiligen? «Sie waren ein Herz und eine Seele im Herrn» (Apg 4,32). Wenn die Liebe aus so vielen Seelen eine Seele gemacht hat und aus so vielen Herzen ein Herz, wie groß ist dann die Liebe zwischen Vater und Sohn? Sicher muss sie größer sein als zwischen den Menschen, die ein Herz waren. Wenn also aus Liebe die Herzen vieler Brüder zu einem Herz wurden und ihre Seelen zu einer Seele, sagst du da, dass Gott der Vater und Gott der Sohn zwei Götter sind? Sind sie es, herrscht dort nicht höchste Liebe. Denn wenn es auf Erden eine so große Liebe gibt, dass sie deine Seele und die deines Freundes zu einer einzigen Seele verschmilzt, wie können sich dann Gott der Vater und der Sohn nicht zu einem Gott verbinden? Fern sei echtem Glauben solches Denken! Seht, wie diese Liebe sich auszeichnet: Viele Menschen sind ein Beweis für viele Seelen, und wenn sie sich lieben, hat die Vielzahl nur eine Seele, dennoch muss man bei den Menschen von vielen Seelen sprechen, weil die Einheit der Liebe nicht so stark ist. Im anderen Fall kannst du zwar sagen, dass es ein Gott ist, nie aber zwei oder drei Götter. Von daher kannst du auf die Hoheit und Größe ihrer Liebe schließen, die bedeutender nicht sein kann. [XIV, 9]

«Denn der, den Gott gesandt hat, spricht die Worte Gottes.» Das sagt Johannes natürlich von Christus, um sich von ihm zu unterscheiden. Warum? Hat Gott nicht auch Johannes gesandt? Hatte der nicht selbst gesagt: «Ich bin vor ihm her gesandt» (Joh 3,28) und: «Der mich gesandt hat, im Wasser zu taufen» (Joh 1,33) und wird nicht von ihm gesagt: «Siehe, ich sende meinen Boten vor dir her, und er wird dir den Weg bereiten» (Mal 3,1)? Spricht nicht auch der die Worte Gottes, von dem auch gesagt wird, er sei weit mehr als ein Prophet (vgl. Mt 11,9)? Wenn also Gott auch ihn gesandt hat und er die Worte Gottes spricht, wie können wir verstehen, dass er zur Unterscheidung von Christus gesagt hat: «Denn der, den Gott gesandt hat, spricht die Worte Gottes»? Aber schau, was er hinzufügt: «Denn nicht nach Maß gibt Gott den

Geist». Was heißt das: «Denn nicht nach Maß gibt Gott den Geist»? Wir lesen irgendwo, dass Gott den Geist nach Maß gibt. Vernimm die Worte des Apostels: «Nach dem Maß der Zuteilung Christi» (Eph 4,7). Den Menschen gibt er nach Maß, dem eingeborenen Sohn gibt er nicht nach Maß. (...) [XIV, 10]

Am Jakobsbrunnen

«Ermüdet von der Reise, setzte sich Jesus am Brunnen nieder. Es war die sechste Stunde.» Schon beginnen die Geheimnisse[1]. Denn nicht umsonst ermüdet Jesus, nicht umsonst ermüdet die Kraft Gottes, nicht umsonst ermüdet, durch den wir Müden uns ermannen; nicht umsonst ermüdet, durch dessen Gegenwart wir gestärkt werden. Doch Jesus ermüdet, ermüdet von der Reise und setzt sich, neben einen Brunnen setzt er sich und ermüdet um die sechste Stunde setzt er sich. Alle diese Umstände weisen uns auf etwas hin, wollen uns etwas zeigen, erwecken unsere Aufmerksamkeit und ermahnen uns anzuklopfen. Es öffne also mir und euch, der sich würdigte, uns mit diesen Worten zu ermahnen: «Klopft an und es wird euch geöffnet werden» (Mt 7,7). Deinetwegen ermüdet Jesus auf dem Weg. Wir finden Jesus, die Kraft, und finden Jesus, die Schwäche, Jesus stark und schwach: stark, denn «im Anfang war das Wort und das Wort war bei Gott und Gott war das Wort;

[1] Diese Worte «iam incipiunt mysteria» nimmt die Kirche jedes Jahr vor Ostern wieder auf, wenn sie sich bereitet, die Heilsgeheimnisse zu feiern. Zit. nach Gandolfo, a.a.O., 330.

dieses war im Anfang bei Gott» (Joh 1,1f.). Willst du wissen, wie stark dieser Sohn Gottes ist? «Alles ist durch ihn geworden und ohne ihn ist nichts geworden» (Joh 1,3) und ohne Mühe ist es geworden. Gibt es also etwas, das stärker ist als der, durch den ohne Mühe alles geworden ist? Willst du dich der Schwäche des Sohnes Gottes vergewissern? «Das Wort ist Fleisch geworden und hat unter uns gewohnt» (Joh 1,14). Die Stärke Christi hat dich geschaffen, die Schwäche Christi dich neu geschaffen. Die Stärke Christi ließ erstehen, was nicht war, die Schwäche ließ nicht vergehen, was war. Durch seine Schwäche hat er uns begründet, durch seine Schwäche kam er uns suchen. [XV, 6]

(...) So wird Jesus schwach, ermüdet von der Reise. Seine Reise ist das Fleisch, das er für uns auf sich genommen hat. Denn wie kann der eine Reise machen, der überall und nirgends nicht ist? Wenn er kommt, von woher auch immer, er käme nicht zu uns, hätte er nicht die Gestalt des sichtbaren Fleisches angenommen. Weil er sich also würdigte, auf diese Weise zu uns zu kommen, dass er durch die Annahme des Fleisches in Knechtsgestalt erschien, ist die Annahme des Fleisches eben seine Reise. Was besagt also: «Ermüdet von der Reise», wenn nicht: müde im Fleisch? Schwach ist Jesus im Fleisch: du aber werde nicht schwach; in seiner Schwäche sei du stark, denn «das Schwache Gottes ist stärker als die Menschen» (1 Kor 1,25). [XV, 7]

Im Sinnbild gab uns Adam als das Vorbild des Künftigen (Röm 5,12), den Hinweis auf ein großes Geheimnis; oder vielmehr Gott durch ihn. Denn schlafend sollte er eine Gattin empfangen, und diese Gattin wurde aus seiner Rippe geformt: denn es sollte die Kirche aus der Seite des am Kreuze schlummernden Christus entstehen; aus der Seite des Schlummernden, weil aus der Seite des am Kreuz von der Lanze Durchbohrten die Sakramente der Kirche flossen. Aber warum erwähne ich dies, Brüder? Weil die Schwäche Christi uns stark macht. Ein großartiger Hinweis ging dort voraus. Gott hätte dem Mann einen Teil des Fleisches nehmen können, um daraus das Weib zu bilden, und es hätte sogar passender scheinen mögen. Denn es sollte ja das schwächere Geschlecht entstehen, und das Schwache hätte eher aus Fleisch als aus Bein entstehen sollen, sind doch die Gebeine im Fleische das Festere. Aber er entnahm kein Fleisch zur Bildung des Weibes; vielmehr entzog er einen Knochen, und aus dem entzogenen Knochen bildete er das Weib, und die Stelle des Knochens füllte er aus mit Fleisch. Er hätte den Knochen durch einen andern ersetzen können, er hätte an Stelle der Rippe Fleisch wegnehmen können, um das Weib zu formen. Was also wollte er andeuten? Das Weib ward aus der Rippe als die gleichsam Starke gebildet; Adam hingegen wurde im Fleische gleichsam schwach. Das ist Christus und die Kirche, seine Schwäche ist unsere Stärke.[2] [XV, 8]

«Und es kam eine Frau.» Als eine Gestalt der Kirche, nicht der schon gerechtfertigten, sondern der erst zu rechtfertigenden Kirche, denn davon handelt das Gespräch. Sie kommt unkundig, findet Jesus, und er verhandelt mit ihr. Sehen wir worüber und warum. «Es kam eine Frau aus Samaria, um Wasser zu schöpfen.» Die Sa-

[2] Vgl. in Auszügen: Das Antlitz der Kirche, a.a.O., [96] 143f.

mariter gehörten nicht zum Volk der Juden: sie waren Fremde, obwohl sie benachbarte Ländereien bewohnten. Es wäre langwierig, die Herkunft der Samariter darzulegen; wir wollen uns da nicht lange aufhalten, sodass wir das Wichtigste nicht erzählen; es reicht, dass wir die Samariter zu den Fremden rechnen. Und damit euch meine Behauptung nicht als zu willkürlich erscheint, erwägt, was der Herr selbst von den Samaritern gesagt hat, von dem einen der zehn geheilten Aussätzigen, der als einziger zurückkam, um zu danken: «Sind nicht zehn geheilt worden? Und wo sind die neun? Hat keiner Gott die Ehre gegeben außer diesem Fremden?» (Lk 17,17f.). Es gehört zur Geschichte, dass diese Frau als ein Bild für die Kirche aus einem fremden Volk kam, denn die Kirche sollte von den Heiden kommen, die für die Juden Fremde waren. Hören wir also in ihr uns und erkennen wir in ihr uns und danken wir in ihr Gott für uns. Denn sie war eine Gestalt, nicht die Wahrheit, die sie selbst zunächst nur verkörperte und dann wurde, denn sie glaubte an ihn, der uns in ihr die Gestalt hinhielt. «Sie kam» also, «um Wasser zu schöpfen». Sie war einfach gekommen, um Wasser zu schöpfen, wie Männer oder Frauen es gewöhnlich tun. [XV, 10]

«Jesus sagt zu ihr: Gib mir zu trinken. Seine Jünger waren nämlich in die Stadt gegangen, um zu essen zu kaufen. Da sagt die Samariterin zu ihm: Wie verlangst du, ein Jude, von mir, einer Samariterin, zu trinken? Die Juden verkehren nämlich nicht mit Samaritern.» Hier der Beweis, dass die Samariter Fremde waren: Die Juden benutzten nicht einmal deren Gefäße. Und weil die Frau das Gefäß, mit dem sie Wasser schöpfte, bei sich hatte, wunderte sie sich, dass ein Jude von ihr zu trinken verlangte, denn gewöhnlich tun das die Juden nicht. Der aber, welcher zu trinken verlangte, dürstete nach dem Glauben dieser Frau.[3] [XV, 11]

Jetzt vernimm, wer zu trinken verlangt. «Jesus antwortete und sprach zu ihr: Wenn du die Gabe Gottes kenntest und wer zu dir sagt: Gib mir zu trinken, hättest du ihn vielleicht gebeten und er hätte dir lebendiges Wasser gegeben.» Er verlangt zu trinken und verspricht zu trinken. Er leidet an Entbehrung, um zu empfangen und hat im Überfluss, um zu sättigen. «Wenn du die Gabe Gottes kenntest», sagt er. Die Gabe Gottes ist der Heilige Geist. Aber noch redet der Herr in verhüllter Sprache mit der Frau und tritt allmählich in ihr Herz ein. Vielleicht lehrt er sie schon. Denn gibt es etwas Lieblicheres und Freundlicheres als diese Aufforderung: «Wenn du die Gabe Gottes kenntest und wüsstest, wer zu dir sagt: Gib mir zu trinken, hättest du ihn vielleicht gebeten und er hätte dir lebendiges Wasser gegeben»; bis hier bleiben seine Worte noch in der Schwebe. Denn lebendiges Wasser kommt gewöhnlich aus einer Quelle. Was vom Regen in Lagunen und Zisternen stehen bleibt, ist kein lebendiges Wasser. Wenn es einer Quelle entspringt, aber woanders gesammelt wird und nicht mehr in Kontakt mit der Quelle ist, sondern gleichsam von ihr abgeschnitten ist, ist es kein lebendiges Wasser; son-

[3] Ignace de la Potterie, Die Passion nach Johannes. Der Text und sein Geist, Johannes Verlag Einsiedeln, Trier 1987, 127, weist darauf hin, dass der Evangelist Johannes hier die literarische Form der «totalen Umkehrung» verwendet, indem dieser von der materiellen zur geistlichen Ebene überschwenkt und so «völlige Verwirrung» auslöst. Dieses Paradox hat Augustinus hier «sehr schön formuliert»: Der um Wasser Bittende wird der zu trinken Gebende.

dern Wasser ist nur lebendig, wenn es strömend aufgefangen wird. Solches Wasser war in dem Brunnen. Wie konnte nun Christus das versprechen, wonach er verlangte? [XV, 12]

Der Herr spricht deutlicher vom lebendigen Wasser. Die Frau hatte nämlich gesagt: «Bist du etwa größer als unser Vater Jakob, der uns den Brunnen gegeben und selbst daraus getrunken hat, samt seinen Kindern und seinen Herden?» Von diesem lebendigen Wasser kannst du mir nicht geben, weil du kein Schöpfgefäß hast; du versprichst vielleicht Wasser aus einer anderen Quelle? Meinst du, mehr wert zu sein als unser Vater, der diesen Brunnen gegraben und ihn mit den Seinen benutzt hat? Das ist der Moment, dass der Herr ihr erklärt, was er unter lebendigem Wasser versteht. Jesus antwortete ihr: «Jeder, der von diesem Wasser trinkt, wird wieder Durst haben; wer aber von dem Wasser trinkt, was ich ihm geben werde, wird in Ewigkeit nicht dürsten; sondern das Wasser, das ich ihm geben werde, wird in ihm ein Quell von Wasser werden, das ins ewige Leben sprudelt.» Jetzt ist die Sprache des Herrn ganz klar: «Es wird in ihm ein Quell von Wasser werden, das ins ewige Leben sprudelt. Wer von diesem Wasser trinkt, wird in Ewigkeit nicht dürsten.» Was ist eindeutiger, als dass er nicht sichtbares, sondern unsichtbares Wasser versprach, dass er nicht auf irdisch-fleischliche Weise, sondern im geistlichen Sinn redete? [XV, 14]

In jedem Fall wollen wir nicht unerwähnt lassen, dass der Herr etwas Geistliches versprach. Was heißt: «Wer von diesem Wasser trinkt, wird wieder Durst haben»? Das gilt für dieses Wasser und für das, was es bedeutete.

Denn das Wasser im Brunnen ist der Genuss in finsterer Tiefe; daraus schöpfen die Menschen mit dem Krug ihrer Begierden. Sie neigen sich hinab und unterwerfen sich so ihrer Begierde, um in den aus der Tiefe geschöpften Genuss zu kommen; sie erfreuen sich am Genuss, als Stillung ihrer voraus gegangenen Begierde. Denn nur wen zuerst die Begierde erfüllt, kann dann in den Genuss kommen. Nimm also an, das Schöpfgefäß sei die Begierde und das Wasser aus der Tiefe die Lust: Gelangt einer zur Lust dieser Welt: das ist Speise, Trank, Bad, Schauspiel, Beischlaf – wird er nicht wieder Durst haben? Deshalb sagt der Herr: «Wer von diesem Wasser trinkt, wird wieder Durst haben», bekommt er aber von mir Wasser, «wird er in Ewigkeit nicht dürsten». «An den Gütern deines Hauses werden wir gesättigt» (Ps 64,5), sagt der Prophet. Von welchem Wasser wird uns also der Herr geben, wenn nicht von diesem: «Bei dir ist die Quelle des Lebens» (Ps 35,10)? Denn in der Tat, wie dürsten die, welche «vom Reichtum deines Hauses berauscht sein werden» (Ps 35,9)? [XV, 16]

Der Herr versprach also Verköstigung und Sättigung durch den Heiligen Geist. Die Samariterin verstand noch nicht und antwortete ohne Einsicht: «Die Frau sagt zu ihm: Herr, gib mir dieses Wasser, damit ich keinen Durst mehr bekomme und nicht mehr hierher zu kommen brauche, um zu schöpfen.» Die Bedürftigkeit zwang sie zur Mühsal, welche die Schwäche zurückwies. Könnte sie doch die Worte vernehmen: «Kommt zu mir, alle, die ihr mühselig und beladen seid, und ich will euch erquicken» (Mt 11,28). Denn das sagte Jesus zu ihr, damit sie keine Mühsal erleide, aber sie sah es noch nicht ein. [XV, 17]

«(Frau, glaube mir) es kommt also die Stunde, und sie ist jetzt da, da die wahren Anbeter den Vater im Geist und in der Wahrheit anbeten werden. Wir beten an, was wir kennen, ihr betet an, was ihr nicht kennt, denn das Heil kommt aus den Juden.» Viel gab er auf die Juden, aber hüte dich davor, die Samariter als verworfen anzusehen. Betrachte sie als eine Scheidewand, an die sich eine andere angefügt hat, damit sie, befriedet im Eckstein, der Christus ist, miteinander verbunden sind. Denn die erste Wand stammt von den Juden, die andere von den Heiden; weit voneinander entfernt sind diese Wände, bis sie durch den Eckstein miteinander verbunden werden. Die Heiden standen außerhalb des Bundes, fern den Verheißungen Gottes (vgl. Eph 2,11f.). Deshalb heißt es: «Wir beten an, was wir kennen.» Das wird aus der Perspektive der Juden gesagt, aber nicht der ungläubigen Juden, sondern von denen, die, wie die Apostel, Propheten und all die Heiligen waren, die das Ihre verkauften und den Erlös den Aposteln zu Füßen legten (vgl. Apg 4,34). Denn Gott hat sein Volk nicht verstoßen, das er im Voraus erwählt hat (vgl. Röm 11,2). [XV, 26]

«Die Frau sagt zu ihm: Ich weiß, dass der Messias kommen wird, der Christus heißt: wenn er nun kommt, wird er uns alles verkünden. Jesus entgegnet ihr: Ich bin es, der mit dir spricht.» Sie rief ihren Mann, der Mann ist das Haupt der Frau geworden; Christus ist das Haupt des Mannes geworden (vgl. 1 Kor 11,3). Schon ist die Frau in den Glauben eingeführt[4] und wird zum guten Leben angeleitet. Nachdem sie vernommen hatte: «Ich

[4] An Christus glaubend hat die Frau ihren Mann gefunden; ohne Christus hat sie keinen Mann (vgl. Joh 4,17f.). Der auf Christus vertrauende Mensch findet in seiner Gnade sein Leben in Gott.

bin es, der mit dir spricht», was konnte die Frau da hinzufügen, der Christus sich mit der Aufforderung offenbaren wollte: «Glaube mir»? [XV, 28]

«Da ließ die Frau ihren Krug stehen.» Nachdem sie vernommen hatte: «Ich bin es, der mit dir spricht» und Christus, den Herrn, in ihr Herz aufgenommen hatte, was sollte sie da anderes tun als den Krug stehen lassen und eilig die frohe Botschaft verkünden? Sie schüttelte ihre Begierde ab und eilte fort, um die Wahrheit zu verkünden. Die, welche das Evangelium verkünden wollen, sollen lernen, am Brunnen sich des Kruges zu entledigen (...). Sie entledigte sich also des Kruges, der für sie keinen Nutzen mehr hatte, sondern eine Last war; begierig verlangte sie, mit jenem Wasser gesättigt zu werden, von dem Christus gesprochen hatte. Um Christus zu verkünden, «lief sie», nachdem sie sich ihrer Last entledigt hatte, «in die Stadt und sagte zu den Leuten: Kommt und seht den Mann, der mir alles gesagt hat, was ich getan habe» (...). [XV, 30]

Jesu Rede über das Wirken des Sohnes

(...) Gestern haben wir gelesen, dass «die Juden deshalb danach trachteten, Jesus zu töten, weil er nicht nur den Sabbat brach (durch die Heilung des Kranken am Teich Betesda), sondern auch Gott seinen Vater nannte und sich so Gott gleichstellte» (Joh 5,18). Was den Juden missfiel, das gefiel gerade seinem Vater und gefällt zweifellos auch denen, die den Vater wie den Sohn ehren; gefiele es ihnen nicht, würden sie Gott missfallen. Gott wird nämlich nicht größer, um dir zu gefallen, du aber würdest kleiner, wenn er dir missfiele. Der Herr antwortet auf ihre Anklage, die ihrer Unwissenheit oder ihrer Bosheit geschuldet ist, nicht um verstanden zu werden, sondern um sie wachzurütteln und durcheinander zu bringen; vielleicht würden so diese Verwirrten nach einem Arzt verlangen. Er sagte aber auch, was geschrieben werden solle, damit wir es später lesen könnten. Schauen wir also, was in den Herzen der Juden vorging, als sie diese Worte hörten und was in uns vorgeht, wenn wir sie jetzt hören. (...) [XVIII, 1]

Die Juden waren also erregt und aufgebracht; sicher zurecht darüber, dass ein Mensch sich Gott gleichzustellen wagte, aber auch zu unrecht, weil sie Gott in diesem Menschen nicht erkannten. Sie sahen das Fleisch, Gott aber erkannten sie nicht, sie schauten die Wohnung, um den Bewohner wussten sie nicht. Das Fleisch war der Tempel, in dem Gott wohnte. Nicht im Fleisch stellte sich Jesus dem Vater gleich; nicht in Knechtsgestalt verglich er sich mit dem Herrn; nicht mit dem, was er unseretwegen geworden war, sondern mit dem, was er war, als er uns schuf. Denn wer Christus ist – ich spreche hier zu Katholiken –, das wisst ihr, weil ihr den Glauben angenommen habt: Er ist nicht nur Wort, nicht nur Fleisch, sondern das Wort ist Fleisch geworden, um unter uns zu wohnen (vgl. Joh 1,14). Ich komme auf das Wort zurück, das ihr kennt: «Im Anfang war das Wort und das Wort war bei Gott und Gott war das Wort» (Joh 1,1). Hier ist er dem Vater gleich. Aber «das Wort ist Fleisch geworden und hat unter uns gewohnt»; aufgrund des Fleisches ist der Vater größer. So ist der Vater beides, ihm gleich und größer: gleich dem Wort und größer als das Fleisch; gleich ihm, durch den er uns geschaffen hat und größer als er, der unseretwegen geschaffen wurde. Von dieser gesunden katholischen Regel, die ihr besonders kennen und, da ihr sie kennt, befolgen müsst, darf euer Glaube niemals abweichen und kein menschliches Argument darf sie eurem Herzen entreißen: auf diese Regel richten wir aus, was wir verstehen. Was wir vielleicht nicht verstehen, muss, sofern wir von ihr abweichen, an diese Regel angepasst werden, damit wir ihrer würdig werden. Wir wissen also, dass der Sohn Gottes dem Vater gleich ist, da wir wissen, dass am Anfang das Wort Gott war. Was also «trachteten die Juden danach, ihn zu töten? Weil er nicht nur den Sabbat brach, sondern auch Gott seinen Vater nannte und sich so Gott gleichstellte», sie sahen das Fleisch, nicht aber das Wort. Das Wort spreche also auch gegen sie durch das Fleisch und darin mache sich der Bewohner aus seiner Wohnung vernehmbar, damit, wer es vermag, erkenne, wer in ihr wohnt. [XVIII, 2]

Was also sagt er den Juden? «Da antwortete Jesus und sprach zu ihnen», die darüber erregt waren, dass er sich Gott gleichstellte: «Amen, amen, ich sage euch, der Sohn kann von sich aus nichts tun, außer was er den Vater tun sieht». Was die Juden darauf geantwortet haben, steht nicht im Evangelium: vielleicht haben sie geschwiegen. Gewisse Leute, die für Christen gehalten werden wollen, schweigen nicht und entnehmen aus diesen Worten, was gegen uns vorgebracht wird und um ihret- und unseretwillen nicht zu vernachlässigen ist. Die Arianer, zweifellos Häretiker, behaupten ja, nicht erst durch die Inkarnation, sondern schon vor ihr sei der Sohn, der Fleisch annahm, geringer als der Vater und nicht eines

Wesens mit ihm. Sie nehmen diese Worte als Vorwand für eine Falschaussage und entgegnen uns: Da seht ihr, sobald der Herr Jesus die Erregung der Juden darüber, dass er sich Gott dem Vater gleichstellte, bemerkt hatte, fügte er diese Worte hinzu, um sich nicht als ihm gleich zu erweisen. Denn die Juden waren über Christus erregt, weil er sich Gott gleichstellte und Christus, der sie beruhigen und ihnen zeigen wollte, dass der Sohn nicht dem Vater, also Gott gleich ist, sagt ihnen gewissermaßen: Was seid ihr erzürnt? Was entrüstet ihr euch? Ich bin ihm nicht gleich, denn «der Sohn kann von sich aus nichts tun, außer was er den Vater tun sieht». Also sagen diese, dass der, welcher «von sich aus nichts tun kann, außer was er den Vater tun sieht», sicher geringer als der Vater und nicht ihm gleich ist. [XVIII, 3]

Der Herr hat auch uns mit dieser Frage nicht allein gelassen, sondern hilft uns, seine Worte: «Der Sohn kann von sich aus nichts tun, außer was er den Vater tun sieht», im von ihm gewollten Sinn zu verstehen: Der Vater tut keine anderen Werke als die, welche der Sohn sieht und der Sohn tut keine anderen Werke als die, welche er den Vater tun sieht, sondern Vater und Sohn tun dieselben Werke. Denn es heißt weiter: «Was immer nämlich jener tut, das tut in gleicher Weise auch der Sohn». Wenn jener etwas tut, tut der Sohn nicht etwas anderes in gleicher Weise; sondern «was immer nämlich jener tut, das tut in gleicher Weise auch der Sohn». Tut der Sohn, was der Vater tut, so tut es der Vater durch den Sohn; wenn der Vater, was er tut, durch den Sohn tut, dann tut der Vater nicht eine Sache und der Sohn eine andere, sondern dieselben Werke stammen vom Vater und vom Sohn. Und wie tut der Sohn dieselben Werke wie der Vater? Er tut sie «in gleicher Weise». Nicht etwa dieselben, aber in ungleicher Weise. «Dieselben», sagt er, und «in gleicher Weise». Wie könnte er dieselben in nicht gleicher Weise tun? Ich gebe euch ein Beispiel, das, wie ich meine, für euch nicht zu anfordernd ist: Wenn wir Buchstaben schreiben, formt sie zuerst unser Geist und dann unsere Hand. Eure Zustimmung bestätigt mir das. Sicher, was ich sagte, ist uns allen bekannt. Die Buchstaben werden zuerst in unserem Geist, dann von unserem Körper geformt: die Hand führt den Auftrag des Geistes aus. Geist und Hand formen dieselben Buchstaben; formt etwa der Geist einen anderen als die Hand? Die Hand formt sicher dieselben, aber nicht in gleicher Weise, denn unser Geist formt sie in Gedanken, die Hand aber sichtbar. Da seht ihr, wie dasselbe in ungleicher Weise geschieht. Daher reicht es dem Herrn nicht festzustellen: «Was immer nämlich der Vater tut, das tut auch der Sohn», sondern er fügte hinzu: «in gleicher Weise». Wie hättest du das auch verstehen können, dass, was immer der Geist formt, auch die Hand tut, aber nicht in gleicher Weise? Hier aber fügte er hinzu: «Das tut in gleicher Weise auch der Sohn». Tut der Sohn das und zwar in gleicher Weise, dann achte auf die Folgerung: Der Jude lasse sich berühren, der Christ glaube und der Häretiker sei davon überzeugt: Der Sohn ist dem Vater gleich. [XVIII, 8]

«Der Sohn kann von sich aus nichts tun, außer was er den Vater tun sieht.» Das ist wahr, haltet daran fest, ohne zu vergessen, was ihr am Anfang des Evangeliums gehört habt, nämlich «im Anfang war das Wort und das Wort war bei Gott und Gott war das Wort» und besonders, dass «alles durch es geworden ist» (Joh 1,1.3). Verbindet, was ihr jetzt vernommen habt, mit dem anfangs Gehörten und lasst beide Wahrheiten mit euren Herzen übereinstimmen. Also: «Der Sohn kann von sich aus nichts tun, außer was er den Vater tun sieht». Das aber in der Weise, dass der Vater, was er tut, nicht tut außer durch den Sohn, weil der Sohn sein Wort ist und: «Im Anfang war das Wort und das Wort war bei Gott und Gott war das Wort und alles ist durch es geworden». Was immer also der Vater tut, das tut in gleicher Weise auch der Sohn; nicht etwas anderes, sondern dasselbe, nicht auf ungleiche, sondern auf gleiche Weise. [XIX, 2]

«Wer den Sohn nicht ehrt, ehrt den Vater nicht, der ihn gesandt hat.» Das ist wahr und klar. Denn «alles Gericht hat er dem Sohn übergeben», hat er zuvor gesagt, «damit alle den Sohn ehren, wie sie den Vater ehren» (Joh 5,22). Was nun, wenn manche den Vater ehren, den Sohn aber nicht ehren? Das ist, sagt er, nicht zulässig. «Wer den Sohn nicht ehrt, ehrt den Vater nicht, der ihn gesandt hat.» Keiner kann also sagen: Ich ehrte den Vater, weil ich den Sohn nicht kannte. Wenn du den Sohn noch nicht ehrst, ehrst du auch den Vater nicht. Denn was bedeutet den Vater ehren anderes, als anzuerkennen, dass er einen Sohn hat? Es ist nämlich etwas anderes, ob dir Gott als Gott oder als Vater vermittelt wird. Wird er dir als Gott vermittelt, wird er als der Schöpfer, als der Allmächtige, als der höchste, ewige, unsichtbare, unveränderliche Geist vorgestellt; wird er dir dagegen als Vater vermittelt, wird dir auch der Sohn vorgestellt, weil Gott nicht Vater genannt werden kann, wenn er keinen Sohn hat, und auch nicht Sohn, wenn er keinen Vater hat. Aber damit du nicht etwa den Vater als den größeren und den Sohn als den geringeren ehrst und mir sagst: Ich ehre den Vater, im Wissen, dass er einen Sohn hat und ich irre mich nicht, ihn als ‹Vater› anzureden, denn den Vater stelle ich mir nicht ohne Sohn vor; also ehre ich auch den Sohn, aber als den geringeren, dann belehrt dich der Sohn und ruft dich mit den Worten zur Wahrheit zurück: «Damit alle den Sohn», nicht weniger, sondern «wie den Vater ehren». Denn «wer den Sohn nicht ehrt, ehrt den Vater nicht, der ihn gesandt hat». Du sagst, ich will dem Vater größere Ehre erweisen als dem Sohn. Damit nimmst du dem Vater die Ehre, mit der du den Sohn weniger ehrst. Denn was denkst du da anderes, als dass der Vater den Sohn sich nicht gleich zeugen wollte oder konnte? Wenn er nicht wollte, war er auf ihn neidisch; wenn er nicht konnte, war er zu schwach. Siehst du also nicht, dass du gerade in der Meinung, dem Vater größere Ehre erweisen zu wollen, ihm eine Schmähung zufügst? Ehre daher den Sohn in der gleichen Weise wie du den Vater ehrst, wenn du Vater und Sohn ehren willst. [XIX, 6]

«Amen, amen, ich sage euch: Wer mein Wort hört und dem glaubt, der mich gesandt hat, hat das ewige Leben und kommt nicht ins Gericht, sondern ist hinübergegangen» – nicht jetzt geht er hinüber –, sondern ist schon «hinübergegangen vom Tod zum Leben». Beachtet diese Aussage: «Wer mein Wort hört», dann sagt der Herr nicht: ‹und mir glaubt›, sondern: «glaubt dem, der mich gesandt hat». Er soll also das Wort des Sohnes hören, um dem Vater zu glauben. Warum hören wir dein Wort und glauben einem anderen? Wenn wir jemandes Wort hören, glauben wir dann nicht dem, der das Wort ausspricht, passen wir unseren Glauben nicht dem an, der zu uns redet? Was wollte er also damit sagen: «Wer mein

Wort hört, glaubt dem, der mich gesandt hat», wenn nicht, dass sein, des Vaters Wort in ihm ist? Und was heißt: Er «hört mein Wort» wenn nicht, er hört mich? Aber «er glaubt dem, der mich gesandt hat», denn glaubt er ihm, so glaubt er seinem Wort; glaubt er aber seinem Wort, so glaubt er mir, denn ich bin das Wort des Vaters. Ein angenehmer Zusammenklang bestimmt also die Heilige Schrift: Alles ist geordnet und nichts Zänkisches ist darin zu finden. Gib du nur den Streit in deinem Herzen auf und bestehe die Eintracht der Schriften. Kann dir etwa die Wahrheit etwas Widersprüchliches sagen? [XIX, 7]

«Wer mein Wort hört und dem glaubt, der mich gesandt hat, hat das ewige Leben und kommt nicht ins Gericht, sondern ist hinübergegangen.» Ihr erinnert euch, was wir bereits[1] dargelegt haben und zwar, dass «wie der Vater die Toten auferweckt und lebendig macht, so macht auch der Sohn lebendig, die er will». Der Herr beginnt mit der Enthüllung und spricht von der Auferstehung der Toten und schon stehen die Toten auf. Denn «wer mein Wort hört und dem glaubt, der mich gesandt hat, hat das ewige Leben und kommt nicht ins Gericht». Anerkenne, dass er auferstanden ist! «Er ist», sagt er, «vom Tod zum Leben hinübergegangen.» Wer vom Tod zum Leben hinübergegangen ist, ist zweifellos auferstanden. Denn er könnte nicht vom Tod zum Leben hinübergehen, wenn er nicht zuvor im Tod und nicht im Leben gewesen wäre; ist er aber hinübergegangen, lebt er und ist nicht mehr tot. Er war also tot und ist wieder lebendig geworden; er war verloren

[1] Um dieselbe Frage geht es auch im Traktat XIX, 5.

und ist wiedergefunden worden (Lk 15,32). In gewisser Weise vollzieht sich schon die Auferstehung, und die Menschen gehen gleichsam vom Tod zum Leben hinüber: vom Tod des Unglaubens zum Leben des Glaubens, vom Tod des Irrtums zum Leben der Wahrheit; vom Tod der Ungerechtigkeit zum Leben der Gerechtigkeit. Auch das ist schon Auferstehung der Toten. [XIX, 8]

Der katholische Glaube beinhaltet, dass die Werke des Vaters und des Sohnes nicht zu trennen sind. Darüber möchte ich, sofern ich es vermag, zu eurer Liebe sprechen, aber mit der Warnung des Herrn im Ohr: «Wer es fassen kann, der fasse es» (Mt 19,12). Wer es aber nicht fassen kann, schreibe es nicht mir, sondern seiner Begriffsstutzigkeit zu und wende sich dem zu, der die Herzen öffnet, um seine Gaben hineinzulegen. Wenn schließlich einer deshalb nicht gut versteht, weil ich nicht angemessen spreche, so habe er Nachsicht mit meiner menschlichen Schwäche und flehe die göttliche Güte an. Denn im Herzen haben wir Christus als Lehrer. Was immer ihr durch euer Ohr und meinen Mund nicht fassen könnt, wendet in eurem Herzen dem zu, der sowohl mich unterweist, in dem was ich spreche, als auch euch nach eurem Glauben mitteilt. Wer zu geben weiß und weiß, wem er gibt, steht dem Bittenden zur Seite und öffnet dem Klopfenden. Und gibt er es vielleicht nicht, so betrachte sich keiner als verlassen. Vielleicht verschiebt er es, etwas zu geben, aber er lässt keinen Hungernden im Stich. Gibt er aber nicht sofort, stellt er den Suchenden auf die Probe, aber er verschmäht nicht den ihn Bittenden. Seht also zu und achtet darauf, was ich euch sagen möchte, auch wenn ich es vielleicht nicht kann. Der katholische Glaube, durch den Geist Gottes in seinen Heiligen bekräftigt, beinhaltet gegen alle häretische Verkehrtheit, dass die Werke des Vaters und des Sohnes nicht zu trennen sind. Was heißt das? Wie der Vater und der Sohn nicht zu trennen sind, so sind auch die Werke des Vaters und des Sohnes nicht zu trennen. In welcher Weise sind der Vater und der Sohn nicht zu trennen? Weil er selbst sagte: «Ich und der Vater sind eins» (Joh 10,30). Der Vater und der Sohn sind nicht zwei Götter, sondern ein einziger Gott, das Wort und der, von dem das Wort stammt, sind ein einziger Gott. Der Vater und der Sohn, in Liebe vereint, sind ein Gott und ein einziger ist ihr Geist der Liebe, damit Vater, Sohn und Heiliger Geist die Trinität seien. Wie also nicht nur Gleichheit und Untrennbarkeit zwischen Vater und Sohn, sondern auch dem Heiligen Geist besteht, so sind auch ihre Werke nicht zu trennen. Der katholische Glaube sagt nicht, der Vater habe eine Sache und der Sohn eine andere gemacht, sondern was der Vater gemacht hat, haben auch der Sohn und der Heilige Geist gemacht. Denn durch das Wort ist alles geworden: Als Gott sprach und es wurde, ist es durch das Wort, durch Christus geworden: «Im Anfang war das Wort und das Wort war bei Gott und Gott war das Wort; alles ist durch es geworden» (Joh 1,1-3). Wenn alles durch es geworden ist, als «Gott sprach: Es werde Licht; und es ward Licht» (Gen 1,3) – wurde es im Wort, durch das Wort[2]. [XX, 3]

[2] Bei Adrienne von Speyr, Die Schöpfung, Johannes Verlag Einsiedeln, Freiburg, 2. Auflage 2016, 11, klingen diese Zusammenhänge so: «Das Wort, das Gott spricht, um die Schöpfung werden zu lassen, liegt beschlossen im Wort, das er seit ewig spricht und das seit ewig als sein Sohn vor ihn hintritt. Ewig spricht der Vater sein

(...) Wir verstehen also, dass das Licht von Gott Vater gemacht wurde, aber durch den Sohn; das Firmament von Gott Vater, aber durch den Sohn. Denn «alles ist durch ihn geworden und ohne ihn ist nichts geworden» (Joh 1,3). Rüttele deine Intelligenz wach, die man nicht Intelligenz, sondern Torheit nennen sollte. Gott Vater schuf die Welt; welche andere Welt hat der Sohn geschaffen? Zeige mir die Welt des Sohnes! Diese, in welcher wir leben, wer hat sie geschaffen! Antwortest du: der Sohn, nicht der Vater, bist du vom Vater abgeirrt, antwortest du: der Vater, nicht der Sohn, erinnert dich das Evangelium: «Die Welt ist durch ihn geworden, und die Welt hat ihn nicht erkannt» (Joh 1,10). Anerkenne also den, durch den die Welt geworden ist, und sei nicht unter denen, die den Schöpfer der Welt nicht erkannten. [XX, 7]

Gestern haben wir, soweit der Herr es uns gestatten wollte und wir es vermochten, mit den unseren eigenen Fähigkeiten erklärt, dass die Werke von Vater und Sohn untrennbar sind und dass der Vater nicht eine Sache und der Sohn eine andere tut, sondern alles der Vater durch den Sohn tut, gleichsam durch sein Wort, von dem es heißt: «Alles ist durch es geworden und ohne es ist nichts geworden» (Joh 1,3). Heute wollen wir die folgenden Worte betrachten und den Herrn um seine Barmherzigkeit bitten in der Hoffnung, dass wir zuerst, sofern er es für gut hält, die Wahrheit erkennen; sind wir dazu nicht in der Lage, mögen wir wenigstens keinem Irrtum verfallen. Denn nichts wissen ist besser als

Wort, und ewig ist der Sohn die Wirklichkeit dieses vor ihn tretenden Wortes, das in die Tat umgesetzte Sprechen und Wollen des Vaters.»

die Wahrheit verfehlen, aber wissen ist natürlich besser als nicht wissen. Deshalb müssen wir uns vor allem um Verständnis bemühen; können wir das, dann sei Gott Dank; können wir aber vorläufig nicht zur Wahrheit gelangen, wollen wir nicht dem Irrtum erliegen. Wir müssen erwägen, wer wir sind und womit wir uns beschäftigen. Wir sind Menschen aus Fleisch, die in diesem Leben wandeln; auch wenn wir bereits aus dem Samen des Wortes Gottes wiedergeboren sind, sind wir dennoch in Christus nur in der Weise erneuert, dass wir noch nicht völlig von Adam befreit sind. Denn dass unser vergänglicher und verweslicher Leib die Seele beschwert (vgl. Weish 9,15), kommt ganz offensichtlich von Adam her; was aber geistig unsere Seele erhebt, ist ein Geschenk Gottes und seiner Barmherzigkeit, der seinen eingeborenen Sohn sandte, um unseren Tod mit uns zu teilen und uns zu seiner Unsterblichkeit zu führen. Christus ist unser Lehrer, damit wir nicht sündigen, unser Anwalt, wenn wir gesündigt, unsere Sünden bekannt und uns bekehrt haben, unser Fürsprecher, wenn wir etwas Gutes vom Herrn wünschen und unser Geber zusammen mit dem Vater, weil der Vater und der Sohn ein Gott sind. Dieser sprach all das als Mensch zu den Menschen; als Gott verborgen, als Mensch sichtbar, um die wirklichen Menschen zu Göttern zu machen, und als Sohn Gottes, Menschenkind geworden, um die Menschenkinder zu Kindern Gottes zu machen. Durch welche Kunst seiner Weisheit er das bewirkt, erkennen wir an seinen Worten. Denn wie ein Kleiner redet er zu den Kleinen, er ist aber klein und zugleich groß; wir dagegen sind klein und nur in ihm groß. Er redet also gleichsam wie einer, der die Kleinen wärmt und stillt und sie in Liebe großzieht. [XXI, 1]

Er hatte gesagt: «Der Sohn kann nichts von sich aus tun, sondern nur, was er den Vater tun sieht» (Joh 5,19). Es ist uns bewusst geworden, dass der Vater nichts für sich alleine tut, so dass der Sohn, nachdem er das Werk seines Vaters gesehen hat, selbst etwas derartiges tut, sondern dass er gesagt hat: «Der Sohn kann nichts von sich aus tun, sondern nur, wenn er den Vater etwas tun sieht», weil der Sohn ganz vom Vater ist, sein ganzes Wesen und seine Macht aus dem stammt, der ihn gezeugt hat. Dann hatte er nun aber hinzugefügt, er tue in gleicher Weise, was der Vater tut; damit wir nicht meinten, der Vater tue eine Sache, der Sohn eine andere, sondern mit derselben Macht tut der Sohn dasselbe wie der Vater, weil der Vater durch den Sohn wirkt. Schließlich folgt, was wir in der heutigen Lesung vernommen haben: «Denn der Vater liebt den Sohn und zeigt ihm alles, was er selbst tut». Erneut wissen wir nicht, was wir denken sollen. Der Vater zeigt dem Sohn, was er selbst tut. Also, erwidert einer, tut der Vater einige Werke allein, damit der Sohn sehen kann, was er tut. Vor der menschlichen Vorstellungskraft tauchen gleichsam zwei Künstler auf: ein Goldschmied, der die Kunst seinen Sohn lehrt und ihm zeigt, was er seinerseits auch tun kann. «Alles zeigt er ihm, was er selbst tut.» Während also der Vater etwas tut, ist der Sohn dann inaktiv, um zusehen zu können, was der Vater tut? Sicher ist, dass «alles durch ihn geworden ist und ohne ihn nichts geworden ist» (Joh 1,3). Hieraus ersehen wir, in welchem Sinn der Vater dem Sohn zeigt, was er tut, und doch tut der Vater nichts, was er nicht durch den Sohn tut. Was hat der Vater getan? Er schuf die Welt. Hat er also wirklich die geschaffene Welt dem Sohn gezeigt, damit dieser etwas Ähnliches schaffe? Man zeige uns also die Welt, die der Sohn geschaffen hat. Wirklich «alles ist durch ihn geworden und ohne ihn ist nichts geworden und die Welt ist durch ihn geworden» (Joh 1,3.10). Wenn durch ihn die Welt und alles geworden ist, und der Vater nichts tut, was er nicht durch den Sohn tut, wo zeigt der Vater dem Sohn, was er tut, wenn nicht im Sohn selbst, durch den er es tut? Wo würde das Werk des Vaters dem Sohn gezeigt, wenn er es außerhalb von ihm täte und der Sohn außerhalb vom Vater wäre und auf die Hand des Vaters achte, wie er es tue. Wo ist da die untrennbare Trinität? Wo ist das Wort, von dem es heißt, es sei Gottes Kraft und Gottes Weisheit (vgl. 1 Kor 1,24)? Wo ist das, was die Heilige Schrift über die Weisheit sagt: «Sie ist der Abglanz des ewigen Lichtes» (Weish 7,26)? Wo ist, was weiterhin über sie geschrieben steht: «Sie reicht machtvoll von einem Ende bis zum anderen und ordnet alles lieblich an» (Weish 8,1)? Tut der Vater eine Sache, so tut er sie durch den Sohn. Wenn er sie durch seine Weisheit und Kraft tut, zeigt er sie nicht außerhalb von ihm, sondern in ihm selbst zeigt er, was er tut. [XXI, 2]

«Und er wird ihm noch größere Werke als diese zeigen, so dass ihr staunen werdet» (…). Will er also dem Sohn noch etwas zeigen, was dieser nicht kennt? Was nun? Wie verstehen wir diesen Satz? Seht, unser Herr Jesus Christus war oben im Himmel, jetzt ist er unten auf Erden. Wann war er oben? Als er sagte: «Alles, was der Vater tut, das tut der Sohn in gleicher Weise». Warum jetzt unten? «Noch größere Werke wird er ihm zeigen.» Herr Jesus Christus, unser Erlöser, Wort Gottes, durch das alles geworden ist, was wird dir der Vater zeigen, was du noch nicht weißt? Gibt es etwas vom Vater, das dir verborgen, dem Vater aber nicht verborgen ist? Was kann das sein? Welche noch größeren Werke soll er dir zeigen? Oder von welchen Werken sind die größer, die er dir zeigen wird? Denn da er sagte: «Größere als diese», müssen wir zunächst die kleineren im Vergleich zu den größeren erkennen. [XXI, 5]

Erinnern wir uns, wovon diese Rede ausging: Der Mann, der achtunddreißig Jahre krank war, wurde geheilt, und der Herr befahl ihm, sein Bett zu nehmen und nach Hause zu gehen. Darüber waren die Juden, mit denen er sprach, zornig. Er redete Worte und dessen Sinn verschwieg er; den Einsichtigen jedoch enthüllte er ihn, während er ihn gegenüber den Zornigen verhüllte. Da also die Juden darüber zornig waren, dass der Herr diese Heilung am Sabbat vollzog, gaben sie ihm Gelegenheit zu dieser Rede. Also wollen wir sie nicht so hören, als hätten wir alles zuvor Gesagte schon vergessen, sondern schauen wir zurück auf den seit achtunddreißig Jahren Kranken, der plötzlich gesund wurde, worüber die Juden sich wunderten und zornig wurden. Sie suchten im Sabbat lieber Finsternis als das Licht des Wunders. Zu diesen Entrüsteten sprach der Herr: «(Der Vater) wird mir noch größere Werke zeigen als dies». «Größeres als dies»! Als welches? Ihr habt gesehen, dass ein Mensch gesund wurde, der achtunddreißig Jahre krank gewesen war – größeres als dies wird der Vater dem Sohn zeigen. Welche Werke sind noch größer? Er fährt fort: «Denn wie der Vater die Toten auferweckt und lebendig macht, so macht auch der Sohn lebendig, wen er will». Das sind eindeutig größere Werke. Es ist in der Tat weit mehr, dass ein Toter aufersteht, als dass ein Kranker gesund wird: das ist eines der größeren Werke. Aber wann wird der Vater sie dem Sohn zeigen? Kennt der Sohn sie jetzt nicht? Und konnte jener, der redete, die Toten nicht auferwecken? Musste der, durch den alles geworden ist (vgl. Joh 1,3), erst noch lernen, die Toten zu erwecken? Der bewirkte, dass wir, die wir nicht waren, lebten, musste der noch lernen, wie wir wieder erweckt werden sollten? Was also sollen diese Worte heißen? [XXI, 6]

(...) «Der Vater wird» mir «noch Größeres als dies zeigen, so dass ihr staunen werdet.» Uns also wird er diese größeren Werke zeigen, nicht ihm. Weil der Vater sie uns zeigen wird, darum ist hinzugefügt: «so dass ihr staunen werdet». Damit erklärt der Herr, was er mit dem Satz «der Vater wird mir zeigen», sagen will. Warum aber sagt er nicht sofort: Der Vater wird euch zeigen, sondern: er wird dem Sohn zeigen? Weil auch wir Glieder des Sohnes sind und als seine Glieder gleichsam lernen: Und weil auch er gewissermaßen durch seine Glieder lernt. Wie lernt er durch uns? So wie er durch uns leidet. Wie können wir beweisen, dass er in uns leidet? Durch die Stimme vom Himmel, die rief: «Saul, Saul, warum verfolgst du mich?» (Apg 9,4). Ist nicht er es, der am Ende der Welt seines Amtes als Richter walten, und die Gerechten zu seiner Rechten, die Ungerechten zu seiner Linken stellen und zu ihnen sprechen wird: «Kommt, ihr Gesegneten meines Vaters, nehmt das Reich in Besitz: Denn ich war hungrig, und ihr habt mir zu essen gegeben»? Und wenn jene antworten werden: «Herr, wann haben wir dich hungrig gesehen?», wird er ihnen erwidern: «Was ihr einem meiner Geringsten getan habt, das habt ihr mir getan» (Mt 25,31-40). An ihn, der diese Worte sprach, wollen wir uns nun wenden und fragen: Herr, wann musstest du denn lernen, da du doch der Lehrer von allem bist? Und sogleich wird er uns gemäß unserem Glauben entgegnen: Jedes Mal, wenn einer meiner geringsten Brüder lernt, dann lerne ich. [XXI, 7]

Freuen wir uns und danken wir, dass wir nicht nur zu Christen, sondern Christus geworden sind. Begreift ihr, Brüder, die Gnade Gottes an uns, fasst ihr sie? Staunt und jubelt: Wir sind Christus geworden. Denn wenn er das Haupt ist, so sind wir die Glieder; der ganze Mensch ist er mit uns[3]. Das sagt uns der Apostel Paulus: «Damit wir nicht mehr Kinder seien, hin und her getrieben von jedem Wind der Lehre». Zuvor hatte er gesagt: «Bis wir alle hingelangen zur Einheit des Glaubens und zur Anerkennung des Sohnes Gottes, zu einem vollendeten Manne, zum Maß des Vollalters der Fülle Christi» (Eph 4,14.13). Die Fülle Christi sind also Haupt und Glieder. Was heißt das, Haupt und Glieder? Christus und die Kirche. Hochmütige Anmaßung wäre es, wenn Christus sich nicht selbst herabgelassen hätte, uns dieses Versprechen durch den Apostel zu geben: «Ihr aber seid der Leib Christi und seine Glieder» (1 Kor 12,27).[4] [XXI, 8]

Wenn also der Vater den Gliedern Christi etwas zeigt, dann zeigt er es Christus. Ein großes und doch ein wahres Wunder geschieht: Christus wird gezeigt, was Christus wusste, und es wird Christus durch Christus gezeigt.

[3] Vgl. auch den Zusammenhang in der Augustinus-Katechese von Papst Benedikt XVI. (Generalaudienz vom 30. Januar 2008): Glaube und Vernunft müssen immer gemeinsam gesehen werden.

[4] Vgl. auch Das Antlitz der Kirche, a.a.O., [80] 118f.

Etwas Wunderbares und Großes, aber die Schrift redet so. Werden wir etwa den Worten Gottes widersprechen, anstatt sie zu begreifen suchen und dem Geber der Gabe dafür Dank zu sagen? Was will ich damit sagen: Es wird Christus durch Christus gezeigt? Durch das Haupt wird den Gliedern etwas gezeigt. Untersuche es bei dir: Nimm an, du willst mit geschlossenen Augen nach etwas greifen; die Hand weiß nicht, wohin sie tasten soll; und die Hand ist doch gewiss eins deiner Glieder, denn sie ist nicht getrennt von deinem Leib. Öffne die Augen, und schon sieht die Hand, wohin sie sich wenden soll: das Glied folgt dem Hinweis des Hauptes. Wenn sich also bei dir bewahrheitet hat, dass dein Leib deinem Leib etwas zeigte, und deinem Leib durch deinen Leib etwas gezeigt wurde, so wundere dich nicht, wenn es heißt: So wird Christus durch Christus gezeigt. Das Haupt nämlich zeigt, damit die Glieder sehen, das Haupt lehrt, damit die Glieder lernen: und doch sind Haupt und Leib ein einziger Mensch. Christus wollte sich nicht von uns trennen, sondern würdigte sich, sich mit uns zu vereinigen. Er war uns fern, sehr fern; was ist so fern voneinander wie Geschöpf und Schöpfer? Was so fern wie Gott und Mensch? wie Gerechtigkeit und Ungerechtigkeit? Wie Ewigkeit und Sterblichkeit? Wie ferne war das Wort im Anfang, Gott bei Gott, durch den alles geworden ist? Wie ist er uns nahe gekommen, damit er sei, was wir sind, und wir in ihm seien? «Das Wort ist Fleisch geworden und hat unter uns gewohnt» (Joh 1,14). [XXI, 9]

Das will er uns zeigen, das hat er seinen Jüngern gezeigt, die ihn im Fleisch sahen. Was heißt das also? «Wie der Vater die Toten auferweckt und lebendig macht, so macht auch der Sohn lebendig, wen er will.» Einige etwa der Vater und andere der Sohn? Sicher, alles ist durch ihn gemacht worden. Was, meine Brüder, wollen wir damit sagen? Christus hat Lazarus auferweckt, welchen Toten hat der Vater auferweckt, damit Christus sehe, wie er Lazarus auferwecken müsse? Oder als Christus Lazarus auferweckte, hat ihn da nicht der Vater auferweckt, oder tat es der Sohn allein ohne den Vater? Lest dieses Stück des Evangeliums und seht, wie der Sohn den Vater anruft, damit Lazarus auferstehe (vgl. Joh 11,41-44). Als Mensch ruft er den Vater an, als Gott wirkt er zusammen mit dem Vater. Also ist auch der auferstandene Lazarus vom Vater und vom Sohn durch die Gabe und Gnade des Heiligen Geistes erweckt worden; die ganze Trinität vollbrachte dieses Wunderwerk. Man darf also diesen Satz: «Wie der Vater die Toten auferweckt und lebendig macht, so macht auch der Sohn lebendig, wen er will», nicht in dem Sinn verstehen, dass vom Vater andere auferweckt und lebendig gemacht würden als vom Sohn, sondern dass die, welche der Vater auferweckt und lebendig macht, auch der Sohn erweckt und lebendig macht, weil «alles durch ihn geworden ist und ohne ihn ist nichts geworden» (Joh 1,3). Und damit wir sehen, dass er eine vom Vater verliehene, aber gleich große Macht hat, fügt er hinzu: «So macht auch der Sohn lebendig, wen er will», um damit auf seinen Willen hinzuweisen. Und damit keiner sage, der Vater erweckt die Toten durch den Sohn, also ist er gleichsam mit eigener Machtfülle ausgestattet, während der Sohn durch fremde Macht, wie ein Diener oder ein Engel, Werke vollbringt, hat er seine Macht mit den Worten angezeigt: «So macht auch der Sohn lebendig, wen er will.» Denn der Vater will nicht eine Sache und der Sohn eine andere, sondern wie sie eines Wesens sind, sind sie auch eines Willens. [XXI, 10]

(...) «Amen, amen, ich sage euch, es kommt die Stunde und sie ist jetzt.» Konnte der Herr noch deutlicher sein? Auf diese Weise hat er schon seinen Gedanken erschlossen, da gerade eben geschieht, was Christus anmahnt. «Es kommt die Stunde.» Welche Stunde? «Und sie ist jetzt, da die Toten die Stimme des Sohnes Gottes hören werden und die sie hören, werden leben.» Von diesen Toten haben wir bereits gesprochen. Glaubt ihr, Brüder, sind in dieser Menge, die mich hört, keine Toten? Die, welche glauben und dem wahren Glauben gemäß handeln, leben und sind nicht tot; die aber nicht glauben oder wie die Dämonen mit Zittern glauben (vgl. Jak 2,19) und unheilvoll leben, den Sohn Gottes bekennen, die Liebe aber nicht haben (vgl. 1 Kor 13,2), müssen eher für tot gehalten werden. Und sicher dauert diese Stunde bis jetzt fort. Denn die Stunde, von welcher der Herr sprach, ist keine Stunde von den zwölf Stunden eines Tages. Diese eine Stunde dauert von da ab, als er sprach, bis in unsere Zeit und bis zum Ende der Welt. Über diese Stunde sagt Johannes in seinem Brief: «Kindlein, es ist die letzte Stunde» (1 Joh 2,18). Sie ist also jetzt. Wer lebt, lebe; wer tot war, stehe auf; wer tot dalag, höre die Stimme des Sohnes Gottes, er stehe auf und lebe. Der Herr rief am Grab des Lazarus, und der seit vier Tagen Tote auferstand. Der schon roch, trat ans Tageslicht; er war im Grab, ein Stein war auf ihn gelegt, die Stimme des Erlösers durchdrang die Härte des Steines; aber dein Herz ist so hart, dass die göttliche Stimme es noch nicht brechen kann! Steh auf in deinem Herzen, tritt aus deinem Grab heraus. Denn tot in deinem Herzen lagst du gleichsam im Grab und warst wie vom Stein schlechter Gewohnheiten beschwert. Steh auf und tritt heraus! Was heißt: Steh auf und tritt hervor? Glaube und bekenne. Denn wer glaubt, ist auferstanden; wer bekennt, ist herausgetreten. Warum sagen wir, der Bekennende sei herausgetreten? Weil er vor dem Bekenntnis verborgen war; bekennt er aber, tritt er aus der Dunkelheit ins Licht. Und was wird den Dienern nach dem Bekenntnis gesagt? Dasselbe was am Grab des Lazarus gesagt wurde: «Löset ihn und lasst ihn gehen» (Joh 11,44). Was soll das heißen? Wie zu den Dienern des Herrn, den Aposteln, gesagt wurde: «Was ihr auf Erden lösen werdet, wird auch im Himmel gelöst sein» (Mt 18,18). [XXII, 7]

(...) «Und (der Vater) gab ihm Macht, Gericht zu halten, weil er der Menschensohn ist.» Sofern er der Sohn Gottes ist, «hat der Vater, wie er das Leben in sich hat, so auch dem Sohn gegeben, das Leben in sich zu haben». Sofern er aber der Menschensohn ist, «gab er ihm Macht, Gericht zu halten». Das habe ich Eurer Liebe gestern dargelegt, dass im Gericht der Mensch sich sieht, Gott aber nicht gesehen wird; aber nach dem Gericht wird Gott von denen gesehen, die im Gericht siegen werden; von den Gottlosen aber kann Gott nicht gesehen werden[5]. Da also Christus als Mensch beim Gericht in der Gestalt gesehen wird, in der er zum Himmel auffuhr, deshalb hatte der Sohn zuvor gesagt: «Der Vater richtet niemanden, sondern hat alles Gericht dem Sohn übergeben» (Joh 5,22). Diese Meinung wird hier aufgenommen, wenn er sagt: «Und er gab ihm Macht,

[5] Vgl. XXI, 11ff.

Gericht zu halten, weil er der Menschensohn ist.» Du könntest dennoch fragen: Worüber «gab er ihm Macht, Gericht zu halten»? Wann ist er je ohne diese Macht gewesen, Gericht zu halten? Da «im Anfang das Wort war und das Wort bei Gott war und Gott das Wort war», als «alles durch es geworden ist» (Joh 1,1.3), hatte er da vielleicht keine Macht, Gericht zu halten? Dagegen sage ich: «Er gab ihm Macht, Gericht zu halten, weil er der Menschensohn ist», in dem Sinn, dass der Sohn die Macht empfangen hat, Gericht zu halten, «weil er der Menschensohn ist». Als der Sohn Gottes hatte er diese Macht immer. Als Gekreuzigter empfing er sie wieder. Der im Tod war, ist im Leben; das Wort Gottes kannte niemals den Tod, sondern nur das Leben. [XXII, 11]

Einer von uns könnte vielleicht über die Auferstehung sagen: Seht, wir sind schon auferstanden; wer Christus hört und glaubt, geht vom Tod zum Leben hinüber und wird nicht ins Gericht kommen; es kommt die Stunde, und sie ist jetzt, in der, wer die Stimme des Sohnes Gottes hört, lebt. Er war tot, er hat gehört und, seht, er aufersteht; ist das nicht das, was man die zukünftige Auferstehung nennt? Mäßige dich, deute den Satz nicht falsch, damit du das nicht bedauern musst. Auferstehung ist es zwar, die da geschieht: tot waren die Ungläubigen und die Ungerechten; nun leben die Gerechten; sie gehen vom Tod des Unglaubens zum Leben des Glaubens hinüber. Aber glaube von daher nicht, es gebe keine zukünftige Auferstehung des Leibes, sondern im Gegenteil glaube daran. Denn vernimm, was auf diese Auferstehung folgt, die durch den Glauben geschieht, damit keiner meine, sie sei die einzige, und deshalb der Verzweiflung und dem Irrtum derer verfalle, welche das Empfinden der anderen verkehren und «behaupten, die Auferstehung sei schon geschehen». Über sie sagt der Apostel: «Sie verkehren bei manchen den Glauben» (2 Tim 2,18). Ich glaube, ihre Begründung ist in etwa diese: Seht, der Herr hat gesagt: «Und wer an mich glaubt, ist vom Tod zum Leben hinübergegangen»; diese Auferstehung hat sich schon an den Gläubigen, die ungläubig waren, ereignet; wie kann man da von einer weiteren Auferstehung sprechen? Dank sei Gott, unserem Herrn: er stützt die Wankenden, lenkt die Zaudernden, stärkt die Zweifelnden. Vernimm die folgenden Worte, denn es gibt nichts, woraus du dir die Finsternis des Todes herleiten kannst. Wenn du den Glauben angenommen hast, glaube alles. Was ist alles, fragst du, was soll ich glauben? Vernimm, was der Herr sagt: «Wundert euch nicht darüber», dass er dem Sohn die Vollmacht gegeben hat, Gericht zu halten. Das wird am Ende der Welt sein, sagt man. In welchem Sinn? «Wundert euch nicht darüber, es kommt die Stunde.» Hier sagt er nicht: «und sie ist jetzt». Bei der Auferstehung durch den Glauben, was sagte er da? «Es kommt die Stunde und sie ist jetzt.» Bei der Auferstehung der Leiber, die in der Zukunft liegt, sagt er: «Es kommt die Stunde», nicht aber: «sie ist jetzt», weil sie am Ende der Welt sein wird. [XXII, 12]

Und wie beweist du mir, fragst du, dass der Herr von dieser Auferstehung sprach? Hörst du geduldig zu, wirst du es dir gleich selbst beweisen. Gehen wir also weiter: «Wundert euch nicht darüber, es kommt die Stunde, in der alle, die in den Gräbern sind (...)». Wie kann man eindeutiger von dieser Auferstehung sprechen? Vorhin hatte er nicht gesagt: «die in den Gräbern sind», sondern: «Die Toten werden die Stimme des Sohnes Gottes hören, und die sie hören, werden leben.» Er sagte nicht: die einen werden leben, die anderen verdammt sein, weil alle, die glauben, leben werden. Was sagt er dagegen von denen, die in den Gräbern sind? «Alle, die in den Gräbern sind, werden seine Stimme hören und herauskommen.» Er sagt nicht: «Sie werden hören und leben.» Denn haben sie schlecht gelebt und lagen in den Gräbern, erstehen sie zum Tod, nicht zum Leben. Sehen wir also, welche aus den Gräbern herauskommen werden. Auch wenn die Toten leben werden, weil sie hörten und glaubten, wird nicht unterschieden; es heißt nicht: Die Toten werden die Stimme des Sohnes Gottes hören, und da sie sie hören, werden die einen leben, die anderen verdammt sein, sondern: «Alle, die sie hören, werden leben», denn nur die, welche glauben, werden leben, wie auch die, welche zu lieben vermögen, lieben werden, und keiner wird sterben. Über die, welche in den Gräbern sind, sagt er dagegen: «Sie werden die Stimme hören und herauskommen, die Gutes getan haben, zur Auferstehung des Lebens; die Böses getan haben, zur Auferstehung des Gerichts». Hier steht das Gericht für die Strafe, über die er kurz zuvor gesagt hatte: «Wer an mich glaubt, ist vom Tod zum Leben hinübergegangen und kommt nicht ins Gericht.» [XXII, 13]

«Denn ich suche nicht meinen Willen, sondern den Willen dessen, der mich gesandt hat.» Der eingeborene Sohn sagt: «Ich suche nicht meinen Willen», und die Menschen wollen ihren eigenen Willen tun! Der mit dem Vater gleich ist, erniedrigt sich so sehr; der in der Erde liegt und sich nicht erheben kann, wenn ihm nicht die Hand gereicht wird, erhebt sich so sehr! Tun wir also den Willen des Vaters, den Willen des Sohnes und den

Willen des Heiligen Geistes, denn der Wille der Dreifaltigkeit ist einer, Macht und Majestät sind eins. Deshalb sagt gleichwohl der Sohn: «Ich bin nicht gekommen, meinen Willen zu tun, sondern den Willen Gottes, der mich gesandt hat», weil Christus nicht von sich aus, sondern von seinem Vater aus ist. Die Gestalt, die er als Mensch hatte, nahm er vom Geschöpf, das er selbst geformt hatte[6]. [XXII, 15]

Das Brot des Lebens

Während Jesus droben auf dem Berg war (vgl. Joh 6,15) – er, welcher der einzige Hohepriester ist, der in das Innere des Zeltes trat, während das Volk draußen stand; auf diesen deutete nämlich der Priester des Alten Bundes, der das einmal im Jahr tat (vgl. Hebr 9,12) – während Jesus also droben war, in welcher Situation befanden sich die Jünger mit ihrem kleinen Schiff? Während jener droben war, bildete das Schifflein drunten die Kirche ab. Wenn wir die Not, welche das Schifflein litt, nicht zuerst an der Kirche erkennten, wären es keine bedeutungsträchtigen, sondern einfach vorübergehende Zustände. Sehen wir aber in der Kirche die Wahrheit jener bedeutungsträchtigen Situation ausgedrückt, dann ist offensichtlich, dass das Handeln Christi eine Art Ansprache an uns ist. «Als es aber spät geworden war», heißt es, «gingen seine Jünger zum See hinab, und als sie ein kleines Schiff bestiegen hatten, kamen sie über den See

6 Zu Augustins Schöpfungslehre vgl. Rowan Williams, La Création, in: Encyclopédie, a.a.O., 404-408.

nach Kapharnaum.» Der Evangelist betrachtet schon als vollendet, was erst später geschah. Doch er kommt darauf zurück, um darzulegen, wie sie dahin kamen, dass sie das Gewässer durchschifften, um hinüber zu kommen. Während sie an den Ort fuhren, an dem sie nach seinen Worten schon angekommen waren, legt er zusammenfassend dar, was geschehen ist: «Es war schon dunkel geworden, und Jesus war noch nicht zu ihnen gekommen.» Zu Recht war es dunkel, da das Licht noch nicht zu ihnen gekommen war. «Es war schon dunkel geworden, und Jesus war noch nicht zu ihnen gekommen.» Je mehr sich das Ende der Welt nähert, nehmen Irrtümer zu, häufen sich Schrecken, wachsen Gesetzlosigkeit und Unglaube; kurz, das Licht, das der Evangelist Johannes klar und deutlich als die Liebe bezeichnet, so dass er sagte: «Wer seinen Bruder hasst, ist in der Finsternis» (1 Joh 2,11), wird ausgelöscht. Die Finsternis der Feindschaft zwischen Brüdern nimmt zu, täglich nimmt sie zu, und Jesus ist noch nicht gekommen. Woher nimmt sie zu? «Weil die Gesetzesverachtung überhandnehmen wird, wird die Liebe in vielen erkalten» (Mt 24,12). Die Finsternis nimmt zu, und Jesus ist noch nicht gekommen. Zunehmende Finsternis, erkaltende Liebe, überhandnehmende Gesetzesverachtung: das sind die Wogen, die das Schiff zum Schwanken bringen; Stürme und Winde sind das Geschrei der Lästerer. Daher erkaltet die Liebe in vielen, die Wogen verstärken sich, und das Schiff gerät ins Schwanken. [XXV, 5] «Da ein starker Wind wehte, wurde der See aufgewühlt.» Das Dunkel nahm zu, die Einsicht verminderte sich, die Gesetzlosigkeit verstärkte sich. «Sie waren etwa fünfundzwanzig oder dreißig Stadien gerudert.» Die Jünger fuhren unterdessen und kamen voran; weder diese Winde und Stürme, noch die Wogen und das Dunkel verhinderten, dass das Schiff etwa nicht vorankam oder zerbrochen unterging, sondern unter all diesen Hindernissen fuhr es. Weil die Gesetzesverachtung überhandgenommen hat und die Liebe in vielen erkaltet, nehmen die Wogen zu, verstärkt sich das Dunkel, aber dennoch fährt das Schiff. Denn «wer ausharrt bis zum Ende, der wird gerettet werden» (Mt 24,13). (…) [XXV, 6]

Und doch sind die Drangsale so groß, dass selbst jene, die an Jesus glauben und versuchen, bis zum Ende auszuharren, Angst haben zu versagen. Christus wandelt auf den Wogen, indem er den Prunk und die vermeintliche Größe der Welt niederdrückt, und der Christ ängstigt sich. Ist ihm das nicht vorhergesagt worden? Verständlich, dass die Jünger, als Jesus auf den Wogen wandelte, «sich fürchteten», wie die Christen, die auf die zukünftige Welt hoffen, wenn sie die vermeintliche Größe dieser Welt niedergedrückt sehen und bestürzt sind über das Elend menschlicher Umstände. Sie öffnen das Evangelium und die Heilige Schrift und sehen dort vorhergesagt: dass der Herr das alles vollbringt. Er drückt die Stolzen dieser Welt nieder, um von den Niedrigen verherrlicht zu werden. Von deren Größe wurde vorhergesagt: «Du wirst die festesten Städte zerstören» und «dahin sind die Feinde auf ewig und ihre Städte hast du zerstört» (Ps 9,7). Was fürchtet ihr euch also, Christen? Christus sagt: «Ich bin es; fürchtet euch nicht!» Was ängstigt ihr euch? Was fürchtet ihr? Ich habe es vorhergesagt, ich vollbringe es, es muss vollbracht werden. «Ich bin es; fürchtet euch nicht! Sie wollten ihn deshalb ins Schiff nehmen», weil sie ihn erkannten, sich freuten und in Sicherheit wussten. «Und sogleich war das Schiff am

Land, zu dem sie fuhren.» Erreicht ist das Land, die Grenze vom Wasser zum festen Boden, vom stürmischen Meer zum festen Hafen, vom Weg zum Ziel. [XXV, 7]

(…) Auf die Frage der Menge, wann er ans andere Ufer des Sees gekommen sei, «antwortete Jesus und sprach: Amen, amen, ich sage euch, ihr sucht mich, nicht, weil ihr Zeichen gesehen habt, sondern weil ihr von meinen Broten gegessen habt». Wegen des Fleisches sucht ihr mich, nicht wegen des Geistes. Wie viele suchen Jesus nur, damit er ihnen gelegentlich Gutes erweise! Der eine wendet sich an die Priester, um ein Geschäft erfolgreich abzuschließen, wofür er um die Fürsprache der Geistlichen bittet; der andere sucht und nimmt in der Kirche Zuflucht, weil er von einem Mächtigen bedrängt wird; wieder ein anderer will, dass man sich für ihn einsetze, da er selbst wenig Einfluss hat; der eine dieses, der andere jenes: täglich füllt sich die Kirche mit solchen Bittstellern. Selten wird Jesus um seiner selbst willen gesucht. «Ihr sucht mich, nicht, weil ihr Zeichen gesehen habt, sondern weil ihr von meinen Broten gegessen habt. Müht euch um die Speise, die nicht verdirbt, sondern die bleibt ins ewige Leben.» Ihr sucht mich wegen irgendetwas, ihr müsst mich um meinetwillen suchen. Er bringt sich selbst schon als diese Speise ins Spiel, wie im Folgenden aufscheint: «Welche der Menschensohn euch geben wird.» Vielleicht erwartetest du, nochmals Brot zu essen, wieder dich zu setzen und beköstigt zu werden. Er aber hatte gesagt: «Die Speise, die nicht verdirbt, sondern die bleibt ins ewige Leben», wie er zur Samariterin gesagt hatte[1]: «Wenn du wüsstest, wer von dir zu

[1] Die Frau wird durch das Wort Gottes gesättigt; vgl. 92ff.

trinken verlangt, hättest du ihn wohl gebeten, und er würde dir lebendiges Wasser geben.» Als jene fragte: Woher hast du es, da du kein Schöpfgefäß hast, und der Brunnen ist tief?, erwiderte er ihr: «Wenn du wüsstest, wer von dir zu trinken verlangt, hättest du ihn wohl gebeten, und er würde dir lebendiges Wasser geben, und wer davon trinkt, wird nicht mehr dürsten; denn wer von diesem Wasser trinkt, wird wieder dürsten» (Joh 4,10f. 13f.). Jene Frau, von der Anstrengung des Wasserschöpfens ermüdet, freute sich und wollte dieses Wasser, damit sie dann keinen leiblichen Durst mehr hätte. Und so kam das Gespräch auf den Trank, genauso wie hier. [XXV, 10]

Also (müht euch um) die «Speise, die nicht verdirbt, sondern die bleibt ins ewige Leben, welche der Menschensohn euch geben wird; denn ihn hat Gott der Vater besiegelt». (…) Was heißt besiegeln anders als etwas besonders bestimmen. Etwas setzen, damit es nicht mit den übrigen Dingen verwechselt werde. Einer Sache ein Zeichen geben. Welchem Ding immer du ein Zeichen gibst, du tust es, damit es nicht mit anderen verwechselt und von dir nicht mehr erkannt werde. Also «ihn hat der Vater besiegelt». Was heißt besiegelt? Er hat ihm etwas Besonderes gegeben, damit er sich von den anderen Menschen unterscheide. Deshalb ist von ihm gesagt worden: «Gott, dein Gott hat dich gesalbt mit dem Öl der Freude wie keinen deiner Gefährten» (Ps 44,8). Was heißt also besiegeln? Jemanden herausgenommen haben, «wie keinen deiner Gefährten». Deshalb verachtet mich nicht, weil ich der Menschensohn bin und sucht bei mir die «Speise, die nicht verdirbt, sondern die bleibt ins ewige Leben». In der Tat bin ich in der Weise Menschensohn, dass ich nicht einer von euch bin, sondern Gott der Vater hat mich besiegelt. Was heißt besiegelt? Er gab mir etwas von ihm, damit ich nicht mit dem Menschengeschlecht verwechselt, sondern dieses durch mich befreit werde. [XXV, 11]

(...) Sie fragten: «Was für ein Zeichen tust du denn, damit wir sehen und dir glauben? Was wirkst du?» War es nicht genug, dass sie mit fünf Broten gespeist wurden (vgl. Joh 6,9)? Zwar wussten sie das, aber sie bevorzugten das Manna vom Himmel. Der Herr stellte sich deutlich über Moses. Denn Moses hatte nie zu versprechen gewagt, er gebe «eine Speise, die nicht verdirbt, sondern die ins ewige Leben bleibt». Der Herr verhieß Größeres. Durch Moses wurde zwar ein Reich verheißen, das Land, das von Milch und Honig fließt, zeitlicher Friede, reiche Nachkommenschaft, leibliche Gesundheit und alle anderen zeitlichen Güter, die Geistiges gleichwohl vorabbildeten, da sie dem alten Menschen im Alten Testament verheißen wurden. Die Juden achteten also auf die Verheißungen durch Moses und Christus. Moses verhieß einen vollen Bauch auf Erden, aber von einer Speise, die verdirbt, Christus verhieß «Speise, die nicht verdirbt, sondern die ins ewige Leben bleibt». Sie achteten Moses als den, der mehr verhieß, und sahen sozusagen noch nicht den, der größere Werke tat. Sie achteten deshalb darauf, was Moses getan hatte, und wollten, dass noch Größeres getan werde von dem, der so Großes zusicherte. Welche Werke tust du, damit wir dir glauben? Und damit dir klar ist, dass sie die beiden Wunder miteinander verglichen und dann das Tun Jesu geringer achteten, sagten sie: «Unsere Väter haben Manna in der Wüste gegessen.» Aber was ist Manna? Vielleicht verachtet ihr es. «Wie geschrieben steht: Er gab ihnen Manna zu essen.» Durch Moses erhielten unsere Väter Brot vom Himmel, und doch wurde ihnen von Moses nicht gesagt: «Müht euch um die Speise, die nicht verdirbt, sondern die bleibt ins ewige Leben». Du verheißt eine «Speise, die nicht verdirbt, sondern die bleibt ins ewige Leben» und wirkst nicht solche Werke wie Moses. Der gab keine Gerstenbrote, sondern Manna vom Himmel. [XXV, 12]

«Deshalb sagte Jesus zu ihnen: Amen, amen, ich sage euch, nicht Moses hat euch Brot vom Himmel gegeben, sondern mein Vater hat euch Brot vom Himmel gegeben. Denn das wahre Brot ist das, welches vom Himmel herabsteigt und der Welt das Leben gibt.» Das wahre Brot ist also jenes, das der Welt das Leben gibt; und das ist die Speise, von der ich kurz zuvor gesprochen hatte: «Müht euch um die Speise, die nicht verdirbt, sondern die bleibt ins ewige Leben.» Also war auch das Manna ein Zeichen für diese Speise und all diese Zeichen verwiesen auf mich. Meine Zeichen habt ihr geschätzt, den sie bezeichnen, verachtet ihr? Denn nicht Moses gab Brot vom Himmel, Gott gibt Brot. Welches Brot? Vielleicht Manna? Nein, sondern das Brot, auf welches das Manna hingewiesen hat, nämlich den Herrn Jesus Christus selbst: «Mein Vater gibt euch das wahre Brot. Denn das Brot Gottes ist das, welches vom Himmel herabsteigt und der Welt das Leben gibt. Da baten sie ihn: Herr, gib uns immer dieses Brot.» Wie die Samariterin, der Jesus gesagt hatte: «Wer von diesem Wasser trinkt, den wird nie mehr dürsten», dies sogleich fleischlich verstand, die aber dennoch ihr Bedürfnis befriedigen wollte und bat: «Gib mir, Herr, von diesem Wasser» (Joh 4,14f.), sagen auch hier die Leute: «Herr, gib uns dieses Brot», das uns erquicken und nicht ausgehen soll. [XXV, 13]

(...) «Wer zu mir kommen wird», sagt der Herr, «den werde ich nicht verstoßen.» Weshalb? «Weil ich vom Himmel herabgekommen bin, nicht um meinen Willen zu tun, sondern den Willen dessen, der mich gesandt hat.» Ist das also der Grund, warum du den nicht verstößt, der zu dir kommt, dass du vom Himmel herabgekommen bist, nicht deinen Willen zu tun, sondern den Willen dessen, der dich gesandt hat? Ja, so ist es. Was fragen wir noch, ob es so sei? So ist es, sagt er selbst. Denn wir dürfen nicht etwas anderes vermuten, als was er sagt: «Wer zu mir kommen wird, den werde ich nicht verstoßen.» Und als hätten wir auch noch danach gefragt, fügt er hinzu: weshalb? «Weil ich vom Himmel herabgekommen bin, nicht um meinen Willen zu tun, sondern den Willen dessen, der mich gesandt hat.» Ich fürchte, dass die Seele sich deshalb von Gott entfernt hat, weil sie hochmütig war; ja, ich zweifle nicht daran. Denn es steht geschrieben: «Der Anfang jeder Sünde ist der Hochmut» und: «Der Anfang des Hochmuts eines Menschen ist der Abfall von Gott» (Jes Sir 10,12). Das steht geschrieben und ist sicher und wahr. [XXV, 15]

(...) Warum gibt es so viel Ungerechtigkeit? Aufgrund des Hochmuts. Heile den Hochmut, und es wird keine Ungerechtigkeit mehr geben. Um die Ursache aller Krankheiten, den Hochmut zu heilen, stieg der Sohn Gottes herab und wurde demütig. Mensch, warum bist du hochmütig? Um deinetwillen ist Gott demütig geworden. Vielleicht schämtest du dich, einen demütigen Menschen nachzuahmen, ahme wenigstens den demütigen Gott nach. Der Sohn Gottes kam als Mensch und wurde demütig; dir wird befohlen, demütig zu sein, nicht aber, aus einem Menschen zu einem Stück Vieh zu werden. Gott ist Mensch geworden; du, Mensch, erkenne, dass du Mensch bist; deine ganze Demut lasse dich erkennen, dass du Mensch bist. Denn weil Gott die Demut lehrt, hat er gesagt: «Ich bin nicht gekommen, meinen Willen zu tun, sondern den Willen dessen, der mich gesandt hat.» Das ist eine Empfehlung zur Demut. Wer hochmütig ist, tut ja seinen Willen, die Demut dagegen den Willen Gottes. Deshalb «wer zu mir kommen wird, den werde ich nicht verstoßen». Warum? «Weil ich nicht gekommen bin, um meinen Willen zu tun, sondern den Willen dessen, der mich gesandt hat.» Ich kam demütig, um die Demut zu lehren, und als Lehrer der Demut kam ich. Wer zu mir kommt, wird mir einverleibt; wer zu mir kommt, wird demütig; wer eins mit mir ist, wird demütig sein, weil er nicht seinen Willen, sondern den Willen Gottes tut. Deshalb wird er nicht verstoßen, während der Hochmütige verstoßen wird.[2] [XXV, 16]

Nachdem unser Herr Jesus Christus bestätigt hatte, wie wir es bei der Lesung des Evangeliums vernommen haben, er sei das Brot, das vom Himmel herabgekommen ist, murrten die Juden und sagten: «Ist das nicht Jesus, der Sohn Josephs, dessen Vater und Mutter wir kennen? Wie also sagt er: Ich bin vom Himmel gekommen?» Sie waren fern vom Brot des Himmels und nicht fähig, Hunger nach ihm zu empfinden. Der Zugang zu ihrem

[2] Vgl. T. Fries, Eucharistische Spiritualität, a.a.O., 192: Nur der Demütige kann zu Christus kommen und ihm nachfolgen.

Herzen war verstopft, mit offenen Ohren waren sie taub und sehend blind. Das Brot fordert den Hunger des inneren Menschen[3], weshalb der Herr anderswo sagt: «Selig, die hungern und dürsten nach der Gerechtigkeit, denn sie werden gesättigt werden» (Mt 5,6). Gerechtigkeit aber ist für uns Christus, sagt der Apostel Paulus (vgl. 1 Kor 1,30). Warum soll, wer nach diesem Brot hungert, nach Gerechtigkeit hungern, aber nach einer Gerechtigkeit, die vom Himmel herabgekommen ist und die Gott gibt, nicht nach einer, die der Mensch sich selber macht. Machte sich nämlich der Mensch keine eigene Gerechtigkeit, würde derselbe Apostel nicht über die Juden sagen: «Weil sie die Gerechtigkeit aus Gott verkannten und ihre eigene errichten wollten, haben sie sich der Gerechtigkeit Gottes nicht unterworfen» (Röm 10,3). So waren die, welche das vom Himmel herabsteigende Brot nicht erkannten, weil sie, satt von ihrer eigenen Gerechtigkeit, nach der Gerechtigkeit Gottes keinen Hunger verspürten. Was ist das hier, die Gerechtigkeit Gottes und die des Menschen? Die Gerechtigkeit Gottes ist hier nicht die, durch welche Gott gerecht ist, sondern die, welche Gott dem Menschen gibt, damit der Mensch durch Gott gerecht sei. Welche aber war die Gerechtigkeit der Menschen? Eine Gerechtigkeit, welche sie aus ihren eigenen Kräften herleiteten in der Illusion, aus eigener Kraft das Gesetz erfüllen zu können. Niemand aber erfüllt das Gesetz, ohne den Beistand der Gnade, die das vom Himmel herabgekommene Brot ist. Denn «die Erfüllung des Gesetzes», sagt der

[3] Ist der innere Mensch durch Hochmut und Selbstgerechtigkeit verstockt, fehlt ihm die Aufnahmefähigkeit für das Wort Gottes, verspürt er keinen Hunger nach Gerechtigkeit und wird nicht durch die geistliche Speise gesättigt; vgl. T. Fries, a.a.O., 161-166.

Apostel ganz knapp, «ist die Liebe» (Röm 13,10). Nicht die Liebe zum Geld, sondern die Liebe zu Gott, nicht die Liebe zu Erde oder Himmel, sondern zu dem, der Himmel und Erde geschaffen hat. Wie empfängt der Mensch diese Liebe? Hören wir den selben Apostel: «Die Liebe Gottes», sagt er, «ist ausgegossen in unseren Herzen durch den Heiligen Geist, der uns gegeben ist» (Röm 5,5). Da also der Herr den Heiligen Geist geben wollte, nannte er sich das Brot, das vom Himmel herabgekommen ist – mit der Mahnung, an ihn zu glauben. An ihn glauben heißt das lebendige Brot essen. Wer glaubt, isst; auf unsichtbare Weise wird er gesättigt, weil er auf unsichtbare Weise neugeboren wird. In seinem Inneren wird er ein neuer Mensch; wo er erneuert wird, da wird er gesättigt. [XXVI, 1]

Was also antwortete Jesus diesen Murrenden? «Murrt nicht untereinander!» Ich weiß, warum ihr keinen Hunger habt und dieses Brot weder kennt noch sucht. «Murrt nicht untereinander; niemand kann zu mir kommen, wenn nicht der Vater, der mich gesandt hat, ihn zieht.» Eine wunderbare Wirkung der Gnade! Niemand kommt, wenn er nicht gezogen wird. Wer gezogen wird und wer nicht, warum der eine gezogen wird und der andere nicht, darüber urteile nicht, wenn du keiner Täuschung erliegen willst. Zunächst vernimm und erkenne: Du wirst noch nicht gezogen? Bete, damit du gezogen wirst. Was wollen wir damit sagen, Brüder? Werden wir zu Christus gezogen, glauben wir dann vielleicht wider Willen; werden wir etwa dazu gezwungen, ohne unseren eigenen Willen aufzubieten? In die Kirche eintreten kann einer, ohne es zu wollen, ohne zu wollen kann er zum Altar treten und das Sakrament empfangen, glauben aber kann er nur, wenn er will. Würde man nur äußerlich glauben, wäre es auch Widerwilligen möglich, aber äußerlich wird nicht geglaubt. Vernimm den Apostel: «Mit dem Herzen glaubt man zur Gerechtigkeit.» Und weiter: «Mit dem Mund aber bekennt man zum Heil» (Röm 10,10). Vom Grund des Herzens erhebt sich das Bekenntnis zum Glauben. Manchmal hörst du einen, der den Glauben bekennt, aber du weißt nicht, ob er glaubt. Meinst du von ihm, er glaube nicht, darfst du ihn nicht Bekenner seines Glaubens nennen. Denn bekennen heißt sagen, was du im Herzen hast: Hast du etwas im Herzen, und sagst du etwas anderes, bekennst du nicht deinen Glauben. Weil man also einerseits an Christus mit dem Herzen glaubt, was sicher niemand wider Willen tut, andererseits aber wer gezogen wird, gleichsam zum Glauben gezwungen zu werden scheint, wie lösen wir diese Frage: «Niemand kommt zu mir, wenn nicht der Vater, der mich gesandt hat, ihn zieht?» [XXVI, 2]

Auch wenn du also hier hörst: «Niemand kommt zu mir, außer wen der Vater zieht», denke nicht, du wirst wider Willen gezogen; der Geist wird auch von der Liebe gezogen. Auch müssen wir nicht das Urteil der Leute fürchten, die diese Worte genau abwägen, vom Verständnis religiöser Dinge weit entfernt sind und bei diesem Vers des Evangeliums uns vielleicht sagen: Wie kann ich aus freiem Willen glauben, wenn ich gezogen werde? Ich antworte: Aus freiem Willen ist wenig, du wirst sogar von Wonne gezogen. Was heißt: von Wonne gezogen werden? «Freue dich am Herrn, und er wird dir die Wünsche deines Herzens erfüllen» (Ps 36,4). Es gibt eine gewisse Wonne des Herzens für die, denen das Himmelsbrot süß schmeckt. Wenn nun der Dichter sagen konnte: Jeden zieht seine Wonne[4], nicht die Notwendigkeit, sondern die Wonne; nicht der Zwang, sondern das Vergnügen; wie viel mehr können dann wir sagen, dass der Mensch zu Christus gezogen wird, der sein Vergnügen in der Wahrheit, der Glückseligkeit, der Gerechtigkeit, im ewigen Leben findet, also in allem, was Christus ist?[5] Oder haben nur die leiblichen Sinne ihre Wonnen, und dem Geist sind sie versagt? Wenn der Geist keine eigenen Wonnen hat, warum wird dann gesagt: «Die Menschenkinder aber werden hoffen auf den Schutz deiner Flügel, sie werden trunken vom Überfluss deines Hauses, und du tränkst sie mit dem Strom deiner Wonnen; denn bei dir ist die Quelle des Lebens, und in deinem Licht schauen wir das Licht» (Ps 35, 8-10)? Bringe mir ein liebendes Herz, und es versteht, was ich sage. Bringe mir ein sehnsüchtiges, ein hungerndes, ein in der Einsamkeit fremdes und dürstendes und nach der Quelle der ewigen Heimat lechzendes Herz, bringe mir so eines, und es versteht, wovon ich rede. Spreche ich aber zu einem erkalteten Herzen, weiß es nicht, wovon ich rede. So waren die, welche untereinander murrten.

[4] Vergil, Ekloge 2,65: trahit sua quemque voluptas (jeden zieht seine Wonne). Augustinus spricht, so. T. Fries, a.a.O., 200, «von einer *voluptas* des Herzens, die für die Anziehung sorgt, da der innere Mensch nach der Wahrheit, Gerechtigkeit, Glückseligkeit und dem ewigen Leben verlange».

[5] H. U. von Balthasar, Herrlichkeit I: Schau der Gestalt, Johannes Verlag Einsiedeln, Trier 3. Auflage 1988, 155, kommentiert vor der Übersetzung dieses Satzes: «Wir könnten und dürften niemals ein historisch Seiendes auf Grund göttlicher Bezeugung glauben, wenn wir es nicht kraft des sich selber bezeugenden Seins Gottes, das uns im inneren Gnadenlicht aufleuchtet, glaubten. Der Gottessohn, der in der Geschichte Gott bezeugt und von Gott bezeugt wird, überzeugt uns nur, weil wir Gottes Zeugnis in uns selber haben.»

«Wen der Vater zieht», sagt der Herr, «der kommt zu mir.» [XXVI, 4]

«Denn es steht geschrieben bei den Propheten: Und sie werden alle von Gott belehrt sein.» Warum zitiere ich das, ihr Juden? Der Vater hat euch nicht belehrt; wie könnt ihr mich erkennen? Alle Menschen des Reiches werden von Gott belehrt sein, nicht von Menschen. Auch wenn sie von Menschen etwas hören, so wird ihnen doch das, was sie verstehen, innerlich mitgeteilt, es ist die Frucht einer Erleuchtung, einer inneren Offenbarung. Was tun die Menschen, die mit Worten lehren? Was tue ich jetzt, da ich zu euch spreche? Ich bringe den Klang von Worten zu euren Ohren. Wäre in euch nicht einer, der mich euch offenbart, spräche ich ins Leere, und umsonst wären meine Worte. Der Pflanzer eines Baumes wirkt draußen, der Schöpfer innen. Wer pflanzt und begießt, wirkt äußerlich: das genau tun wir. Aber «weder der, welcher pflanzt, ist etwas, noch der, welcher begießt, sondern Gott, der das Wachstum gibt» (1 Kor 3,7). Das heißt: «Und alle werden von Gott belehrt sein.» Wer sind «alle»? «Ein jeder, der vom Vater gehört und gelernt hat, kommt zu mir.» Seht, wie der Vater durch Belehrung, wider Willen niemanden zieht. Seht, wie er zieht. «Alle werden von Gott belehrt sein»; Ziehen ist die Kunst Gottes. «Jeder, der vom Vater gehört und gelernt hat, kommt zu mir»; ja, Ziehen ist wirklich Gott eigen. [XXVI, 7]

Was nun, Brüder? Wenn jeder, der vom Vater gehört und gelernt hat, zu Christus kommt, hat Christus euch dann hier nichts gelehrt? Wie ist es möglich, dass die Menschen den Vater als Lehrer nicht gesehen, den Sohn aber gesehen haben? Der Sohn ist der, der sprach, und der Vater lehrte. Ich, der ich ein Mensch bin, wen lehre ich? Wen, meine Brüder, wenn nicht den, der mein Wort gehört hat? Wenn ich, als Mensch, den lehre, der mein Wort hört, lehrt auch der Vater den, der sein Wort hört. Wenn der Vater den lehrt, der sein Wort hört, so frage dich, was Christus ist, und du wirst sein Wort finden: «Im Anfang war das Wort», nicht aber: Im Anfang schuf Gott das Wort, so wie: «Im Anfang schuf Gott Himmel und Erde» (Gen 1,1). Ihr seht, dass Christus also kein Geschöpf ist. Lerne du nun, vom Vater zum Sohn gezogen zu werden; der Vater lehre dich, höre sein Wort. Welches Wort, fragst du, soll ich von ihm hören? «Im Anfang war das Wort»; es wurde nicht geschaffen, sondern es «war bei Gott, und Gott war das Wort». Wie können wir fleischlichen Menschen ein solches Wort hören? Weil «das Wort Fleisch geworden ist und unter uns gewohnt hat» (Joh 1,1.14). [XXVI, 8]

Belehre uns über das Folgende: «Amen, amen, ich sage euch: Wer an mich glaubt, hat das ewige Leben.» Er wollte sich offenbaren, wie er sei, denn er konnte ganz knapp sagen: Wer an mich glaubt, hat mich. Denn Christus ist wirklich wahrer Gott und ewiges Leben. Wer also an mich glaubt, sagt er, geht in mich, und wer in mich geht, hat mich. Was aber heißt das: mich haben? Es heißt das ewige Leben haben. Das ewige Leben hat den Tod angenommen, das ewige Leben wollte sterben; aber in dem, was es von dir besaß, wollte es für dich sterben. Denn vom Menschen nahm es das Fleisch an, aber nicht wie es Menschen annehmen. Denn es hatte einen Vater im Himmel und erwählte eine Mutter auf Erden; dort ist es ohne Mutter, hier ohne Vater geboren. Das Leben nahm also den Tod an, damit das Leben den Tod tötete. Denn «wer an mich glaubt», sagt der Herr, «hat das ewige Leben», nicht, weil er leidet, sondern weil er es verbirgt. Das ewige Leben war «das Wort, das im Anfang bei Gott war, und Gott war das Wort, und das Leben war das Licht der Menschen» (Joh 1,4). Als ewiges Leben gab er auch dem angenommenen Fleisch ewiges Leben. Er kam, um zu sterben, aber am dritten Tag auferstand er. Zwischen dem Wort, das sowohl Fleisch annahm als auch auferstand, befand sich der Tod, der bezwungen wurde. [XXVI, 10]

«Dies ist das Brot, das vom Himmel herabkommt.» Dieses Brot wurde durch das Manna symbolisiert, dieses Brot bedeutete den Altar Gottes. Das waren sakramentale Zeichen, als die sie verschieden sind, in der Sache, die bezeichnet wird, sind sie gleich. Vernimm den Apostel: «Denn ich will euch, Brüder, nicht in Unkenntnis darüber lassen, dass unsere Väter alle unter der Wolke waren und alle durch das Meer zogen und alle auf Moses in der Wolke und im Meer getauft wurden und alle dieselbe geistige Speise aßen» (1 Kor 10,1-3). Geistig sicher dieselbe, materiell aber eine andere, weil jene Manna, wir etwas anderes essen, geistig aber die Speise identisch ist mit unserer. Aber nur unsere Väter, denen wir ähnlich sind, nicht deren Väter, denen jene ähnlich waren. Und der Apostel fügt hinzu: «Und alle tranken denselben geistigen Trank.» Jene etwas anderes als wir, aber nur der äußeren Erscheinung nach; in seiner geistigen Kraft war er identisch mit unserem. In welchem Sinn «denselben Trank»? «Sie tranken», sagt er, «aus einem geistigen Felsen, der ihnen folgte: Der Fels aber war Christus» (1 Kor 10,4). Daher kommen das Brot und der Trank. Der Fels war zeichenhaft Christus, der wahre Christus ist Wort und Fleisch. Und wie tranken sie? Der Fels wurde zweimal mit einem Stab geschlagen (vgl. Num 20,11); der zweifache Schlag bedeutet die beiden Balken des Kreuzes. «Dies» also «ist das Brot, das vom Himmel herabkommt, damit, wer davon isst, nicht sterbe.» Aber das bezieht sich auf die Kraft des Sakraments, nicht auf seine sichtbare Gestalt: nur wer innerlich, nicht äußerlich isst, nur wer mit dem Herzen isst, nicht wer mit den Zähnen zerdrückt[6]. [XXVI, 12]

«Ich bin das lebendige Brot, das vom Himmel herabgekommen ist.» Ich bin lebendig, weil ich vom Himmel herabgekommen bin. Vom Himmel kam auch das Manna, aber das Manna war ein Schattenbild, dieses Brot ist die Wahrheit. «Wer von diesem Brot isst, wird in Ewigkeit leben; und das Brot, das ich geben werde, ist mein Fleisch für das Leben der Welt.» Wann wird das Fleisch wohl begreifen, warum der Herr das Brot ‹Fleisch› nannte? Er nennt das Fleisch, was das Fleisch nicht begreift, und das Fleisch begreift es auch deshalb nicht, weil es Fleisch genannt wird. Davor schreckten sie nämlich zurück und meinten, das sei zu viel und könne nicht ge-

[6] Zur Bedeutung des Brotes im Alten und Neuen Bund vgl. zunächst T. Fries, a.a.O., 156: «Der geistlichen Nahrung des Volkes Israel in der Wüste entspricht im Neuen Bund die Eucharistie als geistliche Nahrung; beide Male ist Christus darin die ‹Wirklichkeit›, wenngleich er *in signo* (oder *in sacramento*) erscheint und nicht *in verbo et in carne*. Ferner Eckhard Nordhofen, Brot und Zeit und Philologie, in: Frankfurter Allgemeine Zeitung, 27. Mai 2015, 3. Das Brot dient also in erster Linie nicht, wie die Vater-unser Bitte um das tägliche Brot es nahelegen könnte, zur Sättigung, sondern ist, wie E. Nordhofen formuliert, Medium der Inkarnation, das den Käfig der Empirie sprengt und die Zeit besiegt.

schehen. «Es ist mein Fleisch», sagt er, «für das Leben der Welt.» Die Gläubigen kennen den Leib Christi, wenn sie nicht vernachlässigen, Leib Christi zu sein. Sie sollten Leib Christi werden, wenn sie aus dem Geist Christi leben wollen. Aus dem Geist Christi lebt nur der Leib Christi. Versteht ihr, Brüder, was ich gesagt habe? Du bist ein Mensch, hast einen Geist und einen Leib. Ich nenne Geist, was Seele heißt; durch sie steht fest, dass du ein Mensch bist, denn du bestehst aus Seele und Leib. Du hast also einen unsichtbaren Geist und einen sichtbaren Leib. Sage mir, welches ist das Lebensprinzip deines Seins: Lebt dein Geist von deinem Leib oder ist es umgekehrt? Jeder, der lebt, wird antworten können (wer es nicht kann, von dem weiß ich nicht, ob er lebt); was wird der antworten, der lebt? Sicher lebt mein Leib aus meinem Geist. Willst du auch aus dem Geist Christi leben? Dann musst du im Leib Christi sein. Lebt denn etwa mein Leib aus deinem Geist? Nein, mein Leib lebt aus meinem Geist und dein Leib aus deinem. Der Leib Christi kann nur aus dem Geist Christi leben. Das sagt uns der Apostel Paulus, wenn er von diesem Brot spricht: «Ein Brot, ein Leib sind wir viele» (1 Kor 10,17). Sakrament der Ehrfurcht, Zeichen der Einheit, Band der Liebe! Wer leben will, hat das, worin und das, woraus er leben soll. Er trete hinzu und glaube; er wird einverleibt, um lebendig zu werden. Er schrecke nicht zurück vor der Zusammenfügung der Glieder[7]; weder sei er ein dürres Glied, das entfernt werden muss, noch ein verrenktes, über das man sich schämen muss; er sei schön,

[7] Vgl. die Ausführungen zur Kirche in diesem Zusammenhang bei Angelo Scola, Das hochzeitliche Geheimnis, Johannes Verlag Einsiedeln, Freiburg 2006, 516.

tauglich, gesund; mit dem Leib fest verbunden lebe er für Gott von Gott; er mühe sich jetzt auf Erden, um dann im Himmel zu herrschen. [XXVI, 13]

«Denn mein Fleisch», sagt er, «ist wahrhaft eine Speise und mein Blut ist wahrhaft ein Trank.» Denn wonach die Menschen mittels Speise und Trank trachten, nämlich nicht zu hungern und zu dürsten, gewährt ihnen in Wahrheit nur diese Speise und nur dieser Trank, der die, welche davon kosten, unsterblich und unverweslich macht, das heißt zu einer Gemeinschaft der Heiligen, in der Friede und volle, ja vollkommene Einheit herrschen[8]. Wie es auch vor uns schon Männer Gottes erkannt haben[9], hat ja deshalb unser Herr Jesus Christus seinen Leib und sein Blut dahinein gegeben, so dass aus einer Vielheit eine Einheit wird. Denn das Brot wird aus vielen Körnern zu einem, der Wein fließt aus vielen Trauben zu einem zusammen. [XXVI, 17]

«Das ist das Brot, das vom Himmel herabgekommen ist», damit wir, indem wir es essen, leben, weil wir das ewige Leben aus uns selbst nicht haben können. «Nicht wie eure Väter, sagt er, das Manna gegessen haben und gestorben sind; wer dieses Brot isst, wird leben in Ewigkeit. «Dass also jene gestorben sind, will er so verstanden haben, dass jene nicht das ewige Leben haben. Wer Christus isst, stirbt auch – einen zeitlichen Tod, aber er lebt in Ewigkeit, denn Christus ist das ewige Leben. [XXVI, 20]

[8] Die Einheit, welche die Eucharistie bewirkt, versteht Augustinus als Synonym der Gemeinschaft der Heiligen; Vgl. auch Henri de Lubac, Glauben aus der Liebe, Johannes Verlag Einsiedeln, Freiburg 3. Auflage 1992, 105.

[9] So etwa Cyprian, Epistola 63 und 76.

Jesu Lehre

(…) Warum «ging der Herr gleichsam heimlich zum Fest hinauf»? Dieses Faktum ist nicht ohne Sinn. Mir scheint, Brüder, auch damit, dass er gleichsam heimlich hinaufging, habe er etwas andeuten wollen. Die Fortsetzung der Erzählung lehrt uns, er sei während des Festes, als es schon halb vorüber war, hinaufgegangen, um öffentlich lehren zu können. Aber «gleichsam heimlich», um sich den Menschen nicht zu zeigen. Es ist bedeutungsvoll, dass Christus heimlich zum Fest hinaufging, weil er sich selbst bei dem Fest verbarg. Auch was ich euch jetzt gesagt habe, ist noch verhüllt. Es wird offenbar, wenn der Schleier sich hebt und aufscheint, was geheim war. [XXVIII, 8]

Alles, was dem alten Volk Israel in den zahlreichen Schriften des heiligen Gesetzes gesagt wurde, die Vorschriften bei Opfern, priesterlichen Diensten, Festtagen und allem, womit die Juden Gott ehrten, die Summe ihres Kultes: all das war Schatten des Zukünftigen.[1] Welches Zukünftigen? Des Zukünftigen, das sich in Christus erfüllt.[2] Daher sagt der Apostel: «So viele Verhei-

[1] Dem «Schatten des Zukünftigen» kommt für Paulus auch eine Vorausbild-Beziehung zu; vgl. Henri de Lubac, Geist aus der Geschichte, Johannes Verlag, Einsiedeln 1968, 477f.; ders., Typologie – Allegorie – Geistiger Sinn, Johannes Verlag Einsiedeln, Freiburg 2. Auflage 2007, 50ff.

[2] Zu diesem Kontext schreibt Henri de Lubac, Glauben aus der Liebe, Johannes Verlag Einsiedeln, Freiburg 3. Auflage 1992, 157:

ßungen Gottes es gibt, in ihm ist das Ja» (2 Kor 1,20), das heißt, in ihm, Christus, sind sie erfüllt. Denn an anderer Stelle sagt er: «Alles widerfuhr ihnen im Vorausbild; geschrieben wurde es aber auch für uns, denen das Ende der Zeiten zugefallen ist» (1 Kor 10,11). Noch anderswo ergänzt er: «Das Ende des Gesetzes ist ja Christus» (Röm 10,4). Und weiterhin: «Niemand richte euch in Speise oder Trank oder wegen eines Festes, wegen Neumond oder Sabbat, was Schatten des Zukünftigen ist» (Kol 2,16). Wenn das alles Schatten des Zukünftigen war, dann auch das Laubhüttenfest. Suchen wir also zu verstehen, für welches Zukünftige dieses Fest ein Schatten war. Ich habe euch dargelegt, was das Laubhüttenfest war: Es war die Feier der Zelte, weil das Volk nach der Befreiung aus Ägypten während des Marsches durch die Wüste in das Land der Verheißung in Zelten wohnte. Erforschen wir die Bedeutung und was das für uns heißt, für uns, sage ich, die wir Glieder Christi sind, und wenn wir es sind, dann durch Gnade, nicht durch unser Verdienst. Schauen wir auf uns, Brüder: Wir sind aus Ägypten herausgeführt worden, wo wir dem Teufel wie dem Pharao dienten und entsprechend irdischem Verlangen Werke aus Lehm errichteten und daran hart arbeiteten. In der Tat hat uns Christus, als wir gleichsam Ziegelsteine gossen, zugerufen: «Kommt zu mir, alle die ihr mühselig und beladen seid» (Mt 11,28). Von dort wur-

«In dem Augenblick, da Christus stirbt und sein Werk vollendet hat, zerreißt der Vorhang des Tempels: ein Sinnbild, das so doppelsinnig ist wie die bedeutete Wirklichkeit selbst; denn es bezeichnet in einem den Untergang des jüdischen Kultes seinem Buchstaben nach und die Offenbarung des Geheimnisses, dessen Sinnbild dieser Kult gewesen war».

den wir durch die Taufe wie durch das Rote Meer[3] – rot, weil durch Christi Blut geheiligt, – herausgeführt und sind nach dem Tod all unserer Feinde, die uns nachstellten, also nach der Tilgung unserer Sünden, verwandelt worden. Bevor wir noch in das Land der Verheißung, ins ewige Reich kommen, leben wir in der Wüste in Zelten. Die sich dessen bewusst sind, sind in Zelten; es war zu erwarten, dass etliche das verstünden. Der lebt nämlich im Zelt, der sich als ein Fremdling dieser Welt versteht und sich nach der Heimat sehnt. Wenn aber der Leib Christi in Zelten lebt, ist Christus in Zelten. Aber damals nicht sichtbar, sondern verborgen. Denn bisher verdunkelte der Schatten das Licht; mit dem aufscheinenden Licht wich der Schatten. Christus war im Verborgenen; er war beim Laubhüttenfest, aber verborgen. Dass die Wahrheit schon offenbar geworden ist, erkennen wir daran, dass wir in der Einöde wandeln; denn erkennen wir das, sind wir in der Einöde. Was heißt in der Einöde? In der Wüste. Warum in der Wüste? Weil wir in der Welt sind, wo man wie auf einem wasserarmen Weg dürstet. Aber dürsten wir, damit wir gesättigt werden. Denn «selig, die hungern und dürsten

[3] Ernst Dassmann, Überlegungen zu Augustins Vorträgen über das Johannesevangelium, in: Trierer Theologische Zeitschrift 78 (1969), 257-282, spricht in diesem Zusammenhang von einer Eschatologisierung der Auslegung: Im Gegensatz zur patristischen Tradition, die Israel mit dem Durchzug durch das Rote Meer befreit sieht von der Knechtschaft des Todes und dieses alttestamentliche Ereignis als ein Vorausbild auf die Taufe deutet, «betont Augustinus den Vorläufigkeitscharakter des Sakraments» (278), das uns noch nicht im Land der Verheißung angekommen sein lässt. Wie Christus in der Verborgenheit des Fleisches beim Laubhüttenfest ist, so lebt der Christ noch «in der Wüste, im Zelt», bis er im Eschaton seine Vollendung erreicht.

nach der Gerechtigkeit, denn sie werden gesättigt werden» (Mt 5,6). Und unser Durst in der Einöde wird vom Felsen gelöscht: «Der Fels aber war Christus» (1 Kor 10,4), und der wurde mit dem Stab geschlagen, damit Wasser herauskomme. Damit es aber bleibe, wurde er zweimal geschlagen (vgl. Num 20,11), weil es die beiden Balken des Kreuzes gibt. All das, was als Vorbild geschah, offenbart sich an uns. Es ist nicht zufällig, dass der Evangelist vom Herrn sagt: «Er ging zum Fest hinauf, nicht öffentlich, sondern gleichsam im Verborgenen». Denn gerade das ‹im Verborgenen› war ein Vorbild, sofern Christus eben auf diesem Fest verborgen war, denn dieses Fest zeigte an, dass die Glieder Christi sich in der Fremde aufhalten müssen. [XXVIII, 9]

«Die Juden sagten nun: Wo ist er? Und es war viel Gerede über ihn in der Menge.» Warum gab es Gerede? Aus Rechthaberei. Worum ging es dabei? «Die einen sagten: Er ist gut, die anderen aber: Nein, er verführt das Volk.» Das sollten alle seine Diener verstehen: so wird auch jetzt gesprochen. Sobald einer mit irgendeiner geistigen Gnade beschenkt ist, sagen die einen: «Er ist gut», die anderen: «Nein, er verführt das Volk». Wie erklärt sich das? Weil «unser Leben mit Christus verborgen ist in Gott» (Kol 3,3). Daher kann man den Leuten im Winter sagen: Dieser Baum ist tot (...). «Jeder Baum nun, der keine Frucht bringt, wird umgehauen und ins Feuer geworfen» (Mt 3,10). Wächst du in Christus voran, kann man über dich sagen: «Er verführt das Volk». Von Christus, vom ganzen Leib Christi sagt man das. Vergiss nicht, dass der Leib Christi noch in der Welt, noch in der Dreschtenne ist, schau, wie er von der Spreu geschmäht wird. Gewiss werden sie zusammen gedroschen, aber die Spreu wird zerrieben, das Getreide gereinigt. Was man vom Herrn sagt, tröste jeden Christen, dem dasselbe gesagt wird. [XXVIII, 11]

«Als das Fest schon halb vorüber war», ging «der Herr zum Fest hinauf und lehrte. Und die Juden wunderten sich und fragten: «Wie versteht der die Schrift, da er sie nicht gelernt hat?» Er, der zunächst verborgen war, sprach und lehrte jetzt öffentlich, ohne dass jemand jetzt Hand an ihn legte. Dass er verborgen war, diente dazu, uns ein Beispiel zu geben, dass er jetzt lehrte, war ein Erweis seiner Macht. Aber darüber, dass er lehrte, «wunderten sich die Juden». (...) [XXIX, 2]

Was antwortete der Herr nun denen, die sich wunderten, wie er die Schrift verstehe, die er nicht gelernt hatte? Er sagte: «Meine Lehre stammt nicht von mir, sondern von dem, der mich gesandt hat». Dies ist eine erste tiefe Wahrheit, denn mit diesen wenigen Worten hat er gleichsam Gegensätzliches ausgesagt. Denn er sagt nicht: Diese Lehre stammt nicht von mir, sondern: «Meine Lehre stammt nicht von mir». Wenn nicht von dir, wie kann sie deine sein? Wenn es deine ist, wie kann sie nicht von dir sein? Du sagst beides: «Meine Lehre» und «nicht meine Lehre». Hätte er gesagt: Diese Lehre stammt nicht von mir, entstünde da keine Frage. Nun aber, Brüder, versucht zuerst die Frage zu verstehen, um dann zur Antwort vorzustoßen. Denn wer die vorgelegte Frage nicht sieht, wie kann er die Antwort verstehen? Das Problem besteht also in der scheinbar widersprüchlichen Frage: wie ist «meine Lehre nicht von mir»? Erinnern wir uns genau, was eben dieser heilige Evangelist zu Beginn seines Evangeliums sagt: «Am Anfang war das

Wort und das Wort war bei Gott und Gott war das Wort» (Joh 1,1), davon hängt die Lösung dieser Frage ab. Denn was ist die Lehre des Vaters, wenn nicht das Wort des Vaters? Christus selbst ist also, wenn er Wort Gottes ist, die Lehre des Vaters. Aber weil das Wort nicht von niemanden sein kann, sondern von jemandem stammt, nannte er seine Lehre sowohl von sich als auch nicht von sich, weil er das Wort des Vaters ist. Denn was stammt mehr von dir als du? Und was ist nicht so von dir wie du? Und was stammt weniger von dir als du, wenn das, was du bist, einem anderen gehört?[4] [XXIX, 3]

Haben wir verstanden, Gott sei Dank! Hat einer aber nicht vollkommen verstanden, hat er als Mensch getan, was er vermochte; was ihn übersteigt, muss er erhoffen. Außen können wir als Arbeiter pflanzen und begießen, aber an Gott ist es, Wachstum zu geben (vgl. 1 Kor 3,6). «Meine Lehre», sagt der Herr, «stammt nicht von mir, sondern von dem, der mich gesandt hat.» Wer sagt, er habe noch nicht verstanden, der nehme Christi Rat an. Nachdem dieser Großes und Tiefes gesagt hatte, sah der Herr durchaus selbst, dass nicht alle diese unerschöpfliche Unterweisung verstünden und gab folgerichtig einen Rat.

[4] Vgl. Hans Urs von Balthasar, Theologik II, Johannes Verlag Einsiedeln, Freiburg 2. Auflage 2010, 53. Henri de Lubac, Glauben, a.a.O., 295, weitet dieses augustinische Bekenntnis zum trinitarischen Gott noch etwas aus: «Aber als entfernter Nachhall des ewigen Wesens ahmt auch der erschaffene Geist etwas von seiner [Gottes] Struktur nach… und geübte Augen vermögen darin das Zeichen der schöpferischen Dreifaltigkeit erraten. Keine Person ist vereinzelt: jede empfängt für ihr eigenes Wesen von allem und soll von ihrem Wesen allen mitteilen.»

Willst du verstehen? Glaube! Denn Gott hat durch den Propheten gesagt: «Wenn ihr nicht glaubt, werdet ihr nicht verstehen» (Jes 7,9 nach LXX). Das betrifft auch das, was der Herr hier beifügte: «Wenn einer dessen Willen tun will, wird er erkennen, ob diese Lehre aus Gott ist oder ob ich aus mir selber rede». Was heißt das: «Wenn einer dessen Willen tun will»? Hatte ich doch gesagt: Wenn einer glaubt, und geraten: Hast du nicht verstanden, glaube, denn Verständnis ist der Lohn des Glaubens. Suche also nicht zu verstehen, um zu glauben, sondern glaube, um zu verstehen;[5] denn: «Wenn ihr nicht glaubt, werdet ihr nicht verstehen». Während ich euch also als eine Möglichkeit des Verstehens zum Glaubensgehorsam geraten und gesagt hatte, der Herr Jesus Christus habe im folgenden Satz den selben Rat gegeben, hören wir ihn nun sagen: «Wenn einer dessen Willen tun will, wird er hinsichtlich der Lehre erkennen». Was heißt erkennen? Verstehen! Und was: «Wenn einer dessen Willen tun will»? das heißt glauben. Dass «er wird erkennen» so viel bedeutet wie ‹er wird verstehen›, verstehen alle; dass aber das Wort: «Wenn einer dessen Willen tun will», dasselbe wie ‹glauben› heißt, dafür brauchen wir den Herrn, damit er uns zeige, ob zum Glauben wirklich das Tun des väterlichen Willens gehört. Wer weiß das nicht, dass das Tun des Willens Gottes heißt, sein Werk wirken, also tun was ihm gefällt? Der Herr selbst sagt anderswo klar: «Das ist das Werk Gottes, dass ihr an den glaubt, den er gesandt hat»

[5] Glaube und Verständnis oder Einsicht liegen untrennbar ineinander; noch Jahrhunderte später bekundet Nikolaus von Kues: «Der Glauben enthält alles Einsehbare in sich eingefaltet, die Einsicht aber ist die Ausfaltung des Glaubens».

(Joh 6,29). «Dass ihr an den glaubt», nicht: dass ihr ihm glaubt. Wenn ihr an ihn glaubt, glaubt ihr ihm; es glaubt aber nicht sofort an ihn, wer ihm glaubt, denn auch die Dämonen glaubten ihm und nicht an ihn.[6] Auch von seinen Aposteln können wir sagen: Wir glauben Paulus, aber nicht: Wir glauben an Paulus; wir glauben Petrus, aber nicht an Petrus.[7] Denn «der an den glaubt, der den Gottlosen gerecht macht, dem wird sein Glaube zur Gerechtigkeit angerechnet» (Röm 4,5). Was also heißt, an ihn glauben? Glaubend lieben, glaubend sich ihm schenken, glaubend in ihn eingehen, seinen Gliedern einverleibt werden.[8] Das also ist der Glaube, den Gott von uns verlangt, und er findet in uns das Verlangte nicht, wenn er es nicht selbst in uns hineinlegt. Welchen Glauben, wenn nicht diesen, dessen Wesen der Apostel so umschrieb: «Weder die Beschneidung noch die Vorhaut gilt etwas, sondern der Glaube, der durch die Liebe wirkt» (Gal 5,6). Nicht jeder beliebige Glaube, sondern «der Glaube, der durch die Liebe wirkt»[9].

[6] Vgl. H. de Lubac, Credo, Johannes Verlag, Einsiedeln, 1975, 101: Im Gefolge von Rufus und Pseudo-Maximus gibt es für Augustinus drei Arten von Glauben: credere Deum – credere Deo – credere in Deum. Erst der letztgenannte Glaubensakt, der die beiden ersten Weisen umfasst, «kennzeichnet den echten Glauben, der allein den Christen ausmacht.»

[7] H. de Lubac, Credo, a.a.O., 130 (Anm. 119) kommentiert: «Petrus spricht zu uns im Namen Christi; durch Petrus hindurch, dessen Zeugnis wir glauben, glauben wir Christus; er spricht zu uns im Namen Christi, nicht in eigenem Namen und Christus ist es, der von uns und vorerst von ihm ‹absoluten Gehorsam› verlangt». Vgl. auch XLIV, 3.

[8] Hans Urs von Balthasar, Schau der Gestalt, a.a.O., 185. Vgl. erneut: H. de Lubac, Credo, a.a.O., 241ff.

[9] An Gott glauben heißt also, «ihn durch den Glauben lieben (...), in ihn durch die Liebe eindringen, sich unter seine Glieder

Wenn dieser in dir ist, verstehst du die Lehre. Was wirst du denn verstehen? Dass diese «Lehre nicht von mir stammt, sondern von dem, der mich gesandt hat», das heißt, du wirst erkennen, dass Christus der Sohn Gottes und die Lehre des Vaters ist, nicht aus sich selbst, sondern er ist Sohn des Vaters. [XXIX, 6]

«Wer von sich selbst redet, sucht die eigene Ehre». Das ist jener, den man Antichrist nennt, «der sich», wie der Apostel sagt, «über alles hinwegsetzt, was Gott genannt und als heilig verehrt wird» (2 Thess 2,4). Der Herr kündigt den Juden mit diesen Worten den Antichrist an, der seine Ehre, nicht die des Vaters sucht: «Ich bin im Namen meines Vaters gekommen und ihr habt mich nicht angenommen; ein anderer wird in seinem Namen kommen, den werdet ihr annehmen» (Joh 5,43). Damit deutete er an, dass die Juden den Antichrist annehmen würden, der die Ehre seines eigenen Namens sucht und aufgeblasen, instabil und deshalb nicht standhaft ist, also sicher zu Fall kommt. Unser Herr Jesus Christus aber gab uns ein großes Beispiel der Demut. Er ist in der Tat dem Vater gleich: «Er war im Anfang das Wort, und das Wort war bei Gott, und Gott war das Wort» (Joh 1,1). Ganz offen hat er selbst gesagt: «Solange bin ich bei euch, und ihr habt mich nicht erkannt? Philippus, wer mich gesehen hat, hat auch den Vater gesehen» (Joh 14,9). Und weiterhin genau so offen: «Ich und der Vater sind eins» (Joh 10,30). Er ist mit dem Vater eins, dem Vater gleich, Gott von Gott, Gott bei Gott, gleich ewig, un-

einreihen. Diesen Glauben fordert Gott von uns; er findet ihn nur, nachdem er ihn gefordert hat, weil er ihn gegeben hat, um ihn hernach finden zu können.» Stefan Gilson, Der heilige Augustinus. Eine Einführung in seine Lehre, Hegner, Hellerau 1930, 66.

sterblich, ebenso unveränderlich, zeitlos, ebenso Schöpfer und Ordner aller Zeiten. Dennoch ist er in die Zeit gekommen, und hat Knechtsgestalt angenommen und wurde in der äußeren Erscheinung als ein Mensch erfunden (vgl. Phil 2,7): Er sucht die Ehre des Vaters, nicht die Seine. – Was musst du, Mensch, tun, der du deine Ehre suchst, sobald du etwas Gutes tust; sobald du aber etwas Böses tust, Gott anklagst? Bedenke, was du bist: Geschöpf bist du, anerkenne den Schöpfer; Knecht bist du, verachte nicht den Herrn; ein Kind Gottes bist du, aber nicht durch eigenes Verdienst. Suche die Ehre dessen, der dich an Kindes statt angenommen und dessen Ehre der von ihm Einziggeborene gesucht hat. «Wer aber die Ehre dessen sucht, der ihn gesandt hat, ist wahrhaftig, und Ungerechtigkeit ist nicht in ihm.» Im Antichrist aber ist Ungerechtigkeit, und er ist nicht wahrhaftig, weil er seine eigene Ehre sucht, nicht die Ehre dessen, der ihn gesandt hat, gesandt in dem Sinne, dass sein Kommen erlaubt ist. Wir alle, die wir zum Leib Christi gehören, dürfen nicht unsere Ehre suchen, um nicht den Fallstricken des Antichrists zu erliegen. Wenn aber der Herr die Ehre dessen gesucht, der ihn gesandt hat, um wieviel mehr müssen nicht wir dann die Ehre dessen suchen, der uns geschaffen hat. [XXIX, 8]

Der Streit über die Herkunft des Messias

Eure Liebe erinnert sich, dass in unseren letzten Predigten sowohl im Evangelium gelesen als auch von uns nach bestem Können erörtert wurde, dass der Herr Jesus gleichsam verborgen zum Fest hinaufzog; nicht weil er fürchtete, festgenommen zu werden, da es in seiner

Macht stand, nicht festgenommen zu werden, sondern um anzudeuten, er sei verborgen auch auf dem Fest, das die Juden feierten, und das sei sein Geheimnis. Im heutigen Evangelientext scheint die Macht auf, die für Furcht gehalten werden konnte; denn er redete öffentlich auf dem Fest, so dass die Volksscharen sich wunderten und sagten, wie wir bei der Lesung vernommen haben: «Ist das nicht der, den sie zu töten suchen? Und doch redet er öffentlich und sie erwidern ihm nichts; haben etwa die Obersten wirklich erkannt, dass dieser Christus ist?» Sie wussten, mit welcher Unerbittlichkeit er gesucht wurde und wunderten sich über seine Macht, die seine Festnahme wohl verhinderte. Weil sie von seiner Macht keine klare Vorstellung hatten, meinten sie, die Führer hätten in ihm Christus erkannt, deshalb schonten sie ihn jetzt, den sie um jeden Preis hatten töten wollen. [XXXI, 1]

So hört denn, Brüder, das Wort des Herrn, seht, wie er ihnen sowohl die eine Aussage bestätigte: «Von diesem wissen wir, woher er ist», als auch die andere: «Wenn Christus kommt, weiß niemand, woher er ist. Da rief Jesus, während er im Tempel lehrte: Ihr kennt mich und wisst, woher ich bin; doch bin ich nicht von mir aus gekommen, sondern wahrhaftig ist der, welcher mich gesandt hat, den ihr nicht kennt.» Damit will er sagen: Ihr kennt mich und kennt mich nicht; und: Ihr wisst, woher ich bin, und wisst es doch nicht. Woher ich bin, wisst ihr: Ich bin Jesus von Nazareth, dessen Eltern ihr auch kennt: Nur die Jungfrauengeburt war verborgen geblieben, deren Zeuge jedoch der Gatte war, nur er konnte das wahrheitsgemäß bestätigen, auch wenn er als Ehemann hätte neidisch sein können. Mit Ausnahme der Jungfrauengeburt wussten sie also alles über Jesus als Menschen: sein Aussehen, seine Vaterstadt, sein Geschlecht waren bekannt; man wusste, wo er geboren war. Mit Recht sagte er also: «Ihr kennt mich und wisst, woher ich bin», dem Fleisch und meiner menschlichen Gestalt nach. Nicht aber der Gottheit nach: «Ich bin nicht von mir aus gekommen, sondern wahrhaftig ist der, welcher mich gesandt hat, den ihr nicht kennt»; aber, damit ihr ihn kennt, glaubt an den, den er gesandt hat, und ihr werdet ihn kennen. Denn «niemand hat Gott jemals gesehen, außer dem eingeborenen Sohn, der an der Brust des Vaters ruht, der hat Kunde gebracht» (Joh 1,18) und: «Der Vater kennt nur der Sohn und wem der Sohn es offenbaren will» (Mt 11,27). [XXXI, 3]

Nachdem er gesagt hatte: «Aber wahrhaftig ist der, welcher mich gesandt hat, den ihr nicht kennt», wollte er ihnen zeigen, woher sie hätten wissen können, was sie nicht wussten: «Ich kenne ihn». Fragt also mich, um ihn zu kennen. Warum aber kenne ich ihn? «Weil ich von ihm bin und er mich gesandt hat.» Auf erhabene Weise offenbarte er beide Wahrheiten. «Von ihm», sagte der Herr, «bin ich», weil der Sohn vom Vater ist und was immer der Sohn ist, ist er von dem, dessen Sohn er ist. Deshalb sagen wir, der Herr Jesus ist Gott von Gott; vom Vater sagen wir nicht, er sei Gott von Gott, sondern nur Gott; ebenso sagen wir, dass der Herr Jesus Licht vom Licht ist, der Vater dagegen nur Licht. In diesem Sinn hatte er also gesagt: «Von ihm bin ich». Dass ihr mich aber im Fleisch seht, bezieht sich auf das Wort: «Er hat mich gesandt». Sobald du hörst: «Er hat mich gesandt», denke nicht an die Verschiedenheit der Natur, sondern an die Macht des Vaters als Zeugenden. [XXXI, 4]

«Da suchten sie ihn festzunehmen und niemand legte Hand an ihn, weil seine Stunde noch nicht gekommen war», das heißt, weil er es nicht wollte. Denn was heißt: «Seine Stunde war noch nicht gekommen»? Sicher ist der Herr nicht unter einem Fatum geboren. Nicht einmal von dir ist das anzunehmen, geschweige denn von dem, durch den du geschaffen wurdest. Wenn deine Stunde von seinem Willen abhängt, dann hängt seine Stunde noch viel mehr davon ab. Also bestimmte er nicht die Stunde, in der zu sterben er gezwungen sein würde, sondern die Stunde, in der getötet zu werden er sich würdigte. Er wartete auf die Zeit seines Todes, wie er auch auf die Zeit seiner Geburt wartete. Über diese Zeit sagt der Apostel: «Als aber die Fülle der Zeit kam, sandte Gott seinen Sohn» (Gal 4,4). Viele fragen: Warum kam Christus nicht früher? Denen muss geantwortet werden: Weil die Fülle der Zeit noch nicht gekommen war, nach der Voraussicht dessen, durch den die Zeiten geschaffen wurden; er wusste, wann er kommen sollte. Zuerst musste er über viele Zeiten- und Jahresfolgen vorhergesagt werden, denn nichts von geringer Bedeutung sollte da kommen: über lange Zeit musste der vorhergesagt werden, an dem dann immer festgehalten werden sollte. Umso bedeutender der Richter war, der kam, umso länger musste die Abfolge der vorausgehenden Herolde sein. Als schließlich die Fülle der Zeit kam, kam auch jener, uns von der Zeit zu befreien.[10] Befreit von der Zeit sollten wir zu jener Ewigkeit kommen, in der es keine Zeit gibt und wo man nicht sagt: Wann kommt die Stunde, denn der Tag ist

[10] Vgl. für diesen Zusammenhang die Ausführungen zum Thema «Zeit» bei Henri de Lubac, Glauben, a.a.O., 127.

ewig, und weder ein Gestern geht ihm voraus noch folgt ihm ein Morgen. (…) Groß war deshalb die Barmherzigkeit unseres Herrn Jesus Christus, der um unseretwillen in der Zeit geworden ist, durch den die Zeiten geworden sind; der wie alles geworden ist, durch den alles geworden ist (vgl. Joh 1,3). Denn er ist geworden, was er gemacht hatte: denn Mensch ist er geworden, der den Menschen erschaffen hatte, damit das Werk seiner Hände nicht zugrunde ginge. Gemäß seinem Heilsplan war die Stunde der Geburt schon gekommen und er war geboren, aber die Stunde des Leidens war noch nicht gekommen, deshalb litt er noch nicht. [XXXI, 5]

«Vom Volk aber glaubten viele an ihn.» Der Herr heilte die Demütigen und Armen. Die Vorsteher waren außer sich; deshalb anerkannten sie ihn nicht nur nicht als Arzt, sondern wollten ihn auch töten. Es gab zwar eine Schar, die schnell ihre Krankheit sah und in ihm sofort die Medizin dafür erkannte. Vernehmt, was sich das Volk unter dem Eindruck der Wunder fragte: «Wird etwa Christus, wenn er kommt, mehr Zeichen tun?» Da es gewiss auch keine zwei sein werden, ist es dieser. Die so redeten, glaubten also an ihn. [XXXI, 7]

Als die Hohenpriester vom Glauben der Menge erfuhren und hörten, dass Christus mit leiser Stimme verherrlicht wurde, «sandten sie Diener aus, um ihn festzunehmen». Wen aber sollten diese festnehmen? Den, der bis zur Stunde nicht wollte? Weil sie ihn gegen seinen Willen nicht festnehmen konnten, gingen sie, um seine Lehre zu hören. Was lehrte er? «Jesus sagte: Ich bin nur noch kurze Zeit bei euch.» Was ihr jetzt tun wollt, werdet ihr tun, aber nicht jetzt, weil ich jetzt es nicht will.

Warum will ich jetzt noch nicht? Weil «ich nur noch kurze Zeit bei euch bin und dann gehe ich zu dem, der mich gesandt hat». Ich muss meinen Auftrag erfüllen und so zu meinem Leiden gelangen. [XXXI, 8]

«Da sagten die Juden», nicht zu ihm, sondern «zueinander: Wohin will er gehen, dass wir ihn nicht finden werden? Will er etwa in die Diaspora der Heiden gehen und die Heiden lehren?» Denn sie wussten nicht, was sie sagten, aber weil er es wollte, weissagten sie. Der Herr beabsichtigte in der Tat zu den Heiden zu gehen, nicht leiblich, aber dennoch mit seinen Füßen. Welches waren seine Füße? Die, welche Saulus in der Verfolgung niedertreten wollte, als das Haupt vom Himmel ihm zurief: «Saulus, Saulus, warum verfolgst du mich?» (Apg 9,4). «Was bedeutet dieses Wort, das er sprach: Ihr werdet mich suchen und nicht finden; und wo ich bin, dahin könnt ihr nicht gelangen?» Die Juden wussten nicht, warum der Herr das sagte, und doch weissagten sie unwissend Zukünftiges. Der Herr sagte das nämlich, weil sie den Ort nicht kannten, sofern man Ort zum Schoß des Vaters sagen darf, von dem der eingeborene Sohn sich niemals entfernte, und weil sie unfähig waren sich vorzustellen, wo Christus war, von wo Christus sich nie entfernt hatte, wohin Christus zurückgekommen wäre, wo Christus seine bleibende Wohnstätte hatte. Kann ein menschliches Herz das ersinnen und erst recht eine Zunge das erklären? Das also verstanden sie in keiner Weise, und dennoch sagten sie bei dieser Gelegenheit unser Heil voraus, dass der Herr in die Diaspora der Heiden gehen und erfüllen würde, was sie lasen, ohne es zu verstehen: «Ein Volk, das ich nicht kannte, diente mir, im Vernehmen des Ohres gehorchte es mir» (Ps 17,45). Jene vernahmen das nicht, was sie vor ihren Augen hatten, während diese vernahmen, dass in ihren Ohren sein Wort ertönte. [XXXI, 10]

Ein Bild für die aus den Heiden kommende Kirche verkörperte schon die Frau, die an Blutfluss litt: sie berührte den Herrn und wurde von ihm nicht gesehen; sie war ihm unbekannt und wurde geheilt. Sicher hat es symbolische Bedeutung, dass der Herr fragte: «Wer hat mich berührt?» (Lk 8,45). Als gleichsam Unwissender heilte er eine Unwissende; so machte er es auch bei den Heiden. Wir haben ihn nicht im Fleisch kennen gelernt und wurden doch gewürdigt, sein Fleisch zu essen und Glieder seines Leibes zu sein. Warum? Weil er jemanden zu uns gesandt hat. Wer war das? Seine Herolde, seine Jünger, seine Diener, seine von ihm erschaffenen, als seine Brüder Erlösten: noch immer sage ich zu wenig: Er hat seine Glieder gesandt, er hat sich selbst gesandt; er sandte ja seine Glieder zu uns und machte uns zu seinen Gliedern. Christus war dennoch nicht bei uns seiner leibchen Gestalt nach, welche die Juden sahen und verachteten, weil über ihn geschrieben steht, wie der Apostel bemerkt: «Denn ich sagte, Christus sei Diener der Beschneidung gewesen, um der Wahrheit Gottes willen, zur Bestätigung der Verheißungen der Väter» (Röm 15,8). Zu den Juden musste er kommen, denen es von Geschlecht zu Geschlecht verheißen worden war. Deshalb sagte er auch selbst: «Ich bin nur gesandt zu den verlorenen Schafen Israels» (Mt 15,24). (...) [XXXI, 11]

Die Verheißung des Heiligen Geistes

Inmitten der Meinungsverschiedenheiten und Zweifel, welche die Juden über den Herrn Jesus Christus hatten, zwischen allem anderen, wodurch die einen verwirrt, die anderen belehrt werden sollten, «am letzten Tag (jenes) Festes», das damals gefeiert wurde und Laubhüttenfest, also Zeltbau heißt, von dem wir schon – eure Liebe erinnert sich – früher gesprochen haben, ruft der Herr Jesus Christus nicht im Gesprächston, sondern laut aus: wer dürste, komme zu ihm. Dürsten wir also, so kommen wir zu ihm, nicht mit den Füßen, sondern mit der Neigung der Liebe wollen wir kommen, obwohl mit dem inneren Menschen auch der Liebende hinzieht. Das eine ist, mit dem Leib sich bewegen, das andere mit dem Herzen: Mit dem Leib bewegt sich, wer physisch den Ort wechselt, mit dem Herzen bewegt sich, wer durch eine entsprechende Regung die eigenen Neigungen ändert. Liebtest du etwas und liebst jetzt etwas anderes, bist du nicht mehr da, wo du zuvor warst. [XXXII, 1]

(...) Was der Herr sagt: «Wenn einer dürstet, komme er zu mir und trinke» und «Wer an mich glaubt, aus dessen Leib werden Ströme lebendigen Wassers fließen», das hat der Evangelist richtig ausgelegt: «Das aber sagte er vom Geist, den die an ihn Glaubenden empfangen sollten. Denn der heilige Geist war noch nicht da, weil Jesus noch nicht verherrlicht war.» Es ist also ein innerer Durst und ein innerer Leib, weil der innere Mensch diese Bedürfnisse hat. [XXXII, 2]

Der Herr ruft uns also, damit wir kommen und trinken, wenn wir innerlich dürsten; und er versichert uns, wenn wir trinken, flössen Ströme lebendigen Wassers aus unserem Schoß. Der Schoß des inneren Menschen ist das Gewissen seines Herzens. Beim Verkosten dieser Ströme erwacht das gereinigte Gewissen und kann dann aus seiner Quelle schöpfen; es wird selbst eine Quelle sein. Was ist diese Quelle, dieser Fluss, der aus dem Schoß des inneren Menschen fließt? Es ist das Wohlwollen, mit dem man für seinen Mitmenschen sorgen will[11]. Denn wenn einer meint, was er trinkt, sei nur für ihn, fließt kein lebendiges Wasser aus seinem Schoß, eilt er aber, für seinen Mitmenschen zu sorgen, vertrocknet die Quelle nicht, denn sie fließt. Jetzt wollen wir schauen, was die an den Herrn Glaubenden trinken, weil wir ja sicher Christen sind und, sofern wir glauben, trinken sollen. Und jeder einzelne muss sich dessen bewusst sein, wenn er trinkt und von dem lebt, was er trinkt, denn die Quelle lässt uns nicht im Stich, wenn wir sie nicht im Stich lassen. [XXXII, 4]

(…) Wen aber nennt der Herr den Geist, wenn nicht den Heiligen Geist? (…) Wenn wir den Geist Gottes empfangen haben, lernen wir, was er in Gott vollbringt, nicht alles zwar, weil wir nicht die Fülle des Geistes empfangen haben. Vom Unterpfand seiner Liebe, das wir empfangen haben und dessen Fülle uns später verliehen wird, wissen wir vieles. Inzwischen tröste uns das Unterpfand auf unserer Pilgerschaft, denn der sich gewürdigt

[11] Im Kapitel «Flumina de ventre Christi» stellt Hugo Rahner, Symbole der Kirche. Die Ekklesiologie der Väter, Verlag Otto Müller, Salzburg 1964, 175ff., die patristische Auslegung von Joh 7,37.38 vor. In der Nachfolge von Hilarius deutet Augustinus die Ströme aus dem Inneren des Menschen als die Liebe zum Nächsten; vgl. besonders 199.

hat, uns dieses Pfand seiner Liebe zu geben, ist bereit, uns vieles zu verleihen. Wenn schon das Unterpfand so beschaffen ist, wie muss dann erst die Fülle dessen sein, wofür das Unterpfand steht? [XXXII, 5]

Was aber heißen die Worte: «Denn noch war der Geist nicht gegeben, weil Jesus noch nicht verherrlicht war»? Der Sinn ist klar: Das soll nicht heißen, dass der Geist Gottes, der bei Gott war, noch nicht da war, aber er war noch nicht in denen, die an Jesus geglaubt hatten. So behielt der Herr Jesus es sich vor, den Geist, von dem wir sprechen, ihnen erst nach seiner Auferstehung zu geben und das nicht ohne Grund. Vielleicht wird er, wenn wir nach dem Grund suchen, uns helfen, damit wir finden, und wenn wir anklopfen, wird er uns öffnen, damit wir eintreten. Die Liebe, nicht die Hand, klopft an, obgleich auch die Hand anklopft, wenn sie von den Werken der Barmherzigkeit nicht ablässt. Aus welchem Grund entschied also der Herr, den Heiligen Geist erst nach seiner Verherrlichung zu verleihen? Bevor wir die Frage so gut wir können beantworten, muss zuerst ein anderes Problem gelöst werden, das jemanden in Unruhe versetzen könnte: Wie kann man sagen, dass der Geist in heiligen Menschen noch nicht gegenwärtig war, wenn doch im Evangelium steht, Simeon habe den neugeborenen Herrn im Heiligen Geist erkannt und auch Anna, die Witwe und Prophetin (vgl. Lk 2,25ff.); selbst Johannes, der ihn taufte (vgl. Joh 1,26ff.); Zacharius, erfüllt vom Heiligen Geist, hat vieles verkündet (vgl. Lk 1,67ff.), und auch Maria empfing den Heiligen Geist, um den Herrn aufzunehmen (Lk 1,35). Wir haben also viele Anzeichen für die Gegenwart des Heiligen Geistes, bevor der Herr in der Auferstehung seines Fleisches verherrlicht wurde. Auch die Propheten, die das Kommen Christi verkündeten, hatten sicher keinen anderen Geist. Aber ein gewisses Maß dieser Geistfülle sollte anders als früher vorhanden sein: davon wird hier gesprochen. Denn nirgends lesen wir vor der Auferstehung, dass Menschen zusammengekommen waren und nach dem Empfang des Heiligen Geistes in den Sprachen aller Völker redeten. Aber nach seiner Auferstehung, als der Herr zum ersten Mal seinen Jüngern erschien, sprach er zu ihnen: «Empfangt den Heiligen Geist». In Bezug darauf schreibt der Evangelist: «Noch war der Geist nicht gegeben, weil Jesus noch nicht verherrlicht war. Und er hauchte sie in ihr Angesicht» (Joh 20,22), er, der mit seinem Atem den ersten Menschen zum Leben erweckte und aus der Erde hob, durch den Hauch die Glieder des Leibes beseelte (vgl. Gen 2,7). Mit dem Hauchen in ihr Angesicht deutete er an, dass er sie aus dem Schmutz erheben und von ihren schmutzigen Werken befreien wolle. Dann erst, nach seiner Auferstehung, die der Evangelist Verherrlichung nennt, gab der Herr seinen Jüngern den Heiligen Geist. Nachdem er dann vierzig Tage bei ihnen verweilt hatte, wie die Apostelgeschichte schreibt, fuhr er vor ihren Augen in den Himmel auf, wie sie als Augenzeugen berichteten (vgl. Apg 1,3.9). Nach zehn Tagen, am Pfingsttag, sandte er von oben her den Heiligen Geist. Nachdem sie an einem Ort vereint ihn empfangen hatten, redeten sie, erfüllt von ihm, in den Sprachen aller Völker (Apg 2,1-6). [XXXII, 6]

Nun aber, Brüder, soll man meinen, weil der in Christus Getaufte und an Christus Glaubende nicht in den Sprachen aller Völker spricht, er habe den Heiligen Geist nicht empfangen? Weit gefehlt, dass solch ein Unglaube unser Herz versuche. Wir sind sicher, dass jeder Mensch ihn empfängt, aber entsprechend dem Gefäß seines Glaubens, das er zur Quelle bringt. Weil man ihn auch jetzt empfängt, kann einer sich fragen: Warum redet niemand in den Sprachen aller Völker? Weil jetzt die Kirche selbst in den Sprachen aller Völker redet. Zuvor war die Kirche nur in einem Volk gegenwärtig, mit dem sie in den Sprachen aller redete. Das Sprechen in den Sprachen aller verwies auf die Zukunft, in der sie durch die Völker wachsend in den Sprachen aller reden werde. Wer nicht in dieser Kirche ist, empfängt auch den Heiligen Geist noch nicht[12]. Denn abgeschnitten und getrennt von der Einheit der Glieder, welche als Einheit in den Sprachen aller redet, verzichtet er auf sie und hat den Heiligen Geist nicht. Denn hat er ihn, gebe er uns den Beweis, der damals gegeben wurde. Worin besteht dieser Beweis? Er rede in allen Sprachen. Er antwortet mir: Was denn, redest du etwa in allen Sprachen? Gewiss antworte ich, weil jede Sprache meine ist, sofern sie die Sprache des Leibes ist, dessen Glied ich bin. Die unter alle Völker zerstreute Kirche redet in allen Sprachen; die Kirche ist der Leib Christi und du bist ein Glied in diesem Leib. Bist du ein Glied des Leibes, der in allen Sprachen redet, glaube, dass auch du in allen Sprachen redest. Die Einheit der Glieder ist vollkommen in der Liebe, und eben diese Einheit redet, wie wenn damals ein einziger Mensch redete. [XXXII, 7]

[12] So erneut zitiert bei Thomas von Aquin, Summa Theologica Quaestiones II II 176,1 und im Kommentar von Hans Urs von Balthasar, Thomas und die Charismatik, Johannes Verlag Einsiedeln, Freiburg 1996, bes. 506.

Auch wir empfangen also den Heiligen Geist, wenn wir die Kirche lieben, wenn wir durch Liebe verbunden sind und wenn wir uns an unserem katholischen Glauben freuen. So lasst uns denn glauben, Brüder! Denn in dem Maße, als einer die Kirche liebt, in dem Maße hat er den Heiligen Geist. Denn der Geist ist, wie der Apostel sagt, «zur Offenbarung» verliehen. Um welche Offenbarung handelt es sich? Wie derselbe Apostel sagt: «Dem einen wird durch den Geist die Rede der Weisheit geschenkt, dem anderen die Rede der Erkenntnis nach demselben Geist, einem anderen die Gabe der Heilungen in dem einen Geist, wieder einem anderen das Wirken von Wundern in demselben Geist» (1 Kor 12,7-10). Viele Gaben werden nämlich zur Offenbarung verliehen, aber vielleicht hast du keine dieser Gaben. Wenn du liebst, hast du nicht nichts, denn wenn du die Einheit liebst, dann gehört auch dir, was einem anderen gehört[13]. Wenn du von deinem Neid ablässt, dann ist dein, was ich habe: und wenn auch ich von meinem Neid ablasse, dann ist auch das Deinige mein. Neid trennt, Heilung verbindet. Das Auge sieht allein im Körper, aber sieht das Auge etwa nur für sich allein? Nein, auch für die Hand, den Fuß und die übrigen Glieder sieht es, denn kommt ein Schlag auf den Fuß zu, wendet sich das Auge nicht teilnahmslos von ihm ab. Die Hand arbeitet wiederum am Körper, aber arbeitet sie etwa nur für sich allein? Nein, sie arbeitet auch für das Auge, denn kommt ein Schlag, der nicht auf die Hand, sondern ins Gesicht geht, sagt dann etwa die

[13] Für die Gläubigen, die von der Liebe Christi leben, bedeutet das Wohl eines jeden Menschen das Wohl aller. Vgl. auch Henri de Lubac, Glauben, a.a.O.,72.

Hand: Ich rühre mich nicht, denn er betrifft mich nicht? Ebenso dient der Fuß beim Gehen allen Gliedern; die anderen Glieder schweigen, wenn die Zunge für alle redet. Wir haben also den Heiligen Geist, wenn wir die Kirche lieben, und wir lieben sie, wenn wir in ihrer Einheit und Liebe bleiben. Denn nach den Ausführungen über die verschiedenen Gaben, die verschiedenen Menschen verliehen werden, wie die Dienste der einzelnen Glieder, fügte der Apostel hinzu: «Nun will ich euch noch darüber hinaus einen Weg zeigen» (1 Kor 12,31), und er begann von der Liebe zu sprechen. Er zog sie den Sprachen der Menschen und Engel vor, ebenso den Wundern des Glaubens, der Erkenntnis und Weissagung, auch den großen Werken der Barmherzigkeit, wonach einer seinen Besitz an die Armen austeilt; zuletzt auch der Hingabe des eigenen Leibes: all diesen großen Taten zog er die Liebe vor. Wenn du sie hast, wirst du alles haben, ohne sie wird dir alles, was du haben kannst, nichts nützen. Weil aber die Liebe, von der wir reden, dem Heiligen Geist gehört – denn im Evangelium wird jetzt die Frage nach dem Heiligen Geist erörtert –, vernimm das Wort des Apostels: «Die Liebe Gottes ist ausgegossen in unseren Herzen durch den Heiligen Geist, der uns geschenkt ist» (Röm 5,5). [XXXII, 8]

Warum nun wollte der Herr den Geist, dessen große Gaben in uns sind, weil die Liebe Gottes durch ihn in unseren Herzen ausgegossen ist (vgl. Röm 5,5), erst nach seiner Auferstehung verleihen? Was deutete er damit an? Dass bei unserer Auferstehung unsere Liebe brenne und sich von der Liebe zur Welt löse und ganz zu Gott eile. Denn in dieser Welt, wo wir geboren werden und sterben, kann man sich nicht festhalten. In der Liebe, mit der wir Gott lieben, sollen wir auswandern, in der Liebe schon im Himmel wohnen. Auf der Pilgerschaft unseres Lebens sollen wir nichts anderes bedenken, als dass wir hier keine feste Wohnstatt haben und uns durch ein rechtschaffenes Leben einen Ort bereiten, den wir niemals mehr verlassen werden. Denn nachdem unser Herr Jesus Christus auferstanden ist, «stirbt er nicht mehr; der Tod hat», wie der Apostel sagt, «keine Gewalt mehr über ihn» (Röm 6,9). Das ist es, was wir lieben sollen. Wenn wir leben, wenn wir an den glauben, der auferstanden ist, wird er uns anderes verleihen, als was Menschen ohne Liebe für Gott auf Erden schätzen, oder was sie um so mehr schätzen, je weniger sie Gott lieben; je weniger sie aber Irdisches schätzen, desto mehr lieben sie ihn. Aber schauen wir, was er uns verheißen hat: nicht irdischen und zeitlichen Reichtum, keine Ehre und Macht in dieser Welt, denn ihr seht, all das wird auch schlechten Menschen zugestanden, damit es von den Guten nicht zu hochgeschätzt werde. Schließlich auch keine Gesundheit des Leibes, nicht, weil er sie nicht verleiht, sondern weil er sie, wie ihr seht, auch dem Vieh zuspricht. Kein langes Leben, denn kann man etwas lang nennen, was einmal endet? Nicht als etwas Großes versprach er uns Glaubenden ein langes Leben oder ein extremes Greisenalter, was sich alle wünschen, bevor es kommt, aber alle murren, wenn es gekommen ist. Keine leibliche Schönheit, welche entweder durch Krankheit oder Alter zerstört wird. Man will schön und man will alt sein; diese beiden Wünsche lassen sich nicht vereinbaren: Wenn du alt bist, bist du nicht mehr schön; kommt das Alter, verschwindet die Schönheit; die Frische der Schönheit und das Seufzen des Alters können nicht beisammen in einem Menschen wohnen. All das hat der uns nicht verheißen, welcher gesagt hat: «Wer an mich glaubt, komme und trinke, und aus seinem Inneren werden Ströme lebendigen Wassers fließen.» Ewiges Leben verhieß er uns dort, wo wir nichts zu befürchten brauchen, nicht verwirrt werden, nicht auswandern müssen, nicht sterben, wo wir weder die beweinen müssen, die uns voraus gegangen sind, noch danach verlangen, dass sie durch andere ersetzt werden. Da das die Verheißung ist, die er uns gab, die wir ihn lieben und in der Liebe des Heiligen Geistes glühen, deshalb wollte er den Heiligen Geist nicht vor seiner Verherrlichung verleihen, um an seinem Leib das Leben zu offenbaren, das wir jetzt noch nicht haben, aber bei unserer Auferstehung erhoffen. [XXXII, 9]

Die Ehebrecherin

Nun seht, wie die Feinde des Herrn seine Milde versuchten. «Es brachten aber die Schriftgelehrten und Pharisäer eine Frau herbei, die beim Ehebruch ertappt worden war, stellten sie in die Mitte und sprachen zu ihm: Meister, diese Frau ist eben beim Ehebruch ertappt worden. Im Gesetz aber hat Mose uns befohlen, eine solche zu steinigen. Was sagst du nun? Dies aber sagten sie, um ihn zu versuchen, damit sie ihn anklagen könnten.» Warum wollten sie ihn anklagen? (...) Die Juden bemerkten seine große Milde und seine überreiche Güte, hatte doch schon der Prophet vorhergesagt: «Umgürte mit deinem Schwert deine Hüfte, du Held! In Pracht und Prunk fahre dahin und herrsche für die Sache der Wahrheit, Milde und Gerechtigkeit» (Ps 44,4f.). Als

Lehrer brachte er Wahrheit, als Befreier Milde und als Richter Gerechtigkeit. Deshalb werde er im Heiligen Geist herrschen, hatte der Prophet Jesaia verkündet (vgl. Jes 11). Während er redete, wurde die Wahrheit in seinen Worten erkannt und wenn er gegen die Feinde nicht zürnte, konnte man nur seine Milde loben. Da nun wegen dieser beiden Tugenden, der Wahrhaftigkeit und der Milde, seine Feinde unter Neid und Eifersucht litten, stellten sie ihm hinsichtlich seiner dritten Qualität, der Gerechtigkeit, eine Falle. Inwiefern? Weil das Gesetz befahl, Ehebrecher zu steinigen, und sicher konnte es nichts Ungerechtes vorschreiben; etwas anderes sagen als das Gesetz befahl, bedeutete, sich der Ungerechtigkeit schuldig machen. Sie sagten also bei sich: Man hält ihn für wahrhaftig, man sieht ihn milde; in Bezug auf die Gerechtigkeit suchen wir Streit mit ihm. Zeigen wir ihm eine beim Ehebruch ertappte Frau, sagen wir ihm, was das Gesetz vorschreibt: Gebietet auch er ihre Steinigung, ist er nicht milde, stimmt er für ihre Entlassung, hält er die Gerechtigkeit nicht aufrecht. Damit er aber, sagten sie, seine Milde nicht verliere, die ihn in den Augen der Leute bereits liebenswürdig gemacht hat, wird er zweifellos sagen, man solle die Frau entlassen. Das ist für uns eine gute Gelegenheit ihn anzuklagen und ihn der Gesetzesübertretung für schuldig zu erklären, indem wir ihm sagen: Du bist ein Feind des Gesetzes, du entscheidest gegen Mose, ja sogar gegen den, der uns durch Mose das Gesetz gegeben hat; du bist des Todes schuldig, du musst mit der Ehebrecherin gesteinigt werden. Durch solche Worte und Urteile könnten sie Neid erregen, die Anklage vorbringen und das Urteil fällen. Aber gegen wen richtete sich dieser Kampf? Die Niederträchtigkeit gegen die Aufrichtigkeit, die Falschheit gegen die

Wahrheit, das sündhafte gegen das aufrichtige Herz, die Torheit gegen die Weisheit. Wann konnten sie ihm jemals eine Falle stellen, in die sie nicht als erste selbst hineinfielen? Wir sehen, der Herr wird bei seiner Antwort sowohl die Gerechtigkeit wahren als auch die Milde nicht verlieren. Anstatt ihn mit der Falle zu fangen, wurden sie als erste gefangen, weil sie an den nicht glaubten, der sie aus den Fallstricken befreien konnte. [XXXIII, 4]

Was antwortete ihnen der Herr Jesus? Was antwortete die Wahrheit, die Weisheit und die Gerechtigkeit, gegen die eine Verleumdung vorgebracht wurde? Er sagte ihnen nicht: Steinigt sie nicht, damit er nicht scheinbar gegen das Gesetz spreche. Aber er bewahrte sich auch davor zu sagen: Sie soll gesteinigt werden, denn er kam nicht, zu vernichten, was er gefunden hatte, sondern um zu suchen, was verloren war (vgl. Lk 19,10). Welche Antwort gab er ihnen also? Seht, wie sehr sie Gerechtigkeit, aber auch Milde und Wahrhaftigkeit widerspiegelte! «Wer von euch ohne Sünde ist, werfe zuerst einen Stein auf sie.» Welche Weisheit in dieser Antwort! Wie hat er die Pharisäer und Schriftgelehrten an ihren Platz zurückgestellt! Denn nach außen hin stellten sie Verleumdungen gegen die Frau auf, ihr eigenes Innere erforschten sie nicht, sie waren auf die Ehebrecherin fixiert, sich selbst nehmen sie nicht wahr. Die Übertreter des Gesetzes verlangten die Erfüllung des Gesetzes und zwar verleumderisch, nicht wahrhaftig, als würden sie den Ehebruch aufgrund ihrer eigenen Keuschheit verdammen. Ihr habt gehört, Juden, Pharisäer, Gesetzeslehrer, ihr habt den Wächter des Gesetzes gehört, aber euren Gesetzgeber habt ihr noch nicht verstanden. Was anderes deutet er euch an, wenn er mit dem Finger auf die Erde schreibt? Mit dem Finger Gottes ist das Gesetz geschrieben worden, aber wegen der Härte des Volkes Israel wurde es auf Stein geschrieben (vgl. Ex 31,18). Jetzt schrieb der Herr auf die Erde, weil er eine Frucht zu ernten suchte. Denn ihr habt gehört: Das Gesetz sollte erfüllt und die Ehebrecherin gesteinigt werden; aber soll etwa das Gesetz an jener zu Strafenden von denen erfüllt werden, die selbst Strafe verdienen? Jeder von euch betrachte sich selbst, gehe in sich, setze sich auf den Richterstuhl seiner Einsicht, vor sein Gewissen und zwinge sich zum Bekenntnis seines eigenen Unrechts, denn er weiß, wer er ist, und kein Mensch weiß, was im Menschen ist, als nur der Geist des Menschen, der in ihm ist (vgl. 1 Kor 2,11). Jeder der auf sich sieht, findet sich im Zustand der Sünde – das ist so. Also entweder entlasst ihr diese oder ihr nehmt mit ihr zusammen die Strafe des Gesetzes auf euch. Wenn der Herr sagt, die Ehebrecherin soll nicht gesteinigt werden, wäre er der Ungerechtigkeit überführt; sagte er, sie soll gesteinigt werden, widerspräche das seiner Milde; um mild und gerecht zu bleiben, sagte er also, was er sagen soll: «Wer von euch ohne Sünde ist, werfe zuerst einen Stein auf sie». Das ist die Stimme der wahren Gerechtigkeit: Die Sünderin werde bestraft, aber nicht von Sündern; das Gesetz werde erfüllt, aber nicht von seinen Übertretern. Das ist ganz und gar die Stimme der Gerechtigkeit; von ihr wie von einem harten Geschoss getroffen betrachteten die Juden sich selbst, fanden sich schuldig und «gingen alle, einer nach dem anderen weg». Nur zwei blieben zurück: die des Erbarmens Würdige und die Barmherzigkeit. Als aber der Herr seine Feinde mit dem Geschoss der Gerechtigkeit getroffen hatte, würdigte er sich nicht, auf die Gefallenen zu achten, sondern mit abgewandtem Blick «schrieb er wieder mit dem Finger auf die Erde». [XXXIII, 5]

Nachdem die Juden weggegangen waren, richtete Jesus, allein mit der Frau, seinen Blick auf sie. Wir haben die Stimme der Gerechtigkeit vernommen, vernehmen wir jetzt die Milde. Denn mehr noch, glaube ich, war die Frau erschrocken, als sie vom Herrn das Wort vernahm: «Wer von euch ohne Sünde ist, werfe zuerst einen Stein auf sie.» Sobald jene in sich gegangen waren und durch ihren Weggang ihre Schuld bekannten, war die Frau mit ihrer großen Sünde mit dem allein, der ohne Sünde war. Da sie ihn hatte sagen hören: «Wer von euch ohne Sünde ist, werfe zuerst einen Stein auf sie», erwartete auch sie eine Strafe von dem, in dem man keine Sünde finden konnte. Er aber, der seine Gegner mit Worten der Gerechtigkeit abgewiesen hatte, blickte voll Milde auf sie und fragte: «Hat dich niemand verurteilt? Sie antwortete: Herr, niemand». Darauf erwiderte er: «Auch ich verurteile dich nicht». Weil du in mir keine Sünde gefunden hast, hast du wahrscheinlich deine Verurteilung gefürchtet, aber «auch ich verurteile dich nicht». Wie, Herr? Du bejahst also die Sünde? Nein, er bejaht sie sicher nicht, denn achte auf das folgende: «Geh, sündige von jetzt an nicht mehr». Auch der Herr hat also eine Verurteilung ausgesprochen, aber der Sünde, nicht des Menschen. Denn hätte er seine Zustimmung zur Sünde gegeben, hätte er gesagt: Auch ich verurteile dich nicht, geh, lebe wie du willst; sei meiner Nachsicht sicher; wann immer du sündigst, ich werde dich von aller Strafe, auch von der Hölle und den Qualen der Unterwelt befreien. Das aber sagte der Herr nicht. [XXXIII, 6]

Falsche Hoffnung und Verzweiflung, zwei gegensätzliche Stimmungen, können den Menschen bedrohen. Wer wird Opfer einer falschen Hoffnung? Der sagt: Gott ist gut, Gott ist barmherzig, ich will tun, was mir gefällt und beliebt; ich lockere meinen Leidenschaften die Zügel, ich will die Sehnsüchte meiner Seele erfüllen. Warum? Weil Gott barmherzig, gütig und milde ist. Man kann daran zugrunde gehen, selbst wenn man hofft. Mit der Verzweiflung ist es dasselbe: ist der Mensch in schwere Sünde gefallen und meint, trotz seiner Reue könne ihm nicht vergeben werden und er sei zweifellos für die Verdammnis bestimmt, dann sagt er mit der Überzeugung der dem Schwert geweihten Gladiatoren bei sich: Ich gehöre schon zu den Verdammten, warum soll ich nicht tun, was ich will? Deshalb sind die Verzweifelten gefährlich, denn es gibt nichts, was sie fürchten und sind doch sehr zu fürchten. Verzweiflung tötet die einen, falsche Hoffnung die anderen. Ihr Geist schwankt zwischen Hoffnung und Verzweiflung. Du musst fürchten, dass die Hoffnung dich tötet und, sofern du alles von der Barmherzigkeit erhoffst, ins Gericht kommst; umgekehrt musst du fürchten, dass die Verzweiflung dich tötet, und in der Meinung, deine schweren Vergehen würden dir nicht vergeben, tust du keine Buße und gerätst an den Richter, die Weisheit, welche sagt: «Ich will über euer Verderben lachen» (Spr 1,16). Was tut also der Herr mit denen, die von diesen beiden Krankheiten bedroht sind? Zu jenem, die von falscher Hoffnung bedroht ist, sagt er: «Zögere nicht, dich zum Herrn zu bekehren und verschiebe es nicht von Tag zu Tag, denn plötzlich wird sein Zorn kommen und wird zur Zeit der Rache dich verderben» (Jes Sir 5,7f.). Was sagt er zu dem, der von Verzweiflung bedroht ist? «An dem Tag, an dem der

Gottlose sich bekehrt, werde ich alle seine Missetaten vergessen» (Ez 18,21.22.27). Denen, die von Verzweiflung bedroht sind, bietet er den Hafen der Nachsicht an; denen, die von falscher Hoffnung besessen sind und sich über den verbleibenden Aufschub täuschen, macht er den Tag des Todes unsicher. Du weißt nicht, wann der letzte Tag kommt. Bist du unsicher, weil du den heutigen Tag nicht nutzt, um dich zu bessern? In diesem Sinn sagt der Herr auf diese Frau hin: «Auch ich verurteile dich nicht», aber nimm dich wegen deiner vergangenen Taten vor der Zukunft in Acht. «Auch ich verurteile dich nicht»; ich habe getilgt, was du verschuldest hast, beachte, was ich befohlen, damit du erhältst, was ich verheißen habe. [XXXIII, 8]

Das Licht der Welt

Wenn der Herr sagt, «Ich bin das Licht der Welt», ist denen, glaube ich, welche Augen haben, klar, woher sie Anteil an diesem Licht haben; die aber nur leibliche Augen haben, staunen, dass der Herr Jesus Christus gesagt hat: «Ich bin das Licht der Welt». Vielleicht findet sich sehr wohl einer, der bei sich sagt: Ist etwa Christus, der Herr, die Sonne, die mit ihren Aufgang und Untergang den Tag bestimmt? Denn es fehlten keineswegs Häretiker, die das meinten. Die Manichäer waren der Auffassung, dass die mit den leiblichen Augen nicht nur für die Menschen, sondern auch für die Tiere sichtbare Sonne Christus der Herr sei. Aber der rechte Glaube der katholischen Kirche missbilligt solch eine Idee und erkennt darin eine Lehre des Teufels. Sie weiß das nicht nur im Glauben, sondern widerlegt sie auch wissenschaftlich mit Hilfe derer, die es können. Missbilligen wir also einen solchen Irrtum, den die heilige Kirche von Anfang an verurteilt hat. Wir dürfen nicht meinen, der Herr, Jesus Christus sei diese Sonne, die wir im Osten aufgehen und im Westen untergehen sehen, auf dessen Lauf die Nacht folgt, deren Strahlen durch Wolken verdunkelt werden, die mit bestimmten Bewegungen von Ort zu Ort wandert – das ist nicht Christus, der Herr. Christus, der Herr, ist nicht die geschaffene Sonne, sondern die Sonne ist durch ihn geworden. Denn «alles ist durch ihn geworden und ohne ihn ist nichts geworden» (Joh 1,3). [XXXIV, 2]

Die Juden antworteten ihm: «Du legst über dich selbst Zeugnis ab, dein Zeugnis ist nicht wahr». Schauen wir, welche Antwort sie bekommen, hören auch wir, aber nicht wie sie: sie in Verachtung, wir im Glauben, jene mit dem Willen, Christus zu töten, wir mit dem Wunsch, durch Christus zu leben. Mit diesen unterschiedlichen Fähigkeiten unserer Ohren und unserer Gesinnung vernehmen wir die Antwort des Herrn an die Juden: «Jesus antwortete und sprach zu ihnen: Auch wenn ich über mich Zeugnis ablege, ist mein Zeugnis wahr, weil ich weiß, woher ich gekommen bin und wohin ich gehe.» Das Licht zeigt sowohl auf anderes als auch auf sich selbst. Du zündest eine Lampe an, um zum Beispiel einen Rock zu suchen, und die brennende Lampe hilft dir, den Rock zu finden; zündest du etwa eine andere Lampe an, um die brennende Lampe zu suchen? Nein, denn die brennende Lampe offenbart deinen Augen sowohl in der Dunkelheit verborgene Dinge als auch sich selbst. So schied auch Christus, der Herr, zwischen seinen Gläubigen und den feindlichen Juden wie zwischen Licht und Finsternis, zwischen denen, die er beleuchtete und mit dem Lichtstrahl des Glaubens durchdrang und jenen, welche die Augen geschlossen hielten. Denn auch unsere Sonne erleuchtet sowohl das Gesicht der Sehenden als auch das Antlitz des Blinden; wenn beide dastehen und das Gesicht zur Sonne hinwenden, werden sie im Fleisch erleuchtet, aber nicht beide sehen mehr: der eine sieht, der andere nicht, für beide ist die Sonne da, aber für einen ist die scheinende Sonne nicht da. So ist auch die Weisheit Gottes, das Wort Gottes überall gegenwärtig, denn überall ist Wahrheit, überall Weisheit. (…) Das Licht legt also von sich selbst Zeugnis ab; es öffnet die gesunden Augen und zeugt für sich selbst, damit es wahrgenommen werde. Aber was sagen wir den Ungläubigen? Ist es für sie etwa nicht da? Es ist auch für sie da, aber sie haben nicht die Augen des Herzens, mit denen sie es sehen könnten. Vernimm in Bezug auf sie das Wort des Evangeliums: «Und das Licht leuchtete in der Finsternis und die Finsternis hat es nicht ergriffen» (Joh 1,5). Der Herr spricht und er sagt die Wahrheit: «Auch wenn ich von mir selbst Zeugnis ablege, ist mein Zeugnis wahr, weil ich weiß, woher ich gekommen bin und wohin ich gehe». Damit wollte er sich auf den Vater beziehen; der Sohn verherrlichte den Vater. Der eines Wesens mit ihm ist, verherrlicht den, von dem er gesandt ist. Wie viel mehr muss dann der Mensch den verherrlichen, von dem er erschaffen wurde? [XXXV, 4]

Der Blindgeborene

(...) Kurz will ich euch auch das Geheimnis des erleuchteten Blinden darlegen. Was freilich unser Herr Jesus Christus an Staunenswertem und Wunderbarem vollbracht hat, sind sowohl Werke als auch Worte; Werke, weil sie wirklich vollbracht wurden, Worte, weil sie eine Bedeutung haben. Erwägen wir nämlich, was dieses Ereignis bedeutet, so erkennen wir in diesem Blinden das ganze Menschengeschlecht: Diese Blindheit breitete sich durch die Sünde im ersten Menschen aus, von dem wir alle den Ursprung nicht nur des Todes, sondern auch der Sünde erhalten haben. Wenn nämlich Blindheit Unglaube und Erleuchtung Glaube bedeutet, wen fand dann Christus bei seinem Kommen gläubig? Selbst der Apostel, der aus der Sippe der Propheten stammte, bestätigt das: «Auch wir waren von Natur Kinder des Zorns wie die anderen auch» (Eph 2,3). Wenn wir «Kinder des Zorns» waren, dann Kinder der Rache, der Strafe, der Verdammnis. In welchem Sinn «von Natur», wenn nicht durch die Sünde des ersten Menschen die Schuld seine Natur infiziert hat? Hat die Schuld die Natur infiziert, wird der Mensch dem Geist nach als ein Blinder geboren. Denn sähe er, bräuchte er keinen Führer, braucht er aber jemanden, der ihn führt und erleuchtet, ist er von Geburt aus blind. [XLIV, 1]

Der Herr kam, und was tat er? Er vertraute uns ein großes Geheimnis an. «Er spie auf die Erde» und machte einen Teig aus seinem Speichel[1], denn das Wort ist Fleisch

[1] Das Wort, der Speichel aus dem Haupt des Vaters, vermischte sich mit dem Teig unserer Natur; der Blinde ist also mit dem Ge-

geworden (vgl. Joh 1,14). Mit dem Teig salbte er die Augen des Blinden. Der war gesalbt, sah aber noch nicht. Der Herr schickte ihn zum Teich, der Siloe heißt. Es lag dem Evangelisten daran, für uns den Namen des Teiches zu erklären. «Das heißt übersetzt: Gesandter.» Ihr wisst schon, wer der Gesandte ist: wäre Christus nicht gesandt worden, wäre keiner von uns von der Sünde losgekauft worden. Der Blinde wusch also die Augen in dem Teich, dessen Name bedeutet: ‹Gesandter›, das heißt, er wurde in Christus getauft. Wenn er ihn also gewissermaßen in sich selbst taufte und erleuchtete, hat er ihn, als er ihm die Augen salbte, zum Katechumenen gemacht. Sicher kann man die Tiefe eines so großen Geheimnisses noch auf verschiedene Weise auslegen und durchdenken, doch eurer Liebe genüge, dass ihr ein großes Geheimnis vernommen habt. Fragst du jemanden: Bist du Christ?, antwortet er dir ‹nein›, wenn er Heide oder Jude ist. Sagt er aber ‹ja›, dann frage ihn weiter: Bist du ein Katechumene oder ein Gläubiger? Antwortet er, dass er ein Katechumene sei, sind seine Augen gesalbt, aber noch nicht gewaschen. Aber woher sind sie gesalbt? Frage es ihn und er sagt es dir; frage ihn weiter, an wen er glaube; er, der Katechumene, wird dir antworten: ‹an Christus›. Ihr seht, ich spreche sowohl für die Gläubigen wie für die Katechumenen. Was habe ich über den Speichel und den Teig gesagt? Dass das Wort Fleisch geworden ist. Das vernehmen auch die Katechumenen, aber dass sie gesalbt werden, reicht nicht; sie sollen zum Bad eilen, wenn sie das Licht suchen[2]. [XLIV, 2]

salbten gesalbt, er hat diese Salbe auf seinen blinden Augen (vgl. F. van der Meer, a.a.O., 419; 520).

[2] Man vergegenwärtige sich die historische Situation: Um das Jahr 400 war die Institution des Katechumenats heruntergekommen.

Was sagt uns der Herr dann? «Ich muss die Werke dessen wirken, der mich gesandt hat.» Siehe, er ist der Gesandte, in dem der Blinde sich sein Gesicht wusch. Habt acht auf seine Worte: «Ich muss die Werke dessen wirken, der mich gesandt hat, solange es Tag ist». Bemerkt, wie er die ganze Herrlichkeit dem zuschreibt, von dem er stammt; weil jener einen Sohn hat, der von ihm stammt, während jener seine Abstammung niemandem schuldet. Aber warum, Herr, hast du gesagt: «solange es Tag ist»? Vernimm den Grund. «Es kommt die Nacht, da niemand wirken kann.» Auch du nicht, Herr? Wird jene Nacht wirklich so dunkel sein, dass du, der Schöpfer der Nacht, in ihr nicht wirken kannst? Ich denke, Herr Jesus, ja, ich denke nicht, sondern ich glaube und bin sicher, dass du gegenwärtig warst, als Gott sprach: «Es werde Licht, und es ward Licht» (Gen 1,3). Denn was durch das Wort wurde, wurde durch dich, und deshalb steht geschrieben: «Alles ist durch es geworden, und ohne es ist nichts geworden» (Joh 1,3). «Gott schied zwischen Licht und Finsternis; das Licht nannte er Tag und die Finsternis nannte er Nacht» (Gen 1,4f.). [XLIV, 4]

«Als er das gesagt hatte, spie er auf die Erde, machte einen Teig aus dem Speichel und strich den Teig auf

Die Katechumenen waren wohl dem Namen nach Christen, scheuten sich aber, weitere Katechesen zu besuchen, die ihnen den Zugang zur Taufe ermöglicht hätten. Wie Augustins Beschreibung der Heilung des Blindgeborenen zeigt, muss auf die Salbung immer auch die Waschung folgen, die vollständige Öffnung der Augen, die den Menschen das wahre Licht erkennen lässt, das in die Welt kam, um jeden Menschen zu erleuchten. Die Waschung der Augen ist eine Zeichenhandlung für die Taufe, welche die alte Kirche «Erleuchtung» nennt; Christus trägt in das dunkle menschliche Dasein sein Licht hinein und spendet so Leben (vgl. F. van der Meer, a.a.O., 418f.).

seine Augen und sagte zu ihm: Geh und wasch dich im Teich Siloe (das heißt übersetzt Gesandter). Er ging also hin und wusch sich und kam sehend zurück.» Da das klar ist, können wir weitergehen. [XLIV, 7]

«Da sagten die Nachbarn und die, welche ihn früher als Bettler gesehen hatten: Ist das nicht der, welcher da saß und bettelte? Die einen sagten: Er ist es; andere: Keinesfalls, aber er sieht ihm ähnlich.» Die geöffneten Augen haben sein Gesicht verändert. «Jener sagte: Ich bin es.» Das spricht er mit dankbarer Stimme, damit er nicht als undankbar angesehen werde. «Da fragten sie ihn: Wie sind deine Augen geöffnet worden? Er antwortete: Jener Mann, der Jesus heißt, machte einen Teig und salbte meine Augen und sagte zu mir: Geh zum Teich Siloe und wasche dich. Und ich ging hin, wusch mich und sah.» Seht, er ist ein Verkünder der Gnade geworden; er verkündet das Evangelium, sehend bekennt er den Glauben. Durch das Bekenntnis des Blinden wurde das Herz der Gottlosen gebrochen, die in ihrem Herzen nicht das hatten, was jener schon auf seinem Antlitz trug. «Sie sagten zu ihm: Wo ist der, welcher dir die Augen geöffnet hat? Er antwortete: Ich weiß es nicht.» Diese Worte beweisen, dass sein Geist noch einem Gesalbten, nicht einem schon Sehenden gleicht. Brüder, wie wenn er diese Salbung in seinem Geist vollzogen hätte. Er verkündigt Christus und weiß nicht, wen er verkündigt. [XLIV, 8]

«Die Pharisäer beschimpften ihn und sagten: Du bist sein Jünger.» Eine solche Beschimpfung komme über uns und unsere Kinder. Denn eine Beschimpfung ist, wenn du herzlos bist und deine Worte nicht erwägst. «Wir aber sind des Moses Jünger; wir wissen, dass Gott zu Moses gesprochen hat; von diesem aber wissen wir nicht, woher er ist.» Wenn ihr wirklich wüsstet, «dass Gott zu Moses gesprochen hat»; wüsstet ihr auch, dass durch Moses Gott[3] verkündet wurde. Denn ihr kennt das Wort des Herrn: «Wenn ihr dem Moses glauben würdet, würdet ihr auch mir glauben, denn von mir hat er geschrieben» (Joh 5,46). Folgt ihr auf diese Weise nicht dem Knecht und wendet dem Herrn den Rücken zu? Aber in Wirklichkeit folgt ihr auch nicht dem Knecht, sonst würdet ihr durch ihn zum Herrn geführt. [XLIV, 12]

«Jener Mann antwortete ihnen: In diesem Fall ist es verwunderlich, dass ihr nicht wisst, woher er ist, und Gott hat meine Augen geöffnet. Wir wissen aber, dass Gott die Sünder nicht erhört. Aber wenn einer gottesfürchtig ist und seinen Willen tut, den erhört er.» Bis jetzt spricht der Mann als Gesalbter, denn Gott erhört auch die Sünder.[4] Denn erhörte Gott die Sünder nicht, würde jener Zöllner umsonst mit den Worten an seine Brust schlagen mit gesenktem Blick: «Herr, sei mir Sünder gnädig» (Lk 18,13). Auch dieses Bekenntnis des Zöllners verdiente eine Rechtfertigung wie jener Blinde die Erleuchtung: «Von Ewigkeit hat man nicht gehört, dass

[3] Die italienische Übersetzung ist schon hier ganz eindeutig: «Se davvero sapeste che a Mosè ha parlato Dio, sapreste che per mezzo di Mosè è stato annunziato il Signore». Im lateinischen Text steht zunächst, Moses habe Gott verkündet; erst im darauffolgenden Satz wird Joh 5,46 zitiert.

[4] Vgl. den Zusammenhang bei Thomas von Aquin, Summa Theologica Quaestio II II 176, 2,1; Hans Urs von Balthasar, Thomas und die Charismatik, a.a.O., 532. Das Bittgebet vermag alles vor Gott.

jemand einem Blindgeborenen die Augen geöffnet hat. Wenn dieser nicht von Gott wäre, könnte er solches nicht tun.» Er spricht freimütig, bestimmt und wahr. Denn die Werke, die vom Herrn vollbracht wurden, von wem sollten sie geschehen, wenn nicht von Gott? Oder wann hätten die Jünger solche Werke vollbringen können, wenn der Herr nicht in ihnen gewesen wäre? [XLIV, 13]

«Sie antworteten und sprachen zu ihm: Du bist ganz in Sünden geboren.» Was heißt das, «ganz»? Es heißt, mit geschlossenen Augen. Aber der die Augen geöffnet und das Antlitz erleuchtet hat, heilt auch die ganze Person und wird bei der Auferstehung das Stehen zu seiner Rechten verleihen. «Du bist ganz in Sünden geboren und belehrst uns? Und sie stießen ihn hinaus.» Sie haben ihn zu ihrem Lehrer gemacht, sie haben ihn, um zu lernen, viel gefragt, und jetzt, da er lehrte, stießen die Undankbaren den Lehrer hinaus. [XLIV, 14]

Aber, wie ich schon gesagt habe, Brüder, jene verstoßen ihn, und der Herr nimmt ihn auf, denn jener ist Christ geworden, weil er ausgestoßen wurde. «Jesus hörte, dass sie ihn ausgestoßen hatten, und als er ihn traf, sagte er zu ihm: Glaubst du an den Sohn Gottes?» Jetzt wäscht er ihm das Gesicht des Herzens. «Jener antwortete und sagte», noch wie ein Gesalbter: «Wer ist es, Herr, damit ich an ihn glaube? Und Jesus sprach zu ihm: Du hast ihn gesehen, und der mit dir redet, der ist es.» Christus wurde vom Vater gesandt, und dieser Blinde wusch sein Gesicht im Siloe, das heißt übersetzt Gesandter. Nachdem schließlich das Gesicht des Herzens gewaschen und das Gewissen gereinigt war, erkannte er ihn nicht nur als den Menschensohn, an den er schon zuvor geglaubt hatte, sondern als den Sohn Gottes, der Fleisch angenommen hatte; er sagte: «Ich glaube, Herr». Das ist schnell gesagt: «Ich glaube»; willst du sehen, wie er glaubt? «Er fiel vor ihm nieder und betete ihn an.» (XLIV, 15)

Der gute Hirte

«Amen, amen, ich sage euch, wer nicht durch die Türe zum Schafstall eingeht, sondern anderswo einsteigt, der ist ein Dieb und ein Räuber» (Joh 10,1). Die Pharisäer sagten nämlich, sie seien nicht blind; aber um zu sehen, hätten sie Schafe Christi sein müssen. Woher nahmen die sich das Licht, die so gegen den Tag erbost waren? Als Antwort auf ihre eitle, stolze und unheilbare Anmaßung sprach der Herr Jesus Worte, die für uns eine heilsame Ermahnung sind. Es gibt ja viele[1], die nach einem gewissen üblichen Maßstab dieses Lebens als gute Menschen bezeichnet werden, brave Männer, brave Frauen, ohne Schuld, die sozusagen das im Gesetz Befohlene beobachten: ihren Eltern Ehre erweisen, nicht ehebrechen, nicht morden, nicht stehlen, gegen niemanden falsches Zeugnis ablegen und die übrigen Gesetzesgebote gleichsam halten, aber nicht Christen sind, und gewöhnlich brüsten sie sich wie die Pharisäer: «Sind etwa auch wir blind?» (Joh 9,40). Weil aber all ihr Tun vergeblich ist und sie nicht wissen, auf welches letzte Ziel sie es ausrichten sollen, hat uns der Herr in der heuti-

[1] Für die folgenden Übersetzungen der Abschnitte XLV 2-5 vgl. Das Antlitz der Kirche, a.a.O., [232] 297f.

gen Lesung ein Gleichnis vorgelegt, das sich auf die Herde und die Tür bezieht, durch welche man in den Schafstall eintritt. Sagen also die Heiden: ‹Wir führen ein gutes Leben›, gehen aber nicht durch die Türe ein, was nützt ihnen, dessen sie sich rühmen? Denn dazu soll einem das gute Leben frommen, dass ihm das ewige Leben verliehen werde, denn wem das ewige Leben versagt wird, was frommt einem solchen das gute Leben? Aber wie kann von gutem Leben die Rede sein bei solchen, die das Ziel des guten Lebens entweder aus Blindheit nicht kennen oder aus Dünkel verachten? Keiner aber hat wahre und sichere Hoffnung auf ewiges Leben, der das Leben, das Christus ist, nicht anerkennt und nicht durch die Türe in den Schafstall eingeht. [XLV, 2]

Nun pflegen solche Menschen auch andere zu bereden, dass sie gut leben können, ohne dazu das Christentum zu benötigen. Sie wollen anderswo einsteigen, rauben und töten, und nicht, wie der Hirt, bewahren und retten. So gab es Philosophen, die vielerlei über Tugenden und Laster tiefschürfend erörterten, einteilten, abgrenzten, die scharfsinnigsten Schlüsse zogen, Buch um Buch füllten, ihre Weisheit hochtönend anpriesen und sich nicht scheuten, den Leuten zu sagen: Folgt uns nach, schließt euch unserer Schule an, wenn ihr selig zu leben begehrt. Aber sie waren nicht durch die Türe hineingegangen: Verderben wollten sie, schlachten und töten. [XLV, 3]

Was soll ich von diesen sagen? Sieh, auch die Pharisäer lasen die Schriften und ließen den Namen Christi ertönen, erhofften den Kommenden, und erkannten den Gekommenen nicht; auch sie rühmten sich als Sehende, will sagen, als Wissende, und sie leugneten Christus und gingen nicht ein durch die Tür. Auch sie also, wenn anders sie welche verführten, verführten sie, um sie zu schlachten und zu töten, nicht um sie zu befreien. Lassen wir diese beiseite; wenden wir uns jenen zu, die sich des Namens Christi rühmen: ob vielleicht sie durch die Türe eingehen. [XLV, 4]

Unzählige nämlich gibt es, die sich nicht nur als Sehende brüsten, sondern als von Christus Erleuchtete betrachtet sein wollen, aber Häretiker sind. Sind sie vielleicht durch die Tür eingegangen? Mitnichten! (...) Auch (der Häretiker Arius) geht nicht durch die Tür ein, denn er predigt den Christus, den er sich selber zurechtgemacht hat, nicht den, der die Wahrheit verkündet. Den Namen hast du, die Sache nicht. Christus ist der Name für eine Sache: Halte dich an die Sache, wenn du willst, dass der Name dir nütze (...). Haltet dies eine fest: Der Schafstall Christi ist die katholische Kirche. Wer immer zum Schafstall eintreten will, trete ein durch die Tür, verkünde den wahren Christus. Und nicht nur verkünden soll er den wahren Christus, sondern auch Christi Ehre suchen, nicht die seine; denn viele haben, indem sie ihre eigene Ehre suchten, die Schafe Christi mehr zersprengt als gesammelt. Demütig und niedrig ist nämlich die Türe, Christus, der Herr: Wer durch die Türe eintreten will, muss sich ducken, um heilen Hauptes eintreten zu können. Wer sich nicht demütigen will, sich vielmehr erhebt, will über die Mauer klettern: wer aber über die Mauer klettert, steigt empor, um zu fallen. [XLV, 5]

Seien wir nun bereit, die Auslegung des Gleichnisses aus dem Mund des Herrn zu hören, der es uns erzählt hat.

«Jesus sprach wiederum zu ihnen: Amen, amen, ich sage euch: Ich bin die Tür zu den Schafen.» Seht, gerade die Tür, die er verschlossen gehalten hatte, hat er geöffnet. Er selbst ist die Türe. Das haben wir erkannt, wir treten ein oder freuen uns, eingetreten zu sein. «Alle, die auch immer gekommen sind, sind Diebe und Räuber.» Was willst du damit sagen, Herr: «Alle, die auch immer gekommen sind»? Bist du nicht auch gekommen? Aber begreife: «Alle, die auch immer gekommen sind», habe ich gesagt, doch außer mir. Überlegen wir also nochmals: Vor ihm sind die Propheten gekommen, sind sie etwa Diebe und Räuber? Mitnichten! Sie sind nicht vor ihm, weil sie mit ihm gekommen sind.[2] Vor seinem Kommen sandte er Boten aus, und er besaß die Herzen dieser Gesandten. Seid ihr euch dessen bewusst, dass sie mit dem, der schon immer ist, gekommen sind? Fleisch nahm er in der Zeit an. Was heißt also ‹schon immer›? «Am Anfang war das Wort» (Joh 1,1). Mit ihm, mit dem Wort Gottes sind sie also gekommen. «Ich bin», hat er gesagt, «der Weg, die Wahrheit und das Leben» (Joh 14,6). Ist er selbst die Wahrheit, so sind mit ihm die gekommen, die wahrhaftig gewesen sind. Die dagegen von draußen gekommen sind, sind «Diebe und Räuber», also sind sie zum Stehlen und Töten gekommen. [XLV, 8]

«Der Herr kennt die Seinigen» (2 Tim 2,19)[3]. Sie sind seine Schafe. Zuweilen kennen sie sich selber nicht; der Hirte aber kennt sie, auf Grund jener Vorherbestimmung, jenes Vorherwissens Gottes, jener Gnadenwahl

[2] XLV, 10 heißt es: «Durch die Propheten ertönte die Stimme des Hirten.»

[3] Das Antlitz der Kirche, a.a.O., [257] 327f.

der Schafe vor Grundlegung der Welt, denn auch das sagt der Apostel: «Wie er uns in ihm auserwählte vor Grundlegung der Welt» (Eph 1,4). Nach diesem Vorherwissen, dieser Vorherbestimmung Gottes: wie viele Schafe sind da nicht draußen, wie viele Wölfe drinnen! Und wie viele Schafe drinnen, wie viele Wölfe draußen! Was ist's, dass ich sage, wie viele Schafe draußen? Wie viele leben jetzt in Unzucht, die einst keusch sein werden; wie viele lästern Christus, die an Christus glauben werden; wie viele berauschen sich, die nüchtern sein werden; wie viele stehlen fremdes Eigentum, die das Ihre verschenken werden! Dennoch hören sie jetzt eine fremde Stimme, folgen sie Fremden. Wie viele wiederum loben drinnen, die lästern werden; sind keusch, die unzüchtig sein werden; sind nüchtern, die sich im Wein begraben werden; stehen, die fallen werden! Sie sind nicht Schafe. (Von den Vorherbestimmten sprechen wir, von denen, die der Herr als die Seinigen kennt.) Und doch, solange diese in der rechten Weise denken, hören sie die Stimme Christi. Seht: diese hören, und jene nicht: und doch sind nach der Vorherbestimmung diese nicht Schafe, jene aber sind Schafe. [XLV, 12]

Treten wir also ein durch die Tür, als die der Herr sich selbst ausgelegt hat, treten wir ein zu dem, was er dargelegt, aber nicht ausgelegt hatte. Im Abschnitt des heute verlesenen Evangeliums hat er zwar nicht gesagt, wer der Hirte ist, aber mit den folgenden Worten sagt er ganz deutlich: «Ich bin der gute Hirte.» Und auch wenn er das nicht sagte, wen könnten wir sonst in diesen Worten vernehmen: «Wer durch die Tür eintritt, ist der Hirt der Schafe. Dem öffnet der Türhüter, und die Schafe hören seine Stimme, und die eigenen Schafe ruft er mit

Namen und führt sie heraus. Und wenn er die eigenen Schafe herausgelassen hat, geht er vor ihnen her, und die Schafe folgen ihm, weil sie seine Stimme kennen»? Denn wer sonst ruft die eigenen Schafe mit Namen und führt sie heraus zum ewigen Leben, wenn nicht der, welcher die Namen der Vorherbestimmten kennt? Daher sagt er zu seinen Jüngern: «Freut euch, weil eure Namen im Himmel aufgeschrieben sind» (Lk 10,20); deshalb ruft er sie mit Namen. Und wer sonst lässt sie heraus, wenn nicht der, welcher ihre Sünden vergibt, damit sie, frei von harten Banden, ihm folgen können? Und wer ging ihnen voraus, wohin sie ihm folgen sollten, wenn nicht der, welcher, auferstanden von dem Tod, nicht mehr stirbt und über den der Tod keine Gewalt mehr hat (vgl. Röm 6,9)? Als er hier sichtbar im Fleisch war, sagte er: «Vater, ich will, dass auch die, welche du mir gegeben hast, mit mir sind, wo ich bin» (Joh 17,24). In Übereinstimmung dazu sagt er: «Ich bin die Tür; wer durch mich hineingeht, wird gerettet werden, und er wird ein- und ausgehen und Weide finden.» Mit dieser Erklärung zeigt er eindeutig, dass nicht nur der Hirte, sondern auch die Schafe durch die Tür eintreten. [XLV, 14]

(...) Vielleicht müssen wir annehmen, dass der Herr selbst der Türhüter ist. In menschlicher Beziehung passen zwar der Hirte und die Tür weniger gut zueinander als der Türhüter und die Tür, doch hat sich der Herr sowohl als Hirte als auch als Tür bezeichnet. Warum ihn also nicht auch als Türhüter ansehen? Im eigentlichen Sinn ist Christus, der Herr, weder so ein Hirte, wie wir Hirten gewöhnlich kennen und sehen, noch eine Tür, da ihn kein Zimmermann gemacht hat. Im übertragenen

Sinn ist er sowohl Tür als auch Hirte, und ich wage zu sagen: auch Schaf. Das Schaf steht allerdings unter dem Hirten; dennoch ist der Herr sowohl Hirte als auch Schaf. Woher weiß man, dass er Hirte ist? Siehe, hier steht es, lies das Evangelium: «Ich bin der gute Hirte». Wo weiß man, dass er Schaf ist? Frage den Propheten: «Wie ein Schaf ist er zur Schlachtung geführt worden» (Jes 53,7). Frage den Freund des Bräutigams: «Siehe das Lamm Gottes, siehe, das hinweg nimmt die Sünde der Welt» (Joh 1,29). Noch etwas Wunderbareres kann ich euch im übertragenen Sinn sagen: Das Lamm, das Schaf und der Hirte sind einander freundlich gesinnt, vor dem Löwen aber werden die Schafe gewöhnlich von ihren Hirten behütet; und dennoch lesen wir von Christus, obwohl er Schaf und Hirt ist: «Der Löwe aus dem Stamm Juda hat gesiegt» (Apk 5,5). All das, Brüder, müsst ihr im übertragenen, nicht im eigentlichen Sinn verstehen. Gewöhnlich sehen wir die Hirten auf einem Felsen sitzen und von da aus die ihnen anvertrauten Herden hüten. Sicher ist der Hirte mehr als der Fels, auf dem er sitzt, und dennoch ist Christus Hirte und Fels. Das alles müsst ihr im übertragenen Sinn verstehen. Fragst du mich, wer Christus im eigentlichen Sinn ist, antworte ich dir: «Im Anfang war das Wort, und das Wort war bei Gott, und Gott war das Wort» (Joh 1,1). Fragst du mich, wer Christus im eigentlichen Sinn ist, antworte ich dir, er ist der eingeborene Sohn, vom Vater gezeugt von Ewigkeit zu Ewigkeit, gleich dem Erzeuger, durch den alles geworden ist, wie der Vater unveränderlich, der sich mit Annahme der menschlichen Gestalt nicht verändert hat, Mensch infolge der Menschwerdung, Sohn des Menschen und Sohn Gottes. All das ist nicht übertragener Sinn, sondern unmittelbare Wahrheit. [XLVI, 3]

Scheuen wir uns also nicht, Brüder, ihn nach übertragenem Sinn als Tür und als Türhüter anzunehmen. Wozu dient denn die Tür? Um einzutreten. Wer ist der Türhüter? Der, welcher öffnet. Wer öffnet sich, wenn nicht der, welcher sich selbst auslegt? Seht, der Herr hatte von der Tür gesprochen, wir hatten nicht verstanden; als wir nicht verstanden, war die Tür geschlossen. Wer sie geöffnet hat, ist der Türhüter. Keine Notwendigkeit also, etwas anderes zu suchen, kein Bedarf, aber vielleicht der Wille. Falls der Wille da ist, weiche nicht vom Weg ab, entferne dich nicht von der Trinität. Trachtest du nach einer anderen Person als Türhüter, komme dir der Heilige Geist zu Hilfe; denn der Heilige Geist wird nicht verschmähen, Türhüter zu sein, wenn der Sohn sich gewürdigt hat, die Tür zu sein. Siehe den Heiligen Geist als Türhüter an, denn der Herr sagt zu seinen Jüngern über den Heiligen Geist: «Er wird euch die volle Wahrheit lehren» (Joh 16,13). Wer ist die Tür? Christus. Wer ist Christus? Die Wahrheit. Wer öffnet die Tür, wenn nicht der, welcher die volle Wahrheit lehrt? [XLVI, 4]

Vernehmt jetzt, dass auch die Mietlinge notwendig sind. Denn viele, die in der Kirche nach weltlichen Privilegien trachten, predigen dennoch Christus, und durch sie wird die Stimme Christi gehört. Die Schafe folgen nicht der Stimme des Mietlings, sondern der Stimme Christi durch den Mietling. Vernehmt, wie der Herr selbst die Mietlinge bezeichnet: «Die Schriftgelehrten», sagt er, «und die Pharisäer sitzen auf dem Lehrstuhl des Moses; was sie sagen, tut; nach ihren Werken aber handelt nicht» (Mt 23,2f.). Was hat er anderes gesagt, als dass ihr durch die Mietlinge die Stimme des Hirten hört? Denn auf dem

Lehrstuhl des Moses lehren sie das Gesetz Gottes; also lehrt Gott durch sie. (...) Sogar aus dem Mund der Mietlinge hört ihr die Stimme des Hirten; aber ihr seid keine Mietlinge, da ihr Glieder des Hirten seid. Selbst der heilige Apostel Paulus sagt: «Ich habe niemanden, der brüderlich um euch besorgt sei, denn alle suchen das ihre, nicht was Jesu Christi ist» (Phil 2,20f.); seht, was er an anderer Stelle zur Unterscheidung zwischen Mietlingen und Söhnen sagt: «Die einen predigen Christus aus Neid und Streitsucht, die anderen in guter Gesinnung, noch andere aus Liebe, weil sie wissen, dass ich zur Unterscheidung des Evangeliums bestimmt bin. Wieder andere verkünden Christus auch durch Widerspruch, nicht in lauterer Absicht, in der Meinung, den Druck meiner Banden schwer zu machen» (Phil 1,15-17). Das waren Mietlinge, die auf den Apostel Paulus neidisch waren. Warum waren sie neidisch? Weil sie irdische Güter suchten? Aber gebt acht, was er hinzufügt: «Was liegt daran? Auf jede Weise, ob ungelegen oder wahrhaftig wird Christus verkündet, und darüber freue ich mich und werde mich freuen» (Phil 1,18). Christus ist die Wahrheit; die Wahrheit wird von den Mietlingen ungelegen, von den Söhnen wahrhaftig verkündigt. Die Söhne erwarten in Geduld das ewige Erbe des Vaters. Die Mietlinge wünschen schnell den zeitlichen Lohn ihres Herrn herbei; meine menschliche Ehre, um die ich die Mietlinge mich beneiden sehe, mag sich vermindern, und doch soll durch die Zungen der Mietlinge wie der Söhne die göttliche Herrlichkeit Christi verbreitet werden, wenn nur «Christus, ob ungelegen oder wahrhaftig verkündet wird». [XLVI, 6]

Jetzt haben wir gesehen, wer der Mietling noch ist. Wer ist der Wolf, wenn nicht der Teufel? Und was ist über den Mietling gesagt worden? Wenn der Mietling den Wolf kommen sieht[4], flieht er; weil es nicht seine eigenen Schafe sind und er sich um die Schafe nicht kümmert». War etwa Paulus ein solcher? Weit entfernt! War etwa Petrus so einer? Weit entfernt! Waren etwa die übrigen Apostel, ausgenommen Judas, der Sohn des Verderbens, solche? Weit entfernt! Waren sie also Hirten? Gewiss! Aber gibt es nicht nur einen Hirten? Wie bereits gesagt, sie waren Hirten, weil sie die Glieder des einen Hirten waren. Sie waren voll Freude unter dem einen Haupt, lebten in Übereinstimmung mit ihm und aus demselben Geist im Gefüge des einen Leibes: und so gehörten alle zu dem einen Hirten. Wenn sie also Hirten und keine Mietlinge waren, warum flohen sie, als sie Verfolgung erlitten? Erkläre uns das, Herr! Ich fand in einem der Briefe, dass Paulus floh: Über die Mauer wurde er in einem Korbe hinabgelassen, um den Händen des Verfolgers zu entgehen (vgl. 2 Kor 11,33). Kümmerte er sich also nicht um die Schafe, die er bei der Ankunft des Wolfes verließ? Doch, aber er empfahl sie mit seinen Gebeten dem im Himmel sitzenden Hirten, sich aber rettete er und floh zu ihrem Nutzen, wie er an anderer Stelle sagt: «Im Fleisch zu bleiben um euretwegen ist notwendig» (Phil 1,24). Alle Apostel hatten vom Hirten selbst gehört: «Wenn sie euch in einer Stadt verfolgen, flieht in eine andere» (Mt 10,23). Diese Streitfrage würdigte sich der Herr uns auszulegen. Herr, du hast zu denen gesagt, aus denen du gewiss treue Hirten machen wolltest und zu deinen Gliedern geformt hast:

[4] Ebd. [178] 240.

«Wenn sie euch verfolgen, flieht.» Du fügst also denen Unrecht zu, wenn du sie als Mietlinge tadelst, die den Wolf kommen sehen und fliehen. Wir bitten dich, löse uns diese schwierige Frage; wir wollen klopfen; der Türhüter, welcher der Herr selbst ist, wird kommen, um uns zu öffnen. [XLVI, 7]

Wer ist der Mietling[5], der den Wolf kommen sieht und flieht? Der das Seine sucht und nicht, was Jesu Christi ist; der den Sünder nicht freimütig zu tadeln wagt (vgl. 1 Tim 5,20). Seht, es hat irgendeiner gesündigt, schwer gesündigt; er ist zu rügen, aus der Kirche auszuschließen. Aber aus der Kirche ausgeschlossen, wird er zum Feinde werden, wird nachstellen, schaden, wo immer er kann. Der nun, der das Seine sucht, nicht das, was Jesu Christi ist, wird, um nicht zu verlieren, was er anstrebt: die Vorteile persönlicher Freundschaft, um sich die Widrigkeiten persönlicher Feindschaft nicht zuzuziehen, schweigen und keine Rüge erteilen. Schon packt der Wolf das Schaf an der Kehle: Der Teufel hat einen Gläubigen zum Ehebruch überredet; du schweigst, tadelst nicht: o Mietling, du hast den nahenden Wolf gesehen und bist geflohen! Er entgegnet vielleicht: Ich bin ja hier, bin nicht geflohen. Das Schweigen war deine Flucht; du schweigst, du hattest ja Angst. Die Angst ist die Flucht der Seele. Dein Leib stand da, aber die Seele floh; das tat jener nicht, der sagte: «Auch wenn ich leiblich abwesend bin, im Geiste bin ich dennoch bei euch» (Kol 2,5). Wie wäre der im Geiste geflohen, der auch abwesenden Leibes die Unzüchtigen schriftlich rügte? (…). [XLVI, 8]

[5] Ebd.

(...) Weil[6] Jesus Christus, unser Erlöser, sich selbst sowohl als Hirten wie als Tür bezeichnet hat, und weil er sagte, dass der gute Hirte durch die Tür eintritt, gilt es mit der Gnade des Herrn zu zeigen, wie er durch sich selber eingeht. Denn wenn keiner ein guter Hirte ist außer dem, der durch die Tür eintritt, und besonders er selbst der gute Hirte und die Tür ist, kann ich das nur so verstehen, dass er durch sich selbst zu seinen Schafen eintritt, sie ruft, ihm zu folgen und ein- und ausgehend Weide zu finden, das heißt ewiges Leben. [XLVII, 1]

Ich will[7] ohne Umschweife sagen: Indem ich Christus predige, suche ich in euch, das heißt in eure Herzen einzugehen; predigte ich etwas anderes, so versuchte ich, anderswo hereinzusteigen. So ist mir also Christus die Türe zu euch; und durch Christus trete ich ein, nicht in eure Mauern, sondern in eure Herzen. Durch Christus trete ich in euch ein. Von Christus habt ihr gern aus meinem Mund gehört. Warum habt ihr von ihm gern gehört? Weil ihr Schafe Christi seid und durch das Blut Christi erkauft seid. Ihr anerkennt euren Lösepreis, der nicht von mir bezahlt, sondern nur verkündigt wird. Denn der hat euch erkauft, der sein kostbares Blut vergoss, und sein Blut ist kostbar, ohne Sünde. Er machte aber auch das Blut der Seinen kostbar, für die er den Lösepreis seines Blutes dahingab; denn machte er das Blut der Seinen nicht kostbar, stünde nicht geschrieben: «Kostbar ist in den Augen des Herrn das Sterben seiner Heiligen» (Ps 115,15). Wenn er daher sagt: «Der gute Hirte gibt sein Leben für seine Schafe», hat er dieses Wort

[6] Ebd. [85] 125.
[7] Ebd.

nicht allein erfüllt, und doch, wenn es auch seine Glieder erfüllten, so hat er es doch als einziger erfüllt. Ohne sie konnte er so handeln; aber hätten sie ohne ihn so handeln können, da er selbst gesagt hat: «Ohne mich könnt ihr nichts tun» (Joh 15,5)? Den Beweis, dass auch andere ihr Leben für die Schafe hingegeben haben, liefert der Apostel Johannes, der das vernommene Evangelium geschrieben hat; in seinem Brief steht: «Wie Christus sein Leben für uns hingegeben hat, müssen auch wir für die Brüder das Leben hingeben» (1 Joh 3,16) (...). [XLVII, 2]

(...) Weil wir also[8] Christus predigen, treten wir durch die Türe ein. Christus aber predigt Christus, denn er verkündigt sich selbst; und so tritt der Hirte durch sich selber ein. Wenn das Licht die Gegenstände zeigt, die im Lichte sichtbar sind, bedarf es dann selbst eines andern, um sichtbar zu werden? Das Licht zeigt vielmehr sowohl anderes als auch sich selbst. Alles, was wir verstehen, verstehen wir durch den Verstand, womit aber verstehen wir den Verstand, wenn nicht mit dem Verstand? Siehst du etwa mit dem leiblichen Auge sowohl anderes als auch es selbst? Denn obwohl die Menschen mit ihren Augen sehen, sehen sie dennoch nicht ihre eigenen Augen. Das leibliche Auge sieht anderes, sich selbst kann es nicht sehen: der Verstand aber versteht sowohl anderes wie sich selbst. So wie der Verstand sich selbst sieht, so verkündet Christus sich selbst. Kündet er sich selbst, so geht er durch sich selbst ein und geht so durch sich selbst zu dir ein. Auch zum Vater ist er die Türe; denn keiner gelangt zum Vater außer durch ihn.

[8] Ebd.

«Denn ein Gott, und ein Mittler Gottes und der Menschen, der Mensch Jesus Christus» (1 Tim 2,5). Vieles wird durch das Wort gesagt, was immer ich sagte, sagte ich durch ein Wort. Wollte ich aber das Wort selber sagen, wie sag ich's, wenn nicht durch das Wort? So wird durch das Wort das andere gesagt, das nicht selbst Wort ist, aber auch das Wort selbst ist nicht sagbar, es sei denn durch das Wort. Mit Hilfe des Herrn hat es uns nicht an Beispielen gefehlt. So haltet denn fest, wie unser Herr Jesus Christus Tür ist und Hirte: Türe, indem er sich auftut, Hirte, indem er durch sich eingeht. Nun aber, Brüder: dass er Hirt ist, das übertrug er auch seinen Gliedern: denn auch Petrus ist Hirte, Paulus ist Hirte, alle andern Apostel sind Hirten, alle guten Bischöfe sind Hirten. Keiner von uns aber nennt sich Türe; dies behielt er sich selber vor, wodurch die Schafe eingehen. So erfüllte Paulus das Amt des guten Hirten, als er Christus predigte, denn er ging durch die Türe ein. Als aber ungezügelte Schafe begannen, Spaltungen zu veranlassen und sich andere Türen zu erfinden, durch die sie nicht eintraten, um sich zu sammeln, sondern abirrten, um sich zu zerstreuen, indem die einen sagten: «Ich bin des Paulus», andere: «Ich des Kephas», andere: «Ich des Apollo», andere: «Ich bin Christi», da rief er jenen, die «Ich des Paulus» gesagt hatten, entsetzt zu: Unselige, wohin geht ihr? Ich bin nicht die Türe! «Ist etwa Paulus für euch gekreuzigt worden? Oder seid ihr im Namen Pauli getauft worden?» (1 Kor 1,12f.) Die aber sagten: «Ich bin Christi», haben die Türe gefunden. [XLVII, 3]

Ich habe schon gesagt und besonderes Gewicht darauf gelegt: Die verstehen, sind in der Lage, es zu fassen; und die mit dem Verstand noch nicht nachkommen, mögen im Glauben an dem festhalten, was sie noch nicht verstehen. Im übertragenen Sinn steht Christus für vieles, wofür er im eigentlichen Sinn nicht steht. Im übertragenen Sinn ist er Fels, Türe und Eckstein, sowie Lamm und Löwe. Wie viel gibt es im übertragenen Sinn und auch noch anderes, das aufzuzählen zu lange dauerte. Wenn du aber die Dinge anschaust, die du zu sehen gewohnt bist, ist er im eigentlichen Sinn weder Fels, da er nicht hart und empfindungslos ist, noch Türe, weil kein Zimmermann ihn herstellte, noch Eckstein, da er nicht von einem Maurer gefügt wurde, noch Hirte, weil er nicht Hüter der vierfüßigen Schafe ist, noch Löwe, weil er kein wildes Tier ist, noch Lamm, weil er überhaupt kein Tier ist. All diese Vergleiche gelten nur im übertragenen Sinn. Was aber ist er eigentlich? «Im Anfang war das Wort, und das Wort war bei Gott, und Gott war das Wort» (Joh 1,1). Was kann man über den Menschen sagen, der uns erschienen ist? «Und das Wort ist Fleisch geworden und hat unter uns gewohnt» (Joh 1,14). [XLVII, 6]

Was hat er Herr dann gesagt: «Ich habe die Macht, mein Leben hinzugeben»? Wer gibt es hin und nimmt es wieder? Gibt Christus, sofern er das Wort ist, die Seele hin und nimmt sie wieder? Oder, sofern er Fleisch ist, gibt das Fleisch die Seele hin und nimmt sie wieder? Drei Vorschläge – bedenken wir sie alle und wählen wir den aus, der dem Grundsatz der Wahrheit entspricht. Wenn wir sagen, das Wort Gottes habe seine Seele hingegeben und wieder genommen, muss befürchtet werden, dass sich eine verkehrte Deutung einschleicht, und uns gesagt wird: Ist die Seele einmal vom Wort getrennt gewesen, ist auch das Wort, aus dem es die Seele annahm, ohne Seele gewesen. Ich weiß, dass das Wort zu einer bestimmten Zeit keine menschliche Seele hatte; das war, als im Anfang das Wort war und das Wort bei Gott war und Gott das Wort war (vgl. Joh 1,1). Seit das Wort Fleisch geworden ist, um unter uns zu wohnen (vgl. Joh 1,14), hat es unsere Menschheit angenommen, das heißt, es wurde ganz Mensch, Leib und Seele. Was tat das Leiden und der Tod anderes als den Leib von der Seele zu trennen? Aber seine Seele haben sie nicht vom Wort getrennt. Wenn der Herr gestorben ist, oder vielmehr, weil der Herr gestorben ist (denn er ist für uns am Kreuz gestorben), hauchte sein Leib zweifellos die Seele aus; die Seele entzog sich kurz dem Leib, der aber mit der Rückkehr der Seele auferstehen sollte. Dass die Seele Christi sich aber vom Wort getrennt hat, sage ich nicht. Zur Seele des Schächers sprach er. «Heute wirst du mit mir im Paradies sein» (Lk 23,43). Die gläubige Seele des Schächers verließ er nicht, und die eigene hätte er verlassen sollen? Das sei fern! Als der Herr die Seele jenes Schächers behütete, blieb er mit seiner eigenen untrennbar vereint. Sagen wir aber, die Seele habe sich von sich selbst getrennt und wiedergefunden, ist das ganz und gar widersinnig, denn eine vom Wort nicht getrennte Seele konnte von sich selbst nicht getrennt werden. [XLVII, 10]

Niemand werde unsicher, wenn er den Herrn sagen hört: «Ich gebe meine Seele hin und nehme sie wieder.» Das Fleisch gibt sie hin, aber aus der Kraft des Wortes, und das Fleisch nimmt sie wieder, aber aus der Kraft des Wortes. Auch heißt Christus, der Herr, nur das Fleisch. Wie, so fragt man, beweist man das? Ich wage zu sagen, dass allein schon mit Christus das Fleisch Christi bezeichnet wird. Sicher glauben wir nicht nur an Gott den Vater, sondern auch an Jesus Christus, seinen eingeborenen Sohn, unseren Herrn. Jetzt habe ich das Ganze genannt: Jesus Christus, seinen eingeborenen Sohn, unseren Herrn. Hier ist das Ganze gemeint: das Wort, die Seele und das Fleisch. Aber sicher bekennst du auch das, was eben unser Glaube in sich schließt, dass du auch an den Christus glaubst, der gekreuzigt und begraben wurde. Du leugnest also nicht, dass Christus auch begraben wurde und dennoch ist nur das Fleisch begraben worden. Denn wenn dort auch die Seele war, war er nicht tot; wenn es aber ein wirklicher Tod war, so dass auch seine Auferstehung Wirklichkeit war, war er ohne Seele im Grab und doch wurde Christus begraben. Weil nur das Fleisch begraben wurde, war auch das Fleisch ohne Seele Christus. Lerne das auch aus den Worten des Apostels: «Habt die Gesinnung untereinander, wie sie auch in Jesus Christus war; er, der in der Gestalt Gottes war, achtete das Gott-gleich-Sein nicht als Beutestück» (Phil 2,5f.). Wer wenn nicht Jesus Christus, sofern es ihn als das Wort betrifft, ist Gott bei Gott? Erwäge jedoch, was folgt: «Aber er erniedrigte sich und nahm Knechtsgestalt an; er wurde den Menschen gleich und in seiner äußeren Erscheinung wie ein Mensch erfunden» (Phil 2,7f.). Wer ist das anders als Jesus Christus? Hier ist alles gesagt: das Wort in der Gestalt Gottes nahm Knechtsgestalt an; und Seele und Fleisch sind in Knechtsgestalt, die von der Gestalt Gottes angenommen wurde. «Er erniedrigte sich und wurde gehorsam bis zum Tod» (Phil 2,8). Und beim Tod wurde von den Juden nur das Fleisch getötet. Denn wenn er zu seinen Jüngern sagte: «Fürchtet nicht die, welche den Leib töten, die Seele aber nicht töten können» (Mt 10,28), konnten sie dann etwa bei ihm mehr als den Leib töten? Und doch wurde durch die Tötung des Fleisches Christus getötet. So hat Christus, als er den Leib hingab, die Seele hingegeben; und als den Leib für die Auferstehung die Seele wieder nahm, hat Christus die Seele wieder genommen. Das ist jedoch nicht aus der Kraft des Fleisches geschehen, sondern aus der Kraft dessen, der Seele und Fleisch, in denen sich das erfüllte, angenommen hat. [XLVII, 13]

«Diesen Auftrag», sagt der Herr, «habe ich von meinem Vater empfangen.» Das Wort hat nicht durch das Wort den Auftrag empfangen, sondern im eingeborenen Wort des Vaters ist jeder Auftrag. Wenn aber gesagt wird, der Sohn empfange vom Vater, was er wesenhaft hat, wie es heißt: «Wie der Vater das Leben in sich hat, so hat er auch dem Sohn gegeben, das Leben in sich zu haben» (Joh 5,26) – weil der Sohn selbst das Leben ist –, wird seine Macht nicht gemindert, seine Zeugung aber geoffenbart. Denn der Vater gibt nichts einem gleichsam unvollkommen geborenen Sohn, sondern dem vollkommen gezeugten gab er im Akt der Zeugung alles. So gab er ihm, den er nicht ungleich von sich zeugte, Gleichheit mit ihm. Aber als der Herr das sagte, «entstand», weil das Licht in der Finsternis leuchtete und die Finsternis es nicht erfasste (vgl. Joh 1,5), «wieder ein Zwiespalt unter den Juden wegen dieser Reden. Viele von ihnen sagten: Er hat einen Dämon und ist von Sinnen; was hört ihr ihn an?» Das war die dichteste Finsternis. «Andere sagten: Das sind nicht die Worte eines Besessenen; kann etwa ein Dämon Blinden die Augen öffnen?» Diese begannen schon, die Augen zu öffnen. [XLVII, 14]

Die Auferweckung des Lazarus

Wenn der Herr durch seine große Gnade und seine große Barmherzigkeit Seelen auferweckt, damit wir in Ewigkeit nicht sterben, können wir leicht annehmen, dass die drei Toten, die er leiblich auferweckt hat, die Auferstehung der Seelen bedeuten und vorabbilden, die durch den Glauben geschieht. Er erweckte die Tochter des Synagogenvorstehers, die sich noch im Haus befand (vgl. Mk 5,41f.); er erweckte den Jüngling, Sohn einer Witwe, der schon außerhalb der Stadttore gebracht war (vgl. Lk 7,14f.) und er erweckte Lazarus, der seit vier Tagen im Grab lag. Ein jeder betrachte seine Seele: sündigt er, so stirbt er; denn die Sünde ist der Tod der Seele. Manchmal sündigt man nur in Gedanken. Dir hat etwas Böses gefallen, du hast eingewilligt und gesündigt. Die Einwilligung hat dich getötet, aber der Tod ist inwendig, weil der böse Gedanke noch nicht in die Tat umgesetzt wurde. Um die Auferstehung einer solchen Seele anzuzeigen, erweckte der Herr das Mädchen, das noch nicht nach draußen gebracht worden war, sondern tot im Haus lag – die Sünde war gleichsam verborgen. Bist du aber nicht nur gedanklich einer Begierde erlegen, sondern hast du das Böse auch schon getan, so hast du gleichsam den Toten schon außerhalb der Tore gebracht, bist du schon draußen und als Toter zum Sarg weggebracht. Dennoch hat der Herr auch diesen Jüngling auferweckt und ihn der Witwe, seiner Mutter, zurückgegeben. Hast du gesündigt, bereue es, und der Herr auferweckt dich und gibt dich der Kirche, deiner Mutter, zurück. Der dritte Tote ist Lazarus. Es gibt eine furchtbare Art von Tod, welche die schlechte Gewohnheit ist. Denn das eine ist zu sündigen, das andere aus der Sünde eine Gewohnheit zu machen. Wer sündigt und gleich darauf zurechtgewiesen wird, lebt schnell wieder auf, weil er noch nicht in die Gewohnheit verstrickt ist, noch nicht begraben ist. Wer aber zu sündigen gewohnt ist, ist begraben, und treffend sagt man von ihm: «Er riecht schon», denn sein sehr schlechter Ruf beginnt gleichsam einen abscheulichen Geruch zu haben. Das sind alle Gewohnheitsverbrecher, alle sittlich Verdorbenen. Du sagst zu ihm: Tu das nicht! Wann aber hört der auf dich, der wie der Sarg unter der Erde liegt, verwest und von der Last der Gewohnheit niedergedrückt wird? Und dennoch war die Kraft Christi auch zu seiner Auferweckung befähigt. Wir kannten, wir sahen, wir sehen täglich Menschen, die, nachdem sie ihre schlechte Gewohnheit aufgegeben haben, besser leben als die, welche sie tadelten. (…) [XLIX, 3]

Der Herr hat also auch Lazarus auferweckt. Ihr habt von seiner Beschaffenheit gehört, das heißt, ihr habt verstanden, was die Auferstehung des Lazarus bedeutet. Lesen wir also den Text, und da vieles in dieser Lesung eindeutig ist, wollen wir die Auslegung nicht im Einzelnen vornehmen, um das Notwendige behandeln zu können. «Es war da ein Kranker, Lazarus von Bethanien, aus dem Dorf der Maria und Martha, seiner Schwester.» Ihr erinnert euch an die vorige Lesung, dass der Herr den Händen derer entkam, die ihn steinigen wollten, und über den Jordan hinüber ging, wo Johannes taufte (vgl. Joh 10,39f.). Während der Herr sich nun dort aufhielt, wurde Lazarus in Bethanien, einem Dorf in der Nähe von Jerusalem, krank. [XLIX, 4]

«Maria aber war es, die den Herrn mit Salböl salbte und seine Füße mit ihren Haaren trocknete, deren Bruder Lazarus krank war. Seine Schwestern schickten also zu ihm und ließen sagen». Wir wissen schon, wohin sie schickten, dorthin, wo der Herr war, weil er abwesend, nämlich jenseits des Jordans, war. Sie schickten zum Herrn, um zu melden, ihr Bruder sei krank, damit er sich bereit erkläre zu kommen, um ihn von seiner Krankheit zu befreien. Jener verzögerte aber die Heilung, um ihn auferwecken zu können. Was also ließen seine Schwestern ihm melden? «Herr, siehe, den du liebst, ist krank.» Sie sagten nicht: Komm sofort! Denn dem Liebenden muss man nur Meldung erstatten. Sie wagten nicht zu sagen: Komm und heile, oder: Befiehl es dort und es wird hier geschehen. Warum sagten sie es nicht auch, wenn der Glaube jenes Hauptmanns deshalb gelobt wurde? Er sagte: «Ich bin nicht würdig, dass du eingehst unter mein Dach, aber sprich nur ein Wort, und mein Knecht wird gesund werden» (Mt 8,8). Die Schwestern des Lazarus sagten nichts von all dem, sondern nur: «Herr, siehe, den du liebst, ist krank.» Es genügt, dass du es weißt, denn liebst du ihn, wirst du auch da sein. Jemand mag fragen: Wie kann Lazarus den Sünder darstellen und vom Herrn so geliebt werden? Er vernehme sein Wort: «Ich bin nicht gekommen, Gerechte zu berufen, sondern Sünder» (Mt 9,13). Denn hätte der Herr die Sünder nicht geliebt, wäre er nicht vom Himmel auf die Erde herabgestiegen. [XLIX, 5]

«Und danach sagte der Herr zu seinen Jüngern: Lazarus, unser Freund, schläft, aber ich gehe hin, um ihn vom Schlaf zu erwecken.» Er sagte die Wahrheit: Für die Schwestern war Lazarus gestorben, für den Herrn schlief er. Für Menschen war er gestorben, da sie ihn nicht auferwecken konnten; der Herr erweckte ihn freilich so leicht aus dem Grab, wie du einen Schlafenden nicht weckst und aus dem Bett holst. In Anbetracht seiner Macht nannte er Lazarus einen Schlafenden, weil auch andere Tote in der Heiligen Schrift oft Schlafende genannt werden, wie der Apostel sagt: «Über die Entschlafenen will ich euch nicht unwissend lassen, Brüder, damit ihr nicht betrübt seid wie die anderen, die keine Hoffnung haben» (1 Thess 4,12). Er nannte die Toten auch darum Schlafende, weil er ihre Auferstehung im voraus verkündete. [XLIX, 9]

Also alle Seelen, um bei dieser Gelegenheit eure Heiligkeit zu belehren, alle Seelen, wenn sie aus der Welt geschieden sind, finden ihre je verschiedene Aufnahme. Die Guten empfinden Freude, die Bösen Qualen. Nach der Auferstehung wird die Freude der Guten noch größer und die Qualen der Bösen werden noch schlimmer sein, da sie leiblich gepeinigt werden. Im Frieden aufgenommen sind die heiligen Patriarchen, Propheten, Apostel, Märtyrer, Rechtgläubigen: Alle werden jedoch am Ende der Zeiten empfangen, was Gott verheißen hat: die Auferstehung des Fleisches, die Vernichtung des Todes und das ewige Leben mit den Engeln. Das werden wir alle zusammen empfangen[1]. Die Ruhe, die unverzüglich nach dem Tod jedem dazu Würdigen gewährt wird, empfängt jeder einzelne dann, wenn er stirbt.

[1] Origienes, Homelien über das Buch Levitikus 7,2, bestätigt diesen Gedanken: «Deine Freude wird nur dann vollkommen sein, wenn dir kein Glied des Körpers fehlen wird. Tatsächlich musst du die anderen erwarten, wie du selbst erwartet wurdest.» Zit. nach E. Gandolfo, a.a.O., 779.

Als erste empfingen sie die Patriarchen; bedenkt, seit wann sie ruhen; dann die Propheten, schließlich die Apostel, danach die heiligen Märtyrer und jetzt die Rechtgläubigen. Die einen sind seit langem in dieser Ruhe, andere nicht so lange, andere seit einigen Jahren und wieder andere erst seit kurzer Zeit. Aber von diesem Schlaf werden alle gleichzeitig erwachen und das Verheißene empfangen.[2] [XLIX, 10]

«Lazarus, unser Freund schläft (...), doch wir wollen zu ihm gehen. Da sagte Thomas, genannt Didymus, zu den Mitjüngern: Gehen auch wir, um mit ihm zu sterben. Jesus kam also hin und fand ihn bereits seit vier Tagen im Grab.» Über diese vier Tage kann vieles gesagt werden, wie es die dunklen Stellen der Heiligen Schrift an sich haben, die je nach Interpret verschiedene Deutungen zulassen. Auch wir wollen sagen, was der seit vier Tagen Tote uns zu bedeuten scheint. Denn wie wir unter jenem Blinden gewissermaßen das Menschengeschlecht verkörpert sehen[3], können wir auch in diesem Toten viele erkennen, denn ein und dieselbe Sache kann auf verschiedene Weise gedeutet werden. Wenn ein Mensch geboren wird, wird er schon mit dem Tod geboren, weil er von Adam die Sünde anzieht. Daher sagt der Apostel: «Durch einen Menschen ist die Sünde in die Welt gekommen und durch die Sünde der Tod und so ist er auf alle Menschen übergegangen, in dem alle gesündigt haben» (Röm 5,12). Sieh den ersten Tag des

[2] Wohl in Anlehnung an Hebr 11,39f. warten die Heiligen des Alten Testamentes auf die zweite Ankunft Christi, um den vollen Lohn der Seligkeit zu erhalten; vgl. H. de Lubac, Glauben, a.a.O., 111; ferner: F. van der Meer, a.a.O., 550.

[3] Vgl. XLIX, 1.

Todes, den der Mensch durch die Fortpflanzung des Todes anzieht. Dann wächst er heran, nähert sich allmählich den Jahren der Vernunft, um das Naturgesetz zu verstehen, das alle im Herzen verankert haben: Was du nicht willst, das man dir tu, das füg auch keinem anderen zu. Lernt man das etwa aus Büchern, oder liest man es nicht in gewisser Weise an der Natur selbst ab? Willst du Opfer eines Diebstahls werden? Sicher nicht! Sieh das Gesetz in deinem Herzen: Was du nicht erleiden willst, das füge anderen nicht zu. Aber auch dieses Gesetz übertreten die Menschen, und das ist der zweite Tag des Todes. Das Gesetz ist uns durch göttliche Fügung, durch Mose, den Diener Gottes, gegeben worden; es steht dort: «Du sollst nicht töten. Du sollst nicht ehebrechen; du sollst kein falsches Zeugnis geben; ehre Vater und Mutter. Du sollst nicht begehren das Gut deines Nächsten; du sollst nicht begehren die Frau deines Nächsten» (Ex 20,12-17). Siehe, das ist geschriebenes Gesetz und es wird verachtet; siehe, der dritte Tag des Todes. Was bleibt? Dann kam das Evangelium, das Himmelreich wird verkündet, Christus wird überall gepredigt, er droht mit der Hölle, er verheißt ewiges Leben – auch das wird verachtet. Die Menschen verstoßen gegen das Evangelium: siehe, der vierte Tag des Todes. Zurecht kann man sagen, dass der Tote schon riecht. Soll ihm etwa die Barmherzigkeit verweigert werden? Nein, unmöglich! Der Herr verschmäht nicht hinzugehen, um eben auch solche Tote zu erwecken. [XLIX, 12]

«Viele aber von den Juden waren zu Martha und Maria gekommen, um sie wegen ihres Bruders zu trösten. Als nun Martha hörte, dass Jesus komme, ging sie ihm entgegen, Maria aber blieb im Haus. Da sprach Martha zu Jesus: Herr, wärest du hier gewesen, wäre mein Bruder nicht gestorben; aber auch jetzt weiß ich, dass was immer du von Gott erbitten wirst, Gott dir geben wird.» Sie sagte nicht: Ich bitte dich, meinen Bruder zu erwecken. Denn woher wusste sie, dass für ihren Bruder die Auferstehung von Vorteil sei? Nur so viel sagte sie: Ich weiß, dass du es kannst, wenn du willst. Aber ob du es machst, liegt an deinem Entscheid, nicht an meiner Anmaßung. «Aber auch jetzt weiß ich, dass was immer du von Gott erbitten wirst, Gott dir geben wird.» [XLIX, 13]

«Jesus sprach zu ihr: Dein Bruder wird auferstehen.» Das war zweideutig, denn er sagt nicht zu ihr: Jetzt erwecke ich deinen Bruder, sondern: «Dein Bruder wird auferstehen. Martha antwortet ihm: Ich weiß, dass er auferstehen wird am Jüngsten Tag.» Über jene Auferstehung bin ich mir sicher, über diese nicht. «Jesus erwiderte ihr: Ich bin die Auferstehung.» Du sagst, dass mein Bruder am Jüngsten Tag auferstehen wird; das ist wahr! Aber der, durch den er dann auferstehen wird, kann ihn auch jetzt auferstehen lassen, denn er sagt: «Ich bin die Auferstehung und das Leben. Vernehmt, Brüder, vernehmt, was er sagt. Gewiss, die Erwartung aller Umstehenden war, dass Lazarus, der über vier Tage tot war, wieder lebendig werde; vernehmen wir es und richten wir uns wieder auf! Wie viele in diesem Volk werden von der Last der schlechten Gewohnheit bedrängt! Vielleicht vernehmen mich ja einige, zu denen gesagt wird: «Berauscht euch nicht mit Wein, in dem Ausschweifung ist» (Eph 5,18). Sie antworten: Wir können nicht anders! Vielleicht vernehmen mich einige Unreine, mit Lüsten und Schandtaten Befleckte, denen gesagt wird: Tut das nicht, damit ihr nicht umkommt und sie erwidern: Wir können uns unseren Gewohnheiten nicht entziehen! O Herr, erwecke sie! «Ich bin», sagt er, «die Auferstehung und das Leben.» Er ist die Auferstehung, weil er das Leben ist. [XLIX, 14]

«Wer an mich glaubt, wird leben, auch wenn er gestorben ist; und jeder, der lebt und an mich glaubt, wird in Ewigkeit nicht sterben.» Was heißt das? «Wer an mich glaubt, wird leben, auch wenn er gestorben ist», wie Lazarus gestorben ist, er «wird leben», weil er doch nicht ein Gott von Toten, sondern von Lebenden ist. Über die vor langer Zeit verstorbenen Väter Abraham, Isaak und Jakob gab er den Juden die folgende Antwort: «Ich bin der Gott Abrahams, der Gott Isaaks und der Gott Jakobs. Er ist doch nicht der Gott von Toten, sondern von Lebenden; denn ihm leben alle» (Mt 22,32; Lk 20,38). Glaube also, und auch du wirst leben, wenn du gestorben bist; glaubst du aber nicht, bist du tot, auch wenn du lebst. Beweisen wir auch das. Einem, der sagte: «Ich will zuerst hingehen, meinen Vater begraben», und zögerte, ihm nachzufolgen antwortete der Herr: «Lass die Toten ihre Toten begraben, du komm, folge mir nach» (Mt 8,21f.). Es war dort ein Toter zu begraben, und es waren dort auch Tote von Toten zu begraben. Jener war leiblich tot, diese waren der Seele nach tot. Woher rührt der Tod der Seele? Daher, dass kein Glaube da ist. Woher kommt der Tod des Leibes? Daher, dass die Seele fehlt. Also ist der Glaube die Seele deiner Seele. «Wer an mich glaubt», sagt der Herr, «wird, auch wenn er» leiblich «gestorben ist», der Seele nach «leben», bis der Leib aufersteht, um niemals mehr zu sterben. Das heißt: «Wer an mich glaubt», auch wenn er stirbt, «wird leben». «Und jeder, der» dem Fleisch nach «lebt und an mich glaubt, wird» auch wenn er in der Zeit den Tod des Fleisches stirbt, «in Ewigkeit nicht sterben» aufgrund des Lebens des Geistes und der Unsterblichkeit der Auferstehung. Das ist der Sinn der Worte: «Und jeder, der lebt und an mich glaubt, wird in Ewigkeit nicht sterben. Glaubst du das?», fragte der Herr Martha. «Sie sprach zu ihm: Ja, Herr, ich habe den Glauben, dass du Christus, der Sohn Gottes bist, der in die Welt gekommen ist.» Wenn ich das glaube, glaube ich, dass du die Auferstehung bist, dass du das Leben bist; glaube ich, dass wer an dich glaubt, leben wird, auch wenn er stirbt, und wer lebt und an dich glaubt, in Ewigkeit nicht sterben wird. [XLIX, 15]

«Als aber Maria dorthin gekommen war, wo Jesus weilte, und ihn sah, fiel sie ihm zu Füßen und sprach zu ihm: Herr, wärst du hier gewesen, wäre mein Bruder nicht gestorben. Als Jesus nun sah, wie sie weinte und wie die Juden, die mit ihr waren, weinten, ergrimmte er im Geist, betrübte sich selbst und sprach: Wo habt ihr ihn hingelegt?» Ich weiß nicht, was der Herr uns beibringen wollte, als er im Geist ergrimmte und sich selbst betrübte. Denn wer könnte ihn betrüben außer er sich selbst? Deshalb, Brüder, beachtet zuerst die Macht, bevor ihr die Bedeutung seiner Betrübnis erforscht. Du wirst betrübt, ohne es zu wollen; Christus wurde dagegen betrübt, weil er es wollte. Es hungerte Jesus (vgl. Lk 4,2), das ist wahr, aber weil er es wollte; Jesus schlief (vgl. Mt 8,24), das ist wahr, aber weil er es wollte; Jesus wurde traurig (vgl. Joh 11,35), das ist wahr, aber weil er es wollte; Jesus starb (vgl. Joh 19,30), das ist wahr, aber weil er es wollte[4]; es lag in seiner Macht, auf verschiedene Weise ergriffen oder nicht ergriffen zu werden. Das Wort nahm nämlich Seele, aber auch Fleisch an, indem es in der Einheit seiner Person die Natur des ganzen Menschen in Übereinstimmung brachte. Denn auch die Seele des Apostels Petrus ist durch das Wort erleuchtet worden, und die Seele des Paulus, sowie die Seelen der anderen Apostel und die der heiligen Propheten, sie alle sind durch das Wort erleuchtet worden, aber von keiner kann man sagen: «Das Wort ist Fleisch geworden» (Joh 1,14) und «Ich und der Vater sind eins» (Joh 10,30). Die Seele und das Fleisch sind mit dem Wort Gottes eine einzige Person, ein einziger Christus. Darum ist in ihm die höchste Macht, und deshalb gehorcht die Schwäche in allem seinem Willen; das heißt: «Er betrübte sich selbst.» [XLIX, 18]

«Und er fragte: Wo habt ihr ihn hingelegt?» Du wusstest, dass er gestorben ist und weißt nicht, wo er begraben liegt? Das bedeutet, dass Gott den verlorenen Menschen nicht mehr kennt. Ich habe nicht zu sagen gewagt: nicht mehr um ihn weiß, denn was weiß Gott nicht? Sondern er kennt ihn gleichsam nicht mehr. Der Beweis liegt in den Worten, die der Herr beim Gericht sprechen wird: «Ich kenne euch nicht; hinweg von mir» (Mt 7,23). Was heißt: «Ich kenne euch nicht»? Das bedeutet,

[4] Hans Urs von Balthasar, Theodramatik III: Die Handlung, a.a.O., 231, stellt diesen Gedanken in Zusammenhang mit dem «admirabile commercium»: Es ist der freie Wille des Sohnes Gottes, die seelischen Affekte der gefallenen Menschen zu übernehmen, «nicht aufgrund einer Notwendigkeit seiner Verfassung, sondern aus willentlichem Erbarmen» (En. in Ps 87,3); zit. ebd. Vgl. die Hinführung, 18.

ich sehe euch nicht in meinem Licht, ich sehe euch nicht in jener Gerechtigkeit, die ich kenne. So fragte er auch hier, als kenne er einen solchen Sünder nicht mehr: «Wo habt ihr ihn hingelegt?» Das ist die Stimme Gottes im Paradies, nachdem der Mensch gesündigt hatte: «Adam, wo bist du?» (Gen 3,9). «Sie antworteten ihm: Herr, komm und sieh!» Was heißt das: «sieh»? Das heißt, erbarme dich. Denn der Herr sieht, wenn er sich erbarmt. Daher sagen wir zu ihm: «Siehe meine Erniedrigung und meine Mühsal, und vergib mir alle meine Schuld» (Ps 24,18). [XLIX, 20]

«Jesus ergrimmte nun wiederum in seinem Inneren und kam zum Grab.» Er wird auch über dich ergrimmen, wenn du bereit bist, wieder lebendig zu werden. Zu jedem Menschen, der von schlechter Gewohnheit bedrängt wird, wird gesagt: «Er kam zum Grabmal. Dieses aber war eine Höhle, und ein Stein war darauf gelegt.» Der Tote unter dem Stein[5]: der Sünder unter dem Gesetz. Ihr wisst: das Gesetz, das die Juden bekamen, war auf Stein geschrieben. Alle Sünder aber sind unter dem Gesetz; die Recht-Lebenden sind mit dem Gesetz. Für den Gerechten ist das Gesetz nicht gegeben (vgl. 1 Tim 1,9). Was heißt also das Wort des Herrn: «Hebt den Stein weg»? Es heißt: Verkündet die Gnade! Denn Paulus nennt sich Diener des Neuen Bundes, nicht des Buchstabens, sondern des Geistes, «denn der Buchstabe tötet, der Geist belebt» (2 Kor 3,6). Der tötende Buchstabe ist der Stein über dem Grab. «Hebt den Stein hinweg», sagt er. Hebt die Last des Gesetzes hinweg; verkündet die Gnade. «Denn wäre ein Gesetz ergangen, das beleben

[5] Das Antlitz der Kirche, a.a.O., [133] 185.

könnte, so wäre durchaus die Gerechtigkeit aus dem Gesetz. Aber die Schrift verschloss alles unter der Sünde, damit die Verheißung durch den Glauben Jesu Christi allen Glaubenden geschenkt würde» (Gal 3, 21f.). Und also: «Hebt den Stein hinweg!» [XLIX, 22]

«Sie nahmen also den Stein weg. Jesus aber erhob seine Augen und sprach: Vater, ich danke dir, dass du mich erhört hast. Ich wusste ja, dass du mich immer erhörst, aber wegen des Volkes, das umher steht, habe ich es gesagt, damit sie glauben, dass du mich gesandt hast. Nachdem er das gesagt hatte, rief er mit lauter Stimme.» Er ergrimmte, weinte, rief mit lauter Stimme. Mit wie viel Mühe steht der auf, den die Last schlechter Gewohnheit beschwert! Aber dennoch steht er auf; eine verborgene Gnade bewegt ihn innerlich; er steht auf nach dem Ertönen der lauten Stimme. Was ist geschehen? «Er rief mit lauter Stimme: Lazarus, komm heraus! Und sogleich kam der Tote heraus, an Händen und Füßen mit Tüchern gebunden und sein Gesicht war mit einem Schweißtuch umbunden.» Du wunderst dich, dass er mit gebundenen Füßen vorwärts schritt und nicht darüber, dass er nach vier Tagen auferstand? In beiden Ereignissen offenbarte sich die Macht des Herrn und nicht die Kraft des Toten. Er schritt voran und war noch gebunden; er war noch eingehüllt und schritt trotzdem schon aus dem Grab heraus. Was bedeutet das? Wenn du die Gnade Gottes verachtest, liegst du tot da, und wenn du sie so verachtest, wie ich gesagt habe, liegst du im Grab, aber wenn du deine Schuld bekennst, schreitest du heraus. Denn was heißt heraus schreiten anderes als aus dem Verborgenen herauskommen und sich offenbaren? Aber dass du deine Schuld bekennst, bewirkt Gott, indem er mit lauter Stimme ruft, das heißt mit sehr viel Gnade. Deshalb ist der Tote, der heraus geschritten war, noch der Sünder, der bekennt, aber noch schuldig ist. Damit er von seinen Sünden gelöst werde, sagte der Herr zu den Dienern: «Löst ihn und lasst ihn gehen.» Was heißt das: «Löst ihn und lasst ihn gehen»? «Was ihr auf Erden lösen werdet, wird auch im Himmel gelöst sein» (Mt 16,19). [XLIX, 24]

Die Salbung zu Bethanien

«Das Osterfest der Juden war nun sehr nahe.» Diesen Festtag wollten die Juden mit dem Blut des Herrn beflecken. An dem Festtag ist das Lamm geschlachtet worden, das auch für uns diesen Tag durch sein Blut geheiligt hat. Es fand unter den Juden eine Beratung über die Tötung Jesu statt; er, der vom Himmel gekommen war, um zu leiden, wollte sich dem Ort des Leidens nähern, weil die Stunde des Leidens bevorstand. «Es zogen nun viele aus dieser Gegend vor Ostern hinauf nach Jerusalem, um sich zu heiligen.» Die Juden taten das, um der durch Moses im Gesetz gegebenen Vorschrift zu entsprechen. Sie sah vor, dass am Osterfest alle von überall her zusammenströmten und durch die Feier jenes Tages sich heiligten. Aber diese Feier war ein Schatten des Zukünftigen. Was heißt das, ein Schatten des Zukünftigen? Eine Weissagung Christi, dass er kommen und an jenem Tag für uns leiden werde, damit der Schatten vorübergehe und das Licht komme, damit die Andeutung schwinde und wir in den Besitz der Wahrheit kämen. Die Juden feierten also Ostern im Schatten, wir im Licht. Denn wozu war es nötig, dass der Herr ihnen für diesen Festtag ein Schaf zu schlachten gebot, wenn nicht er es war, über den geweissagt wurde: «Wie ein Schaf ist er zur Schlachtbank geführt worden» (Jes 53,7). Mit dem Blut des geschlachteten Lammes wurden die Türpfosten der Juden bezeichnet (vgl. Ex 12,22), und mit dem Blut Christi wird unsere Stirn bezeichnet. Man sagt, dass jenes Kennmal ein Zeichen war, das den Würgeengel von den gekennzeichneten Häusern fernhielt (vgl. Ex 12,23); das Zeichen Christi[1] hält den Würgeengel von uns fern, wenn unser Herz den Erlöser aufnimmt. Warum sage ich das? Weil viele ihre Türpfosten markiert haben, während der Bewohner nicht drinnen bleibt; wohl tragen sie das Zeichen Christi auf der Stirn, aber sie nehmen das Wort Christi in ihrem Herzen nicht auf. Darum, Brüder, habe ich das gesagt, und ich wiederhole es: Das Zeichen Christi hält den Würgeengel von uns fern, wenn Christus in unserem Herzen wohnt.[2] Das habe ich gesagt, damit nicht etwa einer überlege, was das Fest der Juden bedeuten möge. Der Herr ist also gleichsam zur Schlachtbank gekommen, damit wir das wahre Ostern hätten, indem wir sein Leiden als die Schlachtung des Schafes feiern. [L, 2]

«Sechs Tage vor dem Osterfest kam nun Jesus nach Bethanien, wo Lazarus gestorben war, den er von den Toten erweckt hatte. Sie bereiteten ihm dort ein Mahl

[1] Das Zeichen Christi, das Zeichen des Kreuzes, das Kreuzzeichen, ist Teil der Einführungskatechese für die Taufbewerber und erinnert an die Erniedrigung Christi bis zum Tod am Kreuz. Vgl. dazu F. van der Meer, a.a.O., 416f.

[2] Zur Einwohnung des ewigen Wortes im Herzen der Gläubigen vgl. H. Rahner, Symbole der Kirche, a.a.O., 61.

und Martha bediente. Lazarus aber war einer von denen, die mit ihm zu Tische saßen.» Damit die Leute nicht meinten, ein Gespenst sei erschienen, als der Tote auferstand, war Lazarus einer von den Tischgenossen; er lebte, sprach, nahm teil am Festessen; die Wahrheit offenbarte sich, der Unglaube der Juden wurde beschämt. Der Herr saß also mit Lazarus und den anderen zu Tisch, Martha, eine der Schwestern des Lazarus, bediente sie. [L, 5]

«Maria», die andere Schwester des Lazarus, «nahm ein Pfund kostbaren pistischen[3] Nardenöls, salbte die Füße Jesu und trocknete seine Füße mit ihren Haaren, und das Haus wurde erfüllte vom Duft des Salböls.» Die Begebenheit haben wir vernommen, ergründen wir den geistlichen Sinn. Willst du eine gläubige Seele sein, salbe mit Maria die Füße des Herrn mit kostbarem Salböl. Die Salbe bedeutet die Gerechtigkeit, deshalb ein Pfund[4], und es war eine kostbare Salbe pistischen Nardenöls. Das Wort «pistisch» weist auf den Ort, von dem dieses kostbare Salböl stammte; und doch ist die Angabe nicht ohne Sinn und passt gut zu dem Geheimnis. Πίστις heißt im Griechischen Glaube. Du wolltest Gerechtigkeit üben: «Der Gerechte lebt aus dem Glauben» (Röm 1,17). Salbe die Füße Jesu: Folge durch ein heiliges Leben den Fußstapfen des Herrn. Trockne sie mit deinen Haaren. Hast du Überfluss, gib ihn den Armen, und du hast die Füße des Herrn getrocknet; denn Haare sind am Leib

[3] Das Wort «pistisch» sieht Augustinus, wie seine folgenden Ausführungen zeigen, in Zusammenhang mit der persischen Stadt Pistis.

[4] Lateinisch: «libra»: ursprünglich Waage, mit welcher der Kaufpreis abgewogen wurde. Eine volle Waagschale war ein Pfund.

etwas Überflüssiges. Es liegt an dir, was du mit deinem Überfluss treibst; für dich ist er überflüssig, für die Füße des Herrn aber notwendig. (...) [L, 6]

Vernimm außerdem von dieser Salbe, dass der gute Geruch den einen zum Leben, den anderen zum Tode gereichte. Nachdem die gottesfürchtige Maria diesen Dienst am Herrn verrichtet hatte, «sagte» sofort «einer von seinen Jüngern, Judas Iskariot, der ihn verraten sollte: Warum hat man diese Salbe nicht für dreihundert Denare verkauft und sie den Armen gegeben?» Weh dir, du Erbärmlicher, der gute Geruch tötet dich. Denn warum er das gesagt hatte, hat uns der heilige Evangelist offenbart. Wäre uns seine Gesinnung nicht durch das Evangelium eröffnet worden, hätten auch wir meinen können, die Sorge um die Armen habe ihn bewegt. So war es aber nicht, sondern wie? Vernimm den wahren Zeugen: «Das sagte er aber nicht, weil ihm an den Armen etwas lag, sondern weil er ein Dieb war und die Kasse hatte, und er deren Einlagen trug.» Trug oder hinwegtrug? Als Apostel trug er, als Dieb trug er weg.[5] [L, 9]

Versteht also, dass dieser Judas nicht erst schlecht geworden ist, als er nach der Bestechung durch die Juden den Herrn verriet. Denn sehr viele meinen – und lassen damit das Evangelium außer Acht –, Judas sei in dem Moment verloren gegangen, als er von den Juden Geld bekam, um den Herrn zu verraten. Nicht da erst ging er verloren: er war schon ein Dieb und folgte dem Herrn als Verlorener nach, nicht mit dem Herzen, sondern nur

[5] Vgl. Epist. 108,3, 8.

äußerlich. Er füllte die Zwölfzahl der Apostel, die apostolische Fruchtbarkeit besaß er nicht, nur dem Schein nach war er der Zwölfte; mit seinem Tod und dem Nachrücken eines anderen wurde die apostolische Wirklichkeit wiederhergestellt und die Unversehrtheit der Zahl bewahrt (vgl. Apg 1,26). Welche Ermahnung[6], Brüder, wollte unser Herr Jesus Christus seiner Kirche geben, als er unter den Zwölfen einen Verlorenen haben wollte? Doch gewiss die, dass wir die Bösen ertragen sollten und den Leib Christi nicht teilten? Siehe, unter den Heiligen findet sich Judas, siehe, ein Dieb ist Judas, und – damit du's nicht übersiehst – ein gottesräuberischer Dieb, nicht ein beliebiger Dieb: ein Dieb an Geldern, aber Geldern des Herrn; an Geldern, aber heiligen Geldern. (...) Wer in der Kirche etwas stiehlt, muss mit dem verlorenen Judas verglichen werden. So war dieser Judas, und trotzdem ging er mit den heiligen elf Aposteln ein und aus. Sogar am Abendmahl nahm er ebenfalls teil; er konnte sich unter ihnen aufhalten, beflecken konnte er sie nicht. Das eine Brot empfingen sowohl Petrus als auch Judas und dennoch: Welchen Anteil hat der Gläubige an dem des Ungläubigen (vgl. 2 Kor 6,15)? Denn Petrus empfing das Brot zum Leben, Judas[7] zum Tod. Was für den Duft gilt, das gilt auch für jene gute Speise. Wie nämlich der Duft, so gibt auch die gute Speise den Guten Leben, die Bösen tötet sie. «Denn wer unwürdig isst, isst und trinkt sich selbst das Gericht»

[6] Das Antlitz der Kirche a.a.O., [260] 329.

[7] Judas empfängt das Brot, für Augustinus Sinnbild der Eucharistie, unwürdig: «Aufgrund seiner falschen Disposition und schlechten Intention» gereicht es ihm nicht zum Heil (wie Petrus), sondern zum Verderben. Vgl. den ganzen Zusammenhang bei T. Fries, a.a.O., 173.

(1 Kor 11,29); «sich selbst das Gericht», nicht dir. Wenn sich selbst das Gericht, so ertrage als Guter den Bösen, um zum Lohn der Guten zu gelangen und nicht der Strafe der Bösen zu verfallen. [L, 10]

Nehmt euch ein Beispiel[8] am Erdenwandel des Herrn. Er, dem die Engel dienten: warum hatte er Geld, außer weil auch seine Kirche Geld haben sollte? Warum ließ er den Dieb zu, außer weil auch seine Kirche die Diebe geduldig ertragen sollte? Jener aber, der sich gewöhnte, dem Säckel Geld zu entnehmen, zögerte nicht, für erhaltenes Geld auch den Herrn zu verkaufen. Sehen wir zu, was der Herr dazu sagt. Seht, Brüder, er sagte ihm nicht: Weil du ein Dieb bist, redest du so. Er kannte den Dieb, er machte ihn nicht bekannt; er ertrug ihn vielmehr und gab uns ein Beispiel der Geduld, die Schlechten in der Kirche zu ertragen. «Da sprach Jesus zu ihm: Lass sie, damit sie es für den Tag meines Begräbnisses aufbewahre.» Er kündigte an, dass er sterben müsse. [L, 11]

Was folgt? «Denn Arme werdet ihr immer unter euch haben, mich aber werdet ihr nicht immer haben.» Sicher verstehen wir: «Arme werdet ihr immer haben»; was Jesus gesagt hat, ist wahr. Wann ist die Kirche ohne Arme? «Mich aber werdet ihr nicht immer haben»; was soll das bedeuten? (…) [L, 12]

(…) Hier sprach der Herr von seiner leiblichen Gegenwart. Denn was seine Hoheit, seine Vorsehung, seine unaussprechliche und unsichtbare Gnade betrifft, erfüllt

[8] Das Antlitz der Kirche a.a.O., [260] 329.

das von ihm Gesagte: «Siehe, ich bin bei euch bis zum Ende der Welt» (Mt 28,20). Was das Fleisch angeht, welches das Wort angenommen hat (vgl. Joh 1,14), das von der Jungfrau geboren, von den Juden ergriffen, ans Kreuz geschlagen, vom Kreuz abgenommen, in Leintücher gehüllt, ins Grab gelegt, in der Auferstehung geoffenbart worden ist, «werdet ihr ihn nicht immer unter euch haben». Warum? Weil er nach seiner leiblichen Gegenwart vierzig Tage[9] mit seinen Jüngern verkehrte, und dann in ihrer Anwesenheit in den Himmel auffuhr, während sie schauten, aber nicht folgen konnten (vgl. Apg 1,3.9f.) und jetzt nicht mehr hier ist. Denn er ist dort und sitzt zu Rechten des Vaters, und er ist auch hier, denn die Gegenwart seiner Hoheit ist nicht entschwunden. Mit anderen Worten: Die Gegenwart der Hoheit Christi haben wir immer; was die Gegenwart seines Fleisches anbelangt, ist den Jüngern zurecht gesagt worden: «Mich aber werdet ihr nicht immer haben.» Denn die Kirche genoss die leibliche Gegenwart des Herrn nur wenige Tage, jetzt bewahrt sie ihn im Glauben, sieht ihn aber mit den leiblichen Augen nicht mehr. Insofern ist die Schwierigkeit der Aussage: «Mich aber werdet ihr nicht immer haben», nach meinem Dafürhalten gelöst. (...) [L, 13]

[9] Die vierzig Tage (vgl. auch XXXII, 6) «stellen die ganze Zeitdauer dar»; im Gegensatz zu den fünfzig Tagen, der Dauer der Ewigkeit «sind sie die Zeit der Bekehrung», in der wir das Gute tun sollen, so deutet Jean Daniélou, Die vierzig und die fünfzig Tage, in: Vom Geheimnis der Geschichte, Schwabenverlag, Stuttgart 1955, 306f.

Die Fusswaschung[1]

«Da» also «Jesus wusste, dass seine Stunde gekommen sei, aus dieser Welt zum Vater hinüber zu gehen und weil er die Seinen, die in der Welt waren, geliebt hatte, liebte er sie bis zum Ende». Ja, er liebte sie, damit auch sie aus dieser Welt, in der sie waren, aus Liebe zu ihrem Haupt, das von dort hinübergegangen war, hinübergingen. Denn was heißt «bis zum Ende» wenn nicht bis zu Christus? «Ende des Gesetzes ist ja Christus», sagt der Apostel, «zur Gerechtigkeit für jeden, der glaubt» (Röm 10,4). Christus ist das Ende, das vollendet, das Ende, das nicht zugrunde richtet, das Ende, das wir erreichen sollen, nicht an dem wir umkommen sollen. In diesem Sinn muss das Wort des Apostels verstanden werden: «Unser Pascha, Christus, ist geschlachtet» (1 Kor 5,7). Er ist unser Ende und in ihn hinein ereignet sich unser Übergang. Denn ich sehe, dass man diesen Satz des Evangeliums auch auf eine menschliche Weise so verstehen kann, als habe Christus die Seinen bis zu seinem Tod geliebt, in der Meinung, dies hieße: «Er liebte sie bis zum Ende.» Diese Deutung ist menschlich, nicht göttlich, denn er hat uns nicht nur bis zu diesem Zeitpunkt geliebt, sondern liebt uns immer und ohne Ende. Unmöglich, dass er mit dem Tod aufhörte, uns zu lieben, da er selbst mit dem Tod nicht aufhörte. Auch nach dem Tod hat jener stolze und gottlose Reiche seine fünf Brüder geliebt (vgl. Lk 16,27ff.) und Christus, so sollen wir glauben, habe nur bis zum Tod geliebt? Unmöglich, geliebte Brü-

[1] Ab diesem Text spricht die Forschung nicht mehr von echten Predigten, die vor einer Gemeinde gehalten wurden, sondern von diktierten Kommentaren zu den einzelnen Perikopen.

der! Keineswegs würde er aus Liebe zu uns in den Tod gehen, wenn seine Liebe zu uns mit dem Tod aufhörte. Nur so können die Worte: «Er liebte sie bis zum Ende» verstanden werden: Weil er sie so liebte, starb er ihretwegen. Das bezeugt er, indem er erklärt: «Eine größere Liebe als die hat keiner, als wenn er sein Leben für seine Freunde hingibt» (Joh 15,13). So verwahren wir uns nicht gegen den Sinn dieses Satzes: «Er liebte sie bis zum Ende», heißt: Seine Liebe leitete ihn bis in den Tod. [LV, 2]

Was aber heißt: «Als der Teufel dem Judas Iskariot, dem Sohn des Simon, schon ins Herz gelegt hatte, dass er ihn verriete»? Vielleicht fragst du, was dem Judas ins Herz gelegt worden sei, eben das: «dass er ihn verriete». Diese Eingebung ist eine geistige Einflüsterung; sie vollzieht sich nicht über das Ohr, sondern durch Nachdenken und deshalb nicht leiblich, sondern geistig. Denn was geistig ist, ist nicht immer lobenswert. Der Apostel kennt gewisse böse Geistesmächte in den Himmeln, gegen welche er im Streit zu sein uns beteuert (vgl. Eph 6,12); es gäbe aber keine bösen Geistesmächte, wenn es nicht auch böse Geister gäbe. Der Begriff ‹Geistesmacht› wird nämlich von dem Wort ‹Geist› abgeleitet. Aber wie geschieht das, dass teuflische Einflüsterungen in den Menschen eindringen und sich mit seinen Erwägungen vermischen, so dass der Mensch sie für seine eigenen hält? Es gibt keinen Zweifel, dass auch gute Einflüsterungen von einem guten Geist ganz verborgen und geistig stattfinden, aber es ist wichtig, welchen Einflüsterungen der menschliche Geist zustimmt, entweder unter dem Beistand der Gnade oder durch sein Verschulden von der göttlichen Hilfe verlassen. Im Herzen des Judas hatte der

Teufel schon durch seine Einflüsterung bewerkstelligt, dass der Jünger den Meister verriet, den er aber nicht als Gott erkennen konnte. Als solcher war Judas schon zum Mahl gekommen, als Auskundschafter des Hirten, Nachsteller des Erlösers, Verkäufer des Loskäufers; als solcher war er schon gekommen, er wurde gesehen, ertragen und wähnte sich unerkannt, weil er in dem, den er täuschen wollte, getäuscht wurde. Nachdem Jesus sein Herz durchschaut hatte, bediente er sich seiner wissentlich – ohne dessen Wissen. [LV, 4]

«Der wusste, dass ihm der Vater alles in die Hände gegeben». Also selbst den Verräter: denn hätte er ihn nicht in Händen, so könnte er ihn auch nicht nach Gutdünken verwenden. So war der Auslieferer bereits dem ausgeliefert, den er ausliefern wollte, und tat mit seinem Verrat das Böse so, dass ohne sein Wissen durch das Opfer des Verratenen etwas Gutes entstand. Wusste doch der Herr, was er für seine Freunde tat, er, der sich geduldig der Feinde bediente: und so hatte der Vater alles in seine Hände gegeben: das Böse, um sich dessen zu bedienen, das Gute, um es zu bewirken. «Da er auch wusste, dass er von Gott ausgegangen und zu Gott zurückgehe», ohne jedoch Gott zu verlassen, als er von ihm ausging, noch uns, als er zu ihm zurückkehrte. [LV, 5]

Was ist da sonderbar, wenn er vom Mahl aufstand und seine Kleider ablegte, er, der in der Gestalt Gottes sich selbst erniedrigte? Und was ist da sonderbar, wenn er sich mit einem Leinentuch umgürtete, er, der Knechtsgestalt annahm (vgl. Phil 2,6f) und äußerlich wie ein Mensch erfunden wird? Was ist da sonderbar, wenn er Wasser in ein Becken goss, um den Jüngern die Füße zu waschen, er, der sein Blut auf die Erde vergoss, um damit die Unreinheit der Sünden weg zu waschen? Was ist da sonderbar, wenn er mit dem Leinen, mit dem er umgürtet war, die gewaschenen Füße abtrocknete, er, der im Fleisch, mit dem er bekleidet war (vgl. Joh 1,14), die Fußspur der Evangelisten bestätigte? Zwar legte er die Kleider ab, die er trug, um sich mit dem Leinen zu umgürten, um aber Knechtsgestalt anzunehmen, als er sich selbst erniedrigte, legte er die Gestalt Gottes nicht ab, die er hatte, sondern nahm an, was er nicht hatte. Bei der Kreuzigung wurde er allerdings seiner Kleider beraubt und als Toter in ein Leinen gehüllt; dieses sein ganzes Leiden ist unsere Läuterung. Unmittelbar vor seinem Todesleiden verrichtete er diesen Dienst, nicht nur für jene, für die er den Tod auf sich nehmen wollte, sondern auch für den, der ihn dem Tod ausliefern sollte. So groß ist für den Menschen die Demut, dass sogar die göttliche Hoheit sie durch ihr Beispiel empfahl. Der hochmütige Mensch wäre in Ewigkeit verloren, wenn ihn nicht der demütige Gott gefunden hätte. «Denn der Menschensohn ist gekommen zu suchen und zu retten, was verloren war» (Lk 19,10). Der Mensch aber war verloren, da er dem Hochmut des Verführers gefolgt war, jetzt aber folge er, da er wiedergefunden wurde, der Demut des Erlösers. [LV, 7]

Als der Herr den Jüngern die Füße wusch, «kommt er zu Simon Petrus, und der sagt zu ihm: Herr, du willst mir die Füße waschen?» Denn wer würde nicht erschrecken, wenn ihm vom Sohn Gottes die Füße gewaschen werden? Obwohl es also große Kühnheit war, dass der Diener dem Herrn, der Mensch Gott widersprach – Petrus bevorzugte das, als dass ihm vom Herrn und Gott die Füße gewaschen würden. Wir sollen nicht meinen, dass diese Geste des Herrn allein Petrus erschreckt und abgelehnt habe, während es die anderen Anwesenden vor ihm gerne und gleichmütig erlaubt hätten. Die Worte des Evangeliums hätte man nämlich ganz leicht so verstehen können, dass nach dem Satz: «Er begann, den Jüngern die Füße zu waschen und mit dem Linnen abzutrocknen, womit er umgürtet war», hinzugefügt wurde: «Er kommt nun zu Simon Petrus», als hätte er sie schon einigen gewaschen und wäre dann zum ersten der Apostel gekommen. Denn wer weiß nicht, dass der selige Petrus der erste der Apostel ist? Aber der Text darf nicht so verstanden werden, dass der Herr, nachdem er schon einigen Jüngern die Füße gewaschen hatte, erst zu ihm kam, sondern dass er bei ihm begann. Als er also die Füße der Jünger zu waschen begann, kam er zu dem, bei dem er anfing, das war Petrus, und dann erschreckte Petrus, wie auch jeder andere erschrocken wäre, und sagte: «Herr, du willst mir die Füße waschen?» (…). [LVI, 1]

«Jesus antwortet Petrus (auf seinen Wunsch, ihm auch Hände und Haupt zu reinigen): Wer gebadet hat, hat nicht nötig, sich zu waschen, außer die Füße, sondern ist ganz rein.» Hier stutzt vielleicht einer und fragt sich: Ja, aber wenn einer ganz rein ist, was muss er sich dann noch die Füße waschen? Der Herr aber wusste, was er sagte, auch wenn unsere Schwachheit seine Geheimnisse nicht erschließt. Doch wie sehr er sich auch würdigt, uns zu unterrichten und mit seinem Gesetz zu belehren, möchte ich dennoch kraft meiner bescheidenen Fassungskraft mit seiner Hilfe etwas zu dieser tiefgründigen Frage sagen. Zuerst werde ich ganz einfach aufzeigen, dass diese Ausdrucksweise sich nicht in sich selbst widerspricht. Denn wer könnte nicht zurecht sagen: Er ist ganz rein bis auf die Füße? Eleganter wäre es zu sagen: Er ist ganz rein außer den Füßen, was dasselbe ist. Eben das sagt der Herr: «Er hat nicht nötig, sich zu waschen, außer die Füße, sondern ist ganz rein.» Gewiss bis auf die Füße, außer den Füßen, die er waschen muss. [LVI, 3]

Was aber heißt dieser Satz? Was bedeutet er und wozu ist es nötig, seine Bedeutung herauszufinden? Der Herr redet, die Wahrheit spricht: Auch der gebadet hat, hat es nötig, die Füße zu waschen. Woran, Brüder, denkt ihr, wenn nicht daran, dass der Mensch in der heiligen Taufe ganz gewaschen wird, die Füße nicht ausgenommen, sondern ganz und gar? Wenn er aber dann in menschlichen Verhältnissen lebt, tritt er sicher auf die Erde.[2] Die menschlichen Affekte, ohne die man in dieser Zeitlichkeit nicht leben kann, sind sozusagen die Füße, die Stelle, an der wir von unserer Lebensführung angesteckt werden und zwar so, dass, würden wir behaupten, wir hätten keine Sünde, wir uns selbst betrügen würden und die Wahrheit nicht in uns wäre (vgl. 1 Joh 1,8). Täglich wäscht uns der die Füße[3], der für uns eintritt (vgl. Röm 8,34) und täglich haben wir es nötig, uns die Füße zu waschen, das heißt, unsere Schritte auf

[2] F. van der Meer, a.a.O., 350, paraphrasiert diesen Gedanken: «Die Waschung ist ein Sinnbild der Bußfertigkeit, die auch nach der Taufe den unvermeidlichen Staub, der vom Lebensweg aufwirbelt, unaufhörlich von den Pilgerfüßen des Christen wischen muss».

[3] Joseph Ratzinger, Der Weg des Lebens. Predigten im Kirchenjahr, Johannes Verlag Einsiedeln, Freiburg 2016, 50f., interpretiert den Akt der Fußwaschung ganz augustinisch: «Mehr noch als die

dem Weg des Geistes zu begradigen, wie wir im Gebet des Herrn bekennen, wenn wir sprechen: «Vergib uns unsere Schulden, wie auch wir unseren Schuldnern vergeben» (Mt 6,12). «Bekennen wir» also, wie geschrieben steht, «unsere Sünden», ist bestimmt der, welcher seinen Jüngern die Füße wusch, «treu und gerecht, so dass er uns die Sünden erlässt und uns von jeglicher Ungerechtigkeit reinigt» (1 Joh 1,9), das heißt ‹bis auf die Füße›, mit denen wir auf Erden wandeln. [LVI, 4]

Daher ist die Kirche, die Christus durch das Wort im Wasserbad reinigte, ohne Flecken und Runzel (vgl. Eph 5,26f.), nicht nur in denen, die nach dem Bad der Wiedergeburt unverzüglich dem Kontakt mit dieser Welt entzogen werden und nicht die Erde betreten, so dass sie sich nicht die Füße zu waschen brauchen; sondern auch in denen, die der Herr, dank seiner Barmherzigkeit, nach Waschung der Füße, aus dieser Welt auswandern ließ. Aber wenn sie auch in denen, die noch auf Erden leben, rein ist, weil sie gerecht leben, müssen sie sich dennoch die Füße waschen, weil sie nicht ganz ohne Sünde sind. Deshalb sagt die Braut im Hohen Lied: «Ich habe meine Füße gewaschen, wie sollte ich sie beflecken?» (Hl 5,3). Das sagt sie nämlich, weil sie, um zu Christus zu kommen, die Erde betreten muss. Eine neue Frage taucht auf. Ist Christus nicht droben? Ist er nicht in den Himmel aufgefahren, wo er zur Rechten des Vaters sitzt? Ruft nicht der Apostel die Worte: «Wenn ihr

anderen Evangelisten lässt Johannes deutlich werden, dass es hier nicht um einen einzelnen moralischen Akt geht. Der Herr selbst in seinem ganzen Leben ist der Akt der Fußwaschung an uns. Sein Wesen ist Herabsteigen, sein Sein ist Demut.»

also mit Christus auferweckt seid, so sucht, was droben ist, wo Christus zur Rechten des Vaters sitzt; sucht nicht, was auf der Erde ist» (Kol 3,1f.). Wie also sind wir, um zu Christus zu kommen, gezwungen, die Erde mit unseren Füßen zu betreten, da wir doch besser das Herz droben beim Herrn haben sollten, um immer bei ihm sein zu können? Ihr seht, Brüder, dass der Mangel an Zeit die Behandlung dieser Frage verkürzt. Auch wenn ihr es vielleicht weniger seht, ich sehe gleichwohl, dass eine ernsthafte Vertiefung nötig wäre. Daher bitte ich euch hinzunehmen, dass diese Frage besser unbeantwortet bleibt, als dass sie nachlässig und oberflächlich behandelt wird; eure Erwartung soll nicht betrogen, sondern nur verschoben werden. Der Herr wird uns beistehen, der uns heute zu seinen Schuldnern macht, damit ein Vergelten der Schuld möglich ist. [LVI, 5]

«Wenn nun ich», fährt er fort, «euer Herr und Meister, euch die Füße gewaschen habe, müsst auch ihr einander die Füße waschen. Denn ich habe euch ein Beispiel gegeben, damit, was ich euch getan habe, auch ihr tut.» Das, seliger Petrus, ist es, was du nicht wusstest, als du dir nicht die Füße waschen lassen wolltest. Das zu wissen war dir später verheißen, als dich dein Herr und Lehrer erschreckte, damit du dir die Füße waschen ließest. Brüder, wir haben die Demut vom Allerhöchsten gelernt, erweisen wir uns demütig gegenseitig den Dienst, den der Allerhöchste uns in Demut erwiesen hat. Seine Demut ist ein großes Beispiel: Daran orientieren sich die Brüder und vollziehen diese Geste auch äußerlich, wenn sie einander Gastfreundschaft gewähren; diese Übung der Demut, die sich in dieser Geste ausdrückt, ist weitverbreitet. Daher empfiehlt uns der Apostel die verdienstvolle Witwe mit den Worten: «Wenn sie Gastfreundschaft geübt, wenn sie die Füße der Heiligen wusch» (1 Tim 5,10). Und wo immer bei den Heiligen diese Gewohnheit, die Füße zu waschen, nicht besteht, erweisen sie sie, wenn nicht mit Händen, so doch mit dem Herzen, sofern sie zu der Zahl derer gehören, über die im Hymnus der drei seligen Jünglinge gesagt wird: «Preiset, ihr Heiligen und von Herzen Demütigen, den Herrn» (Dan 3,87). Es ist aber viel besser und unbestritten wahrer, wenn das Beispiel des Herrn auch mit den Händen nachgeahmt wird, und der Christ nicht zu tun verschmäht, was Christus getan hat. Denn neigt sich der Leib zu den Füßen des Bruders, wird auch im Herzen die Empfindung der Demut wiedererweckt, oder verstärkt, wenn sie schon vorhanden war. [LVIII, 4]

Aber abgesehen von dieser moralischen Bedeutung erinnern wir uns, dass wir die Erhabenheit dieser Geste des Herrn so gedeutet haben, dass er mit der Waschung der Füße, die schon sauber und rein waren, uns sagen wollte, hinsichtlich unserer Affekte und menschlichen Kontakte auf Erden, dass wir trotz unserer Fortschritte auf dem Weg der Gerechtigkeit wissen sollten, dass wir nicht ohne Sünde sind. Diese wäscht der Herr sogleich durch seine Fürbitte von uns ab, wenn wir den Vater, der im Himmel ist, bitten, dass er uns unsere Schulden vergebe, wie auch wir unseren Schuldnern vergeben (vgl. Mt 6,12). Wie passt diese Deutung nun zu der Einsicht, die er später lehrte, als er die Begründung seiner Geste mit den Worten dargelegte: «Wenn ich, euer Herr und Meister, eure Füße gewaschen habe, so müsst auch ihr einander die Füße waschen. Denn ich habe euch ein Beispiel gegeben, damit auch ihr tut, wie ich euch getan habe». Dürfen wir denn sagen, dass auch der Bruder den Bruder von der Befleckung der Sünde reinigen kann? Ja, wir sollen sogar in dieser erhabenen Geste des Herrn eine Aufforderung dazu erblicken, einander unsere Sünden zu bekennen und füreinander zu beten, wie Christus selbst fürbittend für uns eintritt (vgl. Röm 8,34). Hören wir den Apostel Jakobus, der uns das ganz eindeutig vorschreibt und sagt: «Bekennt einander eure Sünden und betet füreinander» (Jak 5,16). Das ist das Beispiel, das uns der Herr gegeben hat. Denn wenn er, der keinerlei Sünde hat – weder in der Vergangenheit noch in der Zukunft –, für unsere Sünden bittet, um wie viel mehr müssen dann wir gegenseitig füreinander bitten? Und wenn er, dem wir nichts zu vergeben haben, uns die Sünden vergibt, um wie viel mehr müssen dann wir einander vergeben, die wir hier ohne Sünde nicht leben können? Denn was zeigt uns der Herr wohl durch diese erhabene Geste[4] an, wenn er sagt: «Ich habe euch ein Beispiel gegeben, damit auch ihr tut, wie ich euch getan habe», wenn nicht das, was der Apostel ganz offen sagt: «Vergebt einander, wenn einer gegen den anderen eine Klage hat; wie der Herr euch vergeben hat, so auch ihr» (Kol 3,13). Vergeben wir einander also unsere Fehler und beten wir für unsere Schuld, und so waschen wir gewissermaßen einander die Füße. An uns ist es, mit seiner Gnade den Dienst der Liebe und der Demut zu leisten: an ihm, uns zu erhören und von allem Makel der Schuld zu befreien durch Christus und in Christus, damit, was wir anderen auf Erden vergeben, also lösen, auch im Himmel gelöst sei. [LVIII, 5]

[4] Lateinisch: in hac altitudine sacramenti.

Jesu Hinweis auf den Verräter

Keine leichte Frage, Brüder, wird uns da vorgelegt aus dem Evangelium des Heiligen Johannes, wenn er sagt: «Als Jesus das gesagt hatte, wurde er im Geist verstört und beteuerte: Wahrlich, wahrlich, ich sage euch, einer von euch wird mich verraten.» Wurde Jesus deshalb verstört – nicht im Fleisch, sondern im Geist –, weil er sagen musste: «Einer von euch wird mich verraten»? Kam ihm denn der Gedanke des Verrats erst da in den Sinn, oder wurde er ihm plötzlich geoffenbart, und deshalb verstörte ihn die unvorhergesehene Entdeckung eines so großen Übels? Spielte er nicht kurz auf den Verrat an, als er sagte: «Wer mit mir das Brot isst, wird die Ferse gegen mich erheben» (Joh 13,18)? Hatte er nicht schon zuvor gesagt: «Ihr seid rein, aber nicht alle» (13,10), wobei der Evangelist hinzufügte: «Denn er kannte den, der ihn verraten würde» (13,11) und auf den er auch schon früher mit den Worten hingewiesen hatte: «Habe ich nicht euch, die Zwölf, ausgewählt, und einer von euch ist ein Teufel» (6,70)? Was bedeutet das also, dass er jetzt «im Geist verstört wurde und beteuerte: Wahrlich, wahrlich, ich sage euch, einer von euch wird mich verraten»? Oder wurde er deshalb «im Geist verstört», weil er den Verräter jetzt offenbaren wollte, damit er den anderen nicht verborgen bliebe, sondern bestimmt werde? Oder verstörte ihn, dass der Verräter schon im Begriff war, hinauszugehen, um die Juden, an die er den Herrn verraten wollte, zu holen, weil das Leiden bevorstand, die Gefahr nahe war durch die drohende Hand des Verräters, dessen Gesinnung er im Voraus kannte? Das ist der Grund, weshalb Jesus «im Geist verstört wurde» wie damals, als er sagte: «Jetzt ist meine Seele verstört; und was soll ich sagen? Vater, rette mich aus dieser Stunde; aber deshalb bin ich in diese Stunde gekommen» (Joh 12,27). Wie also schon damals seine Seele verstört war, als die Stunde des Leidens nahte, so wurde er auch jetzt, als Judas weggehen und mit den Juden wiederkommen wollte, beim nahenden großen Frevel des Verräters «im Geist verstört». [LX, 1]

Verstört also wurde[1], der die Macht besaß, seine Seele hinzugeben, und die Macht, sie wieder an sich zu nehmen (vgl. Joh 10,18). Verstört wird so gewaltige Macht, verstört des Felsens Feste. Oder verstört sich in ihm vielmehr unsere Ohnmacht? So ist es in Wahrheit. Nichts Würdeloses sollen die Knechte wähnen von ihrem Herrn, sich vielmehr als Glieder wiedererkennen in ihrem Haupt. Der für uns starb, ward auch für uns verstört. Der also starb aus Eigenmacht, ward auch aus Eigenmacht verstört: der «den Leib unsrer Niedrigkeit umgestaltet gleichförmig dem Leib seiner Herrlichkeit» (Phil 3, 21), der verwandelte auch in sich die Regung unserer Ohnmacht, indem er durch die Regung seines Mitleids teilnahm an unserem Leiden. Wenn er also verstört wird, der Große, der Starke, der Gewiegte und Unbesiegte, dürfen wir nicht sein Versagen fürchten, sondern wissen, dass er nicht verdirbt, sondern um uns wirbt. Um uns, sag ich, und einzig um uns bemüht er sich hier, damit wir nicht, wenn uns Verstörung befällt, in Verzweiflung verderben. Wenn der verstört wird, der nicht anders als freiwillig verstört wird, so tröstet er den, der nicht anders als unfreiwillig verstört wird. [LX, 2]

[1] Das Antlitz der Kirche, a.a.O., [99] 145f.

So werden alle Beweise[2] der Philosophen zuschanden, welche da leugnen, dass eines Weisen Gemüt verwirrt und bewegt werden darf. Zur Torheit hat Gott die Weisheit dieser Welt gemacht (vgl. 1 Kor 1,20), und der Herr kennt die Gedanken der Menschen und weiß, dass sie eitel sind (vgl. Ps 93,11). Verwirrt und verstört werde durchaus das Gemüt des Christen, nicht aus Erbärmlichkeit, sondern aus Erbarmen; es fürchte der Christ, die Menschen könnten verloren gehen für Christus; er traure, wenn einer verloren ging für Christus; er freue sich, wenn Menschen gewonnen werden für Christus; er fürchte auch für sich selber, verloren zu gehen für Christus; er betrübe sich, fern wandeln zu müssen von Christus; er ersehne, herrschen zu dürfen mit Christus; er juble in der Aussicht, einst thronen zu können mit Christus. (...) [LX, 3]

Gar stark sind zwar die Christen[3] – wenn anders es solche gibt –, die vor dem drohenden Tode durchaus nicht verstört sind: aber sind sie denn stärker als Christus? Welcher Wahnwitzigste wollte das sagen? Wenn also Christus verstört ward, dann besagt das nichts anderes, als dass er die Schwachen in seinem Leibe, das heißt in seiner Kirche, durch die freiwillige Gleichförmigkeit seiner Ohnmacht trösten wollte, auf dass jene unter den Seinen, die sich noch vor dem nahenden Tode fürchten, auf ihn blicken und nicht, sich darum für verworfen haltend, dem schlimmeren Tod der Verzweiflung anheimfallen. Welch großes Gut dürfen wir also von der Teilnahme an der Gottheit dessen erhoffen, dessen Ver-

[2] Ebd.
[3] Ebd.

störung uns beruhigt und dessen Schwäche uns stärkt. Sei es, dass er an dieser Stelle aus Mitleid mit dem zugrunde gehenden Judas verstört wurde oder wegen des eigenen herannahenden Todes, es ist dennoch keinesfalls zu bezweifeln, dass er nicht aus geistiger Schwäche, sondern durch Vollmacht verstört wurde, damit in uns keine Verzweiflung nach dem Heil aufkomme, wenn wir nicht durch eigene Kraft, sondern durch Schwachheit betrübt werden. Er hatte ja die Schwachheit des Fleisches auf sich genommen, die durch die Auferstehung vernichtet würde. Aber der nicht nur Mensch, sondern auch Gott war, übertraf das ganze Menschengeschlecht unsagbar an Geistesstärke. Also nicht unter jemandes Zwang wurde er verstört, sondern er verstörte sich selbst; das sagt der Evangelist ganz klar bei der Erweckung des Lazarus (vgl. Joh 11,33). Dort steht über ihn, dass er sich selbst verstörte, damit es auch verstanden werde, wo es nicht ausdrücklich steht und man doch von seiner Verstörung liest. Wenn er es für gegeben hielt, hat er durch eigene Vollmacht eine menschliche Empfindung gehabt, er, der in Vollmacht ganz Mensch zu sein sich entschloss. [LX, 5]

Also «wurde Jesus verstört im Geiste und beteuerte: Wahrlich, wahrlich, ich sage euch, einer von euch wird mich verraten. Einer von euch», der Zahl, nicht dem Verdienst nach, dem äußeren Anschein, nicht dem inneren Wert nach, der leiblichen Bindung, nicht der geistigen Verbundenheit nach, der fleischlichen Verbindung, nicht der Einheit des Herzens nach ein Genosse; also einer, der nicht von euch ist, sondern von euch weggehen wird. Denn wie könnte sonst wahr sein, was der Herr mit den Worten beteuerte: «Einer von euch», wenn das wahr ist, was eben der, von dem dieses Evangelium stammt, in seinem Brief schreibt: «Aus uns sind sie hervorgegangen; aber sie waren nicht aus uns, denn wenn sie aus uns gewesen wären, wären sie gewiss bei uns geblieben» (1 Joh 2,19). Deshalb war Judas nicht aus ihnen, denn er wäre bei ihnen geblieben, wenn er aus ihnen gewesen wäre. Was heißen also die Worte: «Einer von euch wird mich verraten», wenn nicht, dass einer, der von euch weggehen wird, mich verraten wird? Denn der Evangelist sagt uns in seinem Brief: «Wenn sie aus uns gewesen wären, wären sie gewiss geblieben», und hatte schon gesagt: «Sie sind von uns ausgegangen.» Daher ist beides wahr: «aus uns» und «nicht aus uns»: In einer Weise «aus uns» und in einer anderen «nicht aus uns»; nach der Teilnahme an den Sakramenten «aus uns», nach den ihren eigenen Verbrechen «nicht aus uns». [LXI, 2]

Ich weiß, Geliebte, ziemlich viele werden erschüttert sein: Gute, um sich darüber Klarheit zu verschaffen, Gottlose, um den Umstand zu tadeln, dass, nachdem der Herr seinem Verräter das eingetauchte Brot gereicht hatte, der Satan in ihn fuhr. Tatsächlich steht geschrieben: «Und als er das Brot eingetaucht hatte, gab er es dem Judas, dem Sohn des Simon Iskariot; und nach dem Bissen Brot fuhr der Satan in ihn.» Denn sie fragen: Hat das Brot Christi, dargereicht vom Tisch Christi, bewirkt, dass der Satan in seine Jünger fuhr? Wir antworten denen, dass wir vielmehr daraus lernen sollten, dafür Sorge zu tragen, das Gute nicht schlecht zu empfangen. Es ist ganz wichtig, nicht was einer empfängt, sondern wer empfängt, und nicht, was das Gereichte ist, sondern wer die Person ist, der etwas gereicht wird. Denn auch das

Gute schadet, und das Böse nützt, je nach der Empfänglichkeit derer, denen es gereicht wird. «Die Sünde», sagt der Apostel, «sollte dadurch als Sünde offenbar werden, dass sie mir durch das Gute den Tod bewirkte» (Röm 7,13). Siehe, das Gute hat Böses bewirkt, weil es schlecht aufgenommen wurde. Weiterhin sagt er: «Damit ich mich bei dem Übermaß meiner Offenbarungen nicht überhebe, wurde mir ein Stachel meines Fleisches gegeben, ein Engel des Satans, der mich mit Fäusten schlägt. Deshalb habe ich dreimal den Herrn gebeten, ihn von mir zu entfernen, und er sprach zu mir: Meine Gnade genügt dir, denn die Kraft wird in der Schwachheit vollendet» (2 Kor 12,7-9). Seht, das Böse hat Gutes bewirkt, weil es gut aufgenommen wurde. Was wunderst du dich also, dass das Brot Christi Judas gereicht wurde, wodurch dieser sich dem Teufel auslieferte, wenn du umgekehrt siehst, dass dem Paulus ein Engel des Teufels gegeben wurde, durch den er in Christus vollendet werden sollte? So hat sowohl das Gute dem Bösen geschadet, als auch das Böse dem Guten genützt. Erinnert euch, was geschrieben steht: «Wer unwürdig das Brot isst oder den Kelch trinkt, macht sich schuldig am Leib und Blut des Herrn» (1 Kor 11,27). Dies meinte der Apostel, als er schrieb, dass sie den Leib des Herrn wie irgendeine Speise ohne zu unterscheiden und nachlässig konsumieren. Wenn hier also der Apostel den tadelt, der den Leib des Herrn nicht von den anderen Speisen unterscheidet, welches Urteil verdient dann erst der, welcher an seinen Tisch gleichsam als Freund, in Wirklichkeit aber als Feind tritt? Wird die Nachlässigkeit des Tischgastes schon getadelt, wie wird dann erst Judas von dem bestraft, der ihn eingeladen hatte? Was aber war das dem Verräter gereichte Brot anderes als ein Beweis dafür, gegenüber welch großer Gnade er undankbar gewesen ist? [LXII, 1]

Nach dem Empfang des Brotes fuhr also der Satan in den Verräter des Herrn, um den ihm Ausgelieferten noch vollständiger zu besitzen, in den er schon zuvor eingefahren war, um ihn zu täuschen. Denn er war schon in ihm, als sich dieser zu den Juden begab und den Preis für den Verrat des Herrn mit ihnen abmachte, da dies der Evangelist Lukas ganz eindeutig mit den Worten bezeugt: «Es fuhr aber der Satan in Judas, der Iskariot hieß, einen von den Zwölf, und er ging hin und sprach mit den Hohenpriestern» (Lk 22,3f.). Daraus wird offenbar, dass der Satan schon in Judas war. Er war also schon zuvor in ihn gefahren, als er in seinem Herzen den Gedanken aufkommen ließ, Christus zu verraten, denn schon als Verräter war er zum Mahl gekommen. Jetzt aber nach dem Empfang des Brotes fuhr er in ihn, nicht um ihn als einen ihm noch Fremden zu versuchen, sondern um ihn als sein eigen zu besitzen. [LXII, 2]

Dennoch stand Judas, der nicht vom Herrn, sondern vom Teufel besessen war, nachdem bei diesem Undankbaren das Brot in den Leib, der Feind in den Geist gelangt war – es stand ihm die volle Durchführung seiner Tat noch bevor, deren Plan er in seinem so großen bösen Herzen bereits gefasst und zu der er seine verdammenswerte Zustimmung schon gegeben hatte. Als daher der Herr, das lebendige Brot, das Brot dem Toten gereicht und im Reichen des Brotes auf den Verräter des lebendigen Brotes gezeigt hatte, sprach er: «Was du tun willst, das tue bald!» Er nahm die Untat nicht vorweg, sondern sagte Judas das Böse, uns das Gute voraus.

Denn was ist für Judas verwerflicher und für uns besser als der Verrat Christi, der von ihm gegen sein Heil, für uns zum Heil gegen seinen Willen begangen wurde? «Was du tun willst, das tue bald!» Was für ein Wort eines zum Leiden eher bereiten als verbitterten Menschen! Was für ein Wort, das nicht so sehr die Strafe des Verräters ausdrückt, als den Preis des Erlösers andeutet! Er sagte nämlich: «Was du tun willst, das tue bald!», nicht weil er das Verderben des Treulosen schnell erreichen wollte, sondern um das Heil der Getreuen zu beschleunigen. Denn wegen unserer Vergehen ist er überliefert worden (vgl. Röm 4,25), er liebte die Kirche und hat sich selbst für sie hingegeben (vgl. Eph 5,25). Daher sagt auch der Apostel über sich selbst: «Der mich geliebt und sich selbst für mich hingegeben hat» (vgl. Gal 2,20). Würde sich also Christus nicht selbst hingeben, hätte ihn niemand überliefern können. Was hat Judas außer der Sünde? Er hat beim Verrat Christi nicht an unser Heil gedacht, weswegen Christus überliefert wurde, sondern er dachte an das Geld, seinen Gewinn, und erwirkte den Verlust seiner Seele. Er erhielt die Bezahlung, die er wollte, aber gegen seinen Willen wurde ihm auch der Lohn gegeben, den er verdiente. Judas überlieferte Christus, Christus überlieferte sich selbst; jener verkaufte zu seinem Vorteil, dieser erkaufte unsere Erlösung. «Was du tun willst, das tue bald», nicht weil du das kannst, sondern weil der es will, der alles kann. [LXII, 4]

«Als jener nun den Bissen genommen hatte, ging er sofort hinaus. Es war aber Nacht.»[4] Auch der, welcher hin-

[4] Judas verkörpert «als Nacht» in seiner geistigen Verwirrung die Macht der Finsternis. Vgl. I. de la Potterie, a.a.O., 34.

ausging, war Nacht. «Als» die Nacht «nun hinausgegangen war, sprach Jesus: Jetzt ist der Menschensohn verherrlicht.» Der Tag gibt also dem Tag das Wort weiter (vgl. Ps 18,3), das heißt, Christus spricht zu den gläubigen Jüngern, dass sie auf ihn hören und in der Nachfolge leben sollten. Und die Nacht vermeldet der Nacht ihre Kunde (vgl. ebd.), das heißt, Judas spricht zu den ungläubigen Juden, dass sie zu ihm kommen und ihm folgten, um ihn zu ergreifen. Aber das Wort des Herrn, das an die Frommen erging, bevor es von den Gottlosen festgenommen wurde, verlangt einen wachsamen Hörer; deshalb sollte der Redner seine Verkündigung jetzt nicht übereilen, sondern auf ein anderes Mal verschieben. [LXII, 6]

Die Abschiedsreden

Der Herr beteuert, seinen Jüngern ein neues Gebot zu geben, dass sie einander lieben mögen. «Ein neues Gebot gebe ich euch: dass ihr einander liebet.» Aber bestand dieses Gebot[1] nicht schon im Alten Bund Gottes, wo geschrieben stand: «Liebe deinen Nächsten wie dich selbst» (Lev 19,18)? Warum wird dann vom Herrn als neu bezeichnet, was sich als so alt erweist? Ist es darum das neue Gebot, weil es den alten Menschen aus- und den neuen anzieht? Denn nicht jede Liebe erneuert den Hörenden oder vielmehr den Gehorchenden, wohl aber diese, welche der Herr von der fleischlichen Liebe dadurch unterschied, indem er beifügte: «So, wie ich euch

[1] Das Antlitz der Kirche, a.a.O., [204] 266-269.

geliebt.» Denn freilich lieben einander die Gatten, die Eltern und Kinder und was sonst an menschlichen Banden die Menschen zusammen kettet: um nicht zu reden von der schuldigen und verdammlichen Liebe zwischen Ehebrechenden, Hurern und Dirnen, und was sonst noch nicht menschenwürdige Bande, sondern menschenverderbende Schande verknüpft. Ein neues Gebot also gab uns Christus, dass wir einander so lieben, wie Er uns geliebt hat. Diese Liebe schafft uns neu, dass wir neue Menschen, Erben des Neuen Bundes, Sänger des neuen Gesanges werden. Diese Liebe, geliebteste Brüder, hat damals auch die alten Gerechten, die Patriarchen und Propheten ebenso erneuert wie nachmals die seligen Apostel: Sie ist es, die auch heute die Völker erneuert und aus dem gesamten Menschengeschlecht, das über den ganzen Erdkreis verstreut ist, das neue Volk erschafft und zusammenrafft, den Leib der neuvermählten Braut des Gottessohns, die im Hohen Lied also besungen wird: «Wer ist diese, die in neuem Glanze emporsteigt?» (Hl 8,5), in neuem Glanze, und also erneuert, und wodurch, wenn nicht durch das neue Gebot? Darum sind in ihr die Glieder füreinander besorgt; und leidet ein Glied, so leiden alle Glieder mit ihm, und wird eines verherrlicht, so freuen sich alle mit ihm (vgl. 1 Kor 12,25-26). Denn sie hören und halten: «Ein neues Gebot gebe ich euch, dass ihr einander liebet»: nicht wie sich lieben, die einander bedecken, nicht wie Menschen sich lieben, nur weil sie Menschen sind, sondern wie sie sich lieben, weil sie Götter sind und Söhne des Allerhöchsten (vgl. Ps 81,6), um seinem einzigen Sohne Brüder zu sein, mit jener Liebe sich liebend, mit der Er sie liebte, um sie hinzuführen zum Ziele, das ihnen genügen, das mit Gütern ihre Sehnsüchte sättigen soll. Denn nichts wird dann ihrem Verlangen ermangeln, wenn Gott alles in allem sein wird (vgl. 1 Kor 15,28). Dieses Ende weiß von keinem Ende. Keiner stirbt dort, wohin keiner gelangt, der dieser Welt nicht gestorben ist, nicht des gemeinen Todes, wo die Seele den Leib verlässt, sondern des Todes der Auserwählten, wo bei lebendigem sterblichem Fleische das Herz droben beiseitegelegt wird. Das ist der Tod, von dem der Apostel sagt: «Gestorben seid ihr, und euer Leben ist verborgen mit Christus in Gott» (Kol 3,3). Und deshalb heißt es vielleicht: «Kraftvoll wie der Tod ist die Liebe» (Hl 8,6). Denn diese Liebe vermag, dass wir noch mitten in diesem sterblichen Fleische dieser Welt absterben und unser Leben mit Christus in Gott verabgründet werde: ja diese Liebe selbst ist unser Tod für die Welt und unser Leben mit Gott. Denn da es Tod besagt, wenn die Seele vom Leib sich trennt, wie sollte es dann kein Tod sein, wenn unsere Liebe von dieser Welt sich trennt? Kraftvoll also wie der Tod ist die Liebe. Was ist kraftvoller als sie, durch welche die Welt überwunden wird? [LXV, 1]

Glaubt also nicht, meine Brüder, dass im Worte des Herrn: «Ein neues Gebot gebe ich euch, dass ihr einander liebet», jenes größere Gebot übergangen würde, das uns befiehlt, den Herrn, unsern Gott, aus unserem ganzen Herzen, aus unserer ganzen Seele und aus unserem ganzen Gemüt zu lieben. Es scheint zwar übergangen zu sein, wenn es heißt: «Liebet einander», und es scheint nicht zusammenzuhängen mit dem anderen, das da lautet: «Du sollst deinen Nächsten lieben wie dich selbst.» Denn «in diesen beiden Gesetzen hängt das ganze Gesetz und die Propheten». Allein, wer es richtig begreift, findet ja beide in beiden. Denn wer Gott liebt, kann ihn nicht verachten, sofern er das Gebot der Nächstenliebe erließ; wer aber heilig und geistig den Nächsten liebt, was anderes liebt er in ihm als Gott? Das ist die von aller weltlichen Liebe unterschiedene Liebe, die unterscheidend der Herr beifügte: «so, wie ich euch geliebt». Denn was hat er in uns geliebt, wenn nicht Gott? Nicht den wir besaßen, sondern damit wir ihn besäßen: um uns, wie ich kurz zuvor sagte, dorthin zu führen, wo Gott alles in allem ist. So sagt man auch vom Arzt mit Recht, dass er die Kranken liebt: was anderes liebt er in ihnen, als die Gesundheit, die er herzustellen sich müht, nicht das Gebrechen, das er zu vertreiben kam? So sollen auch wir einander lieben, dass wir, so gut wir können, durch besorgte Liebe einander helfen, Gott in uns zu haben. Mit dieser Liebe beschenkt uns, der sagte: «Wie ich euch geliebt habe, so sollt ihr einander lieben.» Dazu also liebte er uns, dass auch wir einander lieben; indem er uns durch seine Liebe zu uns verlieh, uns durch wechselseitige Liebe untereinander zu binden und die durch so süße Fesseln verbundenen Glieder des Leibes eines so großen Hauptes zu sein. [LXV, 2]

«Daran», sagt er, «mögen alle erkennen, dass ihr meine Jünger seid, dass ihr einander liebet.» Als würde er sagen: Andere Gaben von mir haben mit euch auch solche gemeinsam, die nicht zu den Meinen gehören: nicht allein die Natur, das Leben, Empfinden, Denken und jenes Wohlbehagen, das Menschen und Tieren gemeinsam ist, sondern auch die Sprachengabe, die Sakramente, das Weissagen, die Weisheit, den Glauben, die Verteilung der eigenen Güter an Arme, ja die Übergabe ihres Leibes zum Verbrennen: weil sie aber die Liebe nicht haben, rasseln sie wie Schellen, sind nichts, und es nützt ihnen nichts (vgl. 1 Kor 13,1-3). Nicht also an jenen gewiss zu schätzenden Gaben, die auch solche besitzen können, die meine Jünger nicht sind, sondern «daran mögen alle erkennen, dass ihr meine Jünger seid, dass ihr einander liebet». O Christi Braut, wundervoll unter den Frauen! O die du «aufsteigst in neuem Glanze, hingelehnt an deinen Herzensfreund»! Durch wessen Licht du erleuchtet wirst, um zu strahlen, dessen Hilfe stützet dich auch, um nicht zu fallen. Wie treffend singt dir das Hohe Lied als dein Hochzeitslied zu: «Denn die Liebe ist dein Entrücken» (Hl 7,6). Sie lässt deine Seele nicht mit den Gottlosen verderben (vgl. Ps 25,9), sie sondert dein Anliegen aus von dem ihren (vgl. Ps 42,1), sie ist stark wie der Tod, sie ist dein Entzücken. Welch wundersamer Art ist der Tod, dem es nicht genügt, keine Strafe zu sein, sondern darüber hinaus ein Entzücken.[2] Aber hier soll jetzt diese Abhandlung enden, für die folgende soll ein neuer Traktat begonnen werden. [LXV, 3]

Nachdem der Herr Jesus den Jüngern die heilige Liebe empfohlen hatte, mit der sie einander lieben sollten, «sagt Simon Petrus zu ihm: Herr, wohin gehst du?» Das sagte sicher der Schüler zum Meister, der Knecht zum Herrn, als wäre er bereit, ihm zu folgen. Deshalb erwiderte ihm der Herr, der an seiner Gesinnung ablesen konnte, warum er diese Frage stellte: «Wohin ich gehe, kannst du mir jetzt nicht folgen», so als sagte er: Wonach du fragst, das kannst du jetzt nicht. Er sagt nicht, du kannst nicht, sondern: «Du kannst jetzt nicht»; er kündigte eine Verzögerung an, nahm nicht die Hoffnung; und eben diese Hoffnung, die er Petrus nicht nahm, sondern ihm viel-

[2] Vgl. ebd.

mehr machte, verstärkte er mit folgendem Wort: «Du wirst aber später folgen.» Was eilst du, Petrus? Der Fels hat dich noch nicht mit seinem Geist gefestigt. Erhebe dich nicht in Vermessenheit: «Du kannst jetzt nicht»; verfalle nicht der Verzweiflung, «du wirst mir später folgen.» Aber was erwidert ihm Petrus? «Warum kann ich dir jetzt nicht folgen? Mein Leben will ich für dich hingeben.» Der Herr sah, dass Verlangen in seiner Seele war, aber nicht die dazu nötigen Kräfte. Mit seinem Willen brüstete sich der Schwache, der Arzt aber kannte das gesundheitliche Befinden; Petrus versprach, Christus sah voraus; der Nichtwissende war kühn, der Vorauswissende belehrte ihn. Was hatte Petrus sich angemaßt, als er auf seinen Willen setzte und seine Grenzen nicht kannte? Was hatte er sich angemaßt, dass er, da der Herr doch gekommen war, sein Leben für seine Freunde hinzugeben und also auch für ihn, sich getraute, für den Herrn sein Leben anzubieten, bevor Christus sein Leben für ihn hingegeben hatte? «Da entgegnete ihm Jesus: Dein Leben willst du für mich hingeben?» Wie kannst du vorausgehen, wenn du nicht folgen kannst? Warum bist du so anmaßend? Was denkst du von dir? Vernimm, was du bist: «Amen, amen, ich sage dir: Bevor der Hahn kräht, wirst du mich dreimal verleugnen.» So wirst du dich ganz bald zeigen, der du große Worte machst und dich nicht klein weißt. Der du mir deinen Tod versprichst, wirst mich, dein Leben, dreimal verleugnen. Du meinst, für mich schon sterben zu können; lebe zuerst für dich; in der Furcht vor dem eigenen leiblichen Tod, wirst du deiner Seele den Tod geben. Denn Leben bedeutet sich zu Christus bekennen, Tod bedeutet, Christus verleugnen. [LXVI, 1]

(...) «Der Hahn wird nicht krähen, bis du mich dreimal verleugnest.» Ob du nun sagst: «Ich kenne den Menschen nicht» (Mt 26,72; Lk 22,57); oder: «Mensch, ich weiß nicht, was du sagst» (Lk 22,60), auch wenn du sagst: «Ich gehöre nicht zu deinen Jüngern» (Joh 18,25); du wirst mich verleugnen. Wenn Christus das gesagt – was nicht zu bezweifeln ist – und damit Wahres verheißen hat, so hat Petrus ohne Zweifel Christus verleugnet. Wir klagen Christus nicht an, wenn wir Petrus verteidigen.[3] Die Schwachheit anerkennt die Sünde, denn die Lüge enthält keinerlei Wahrheit. Die Schwachheit Petri hat ja die Sünde anerkannt, vollständig anerkannt; er hat mit seinen Tränen bewiesen, dass er verstanden hat, wie viel Böses er mit der Verleugnung Christi beging. Er selbst hat seine Verteidiger widerlegt und, um sie Lügen zu strafen, führt er Tränen als Zeugen an. Wenn wir das so feststellen, macht es uns keine Freude, den ersten der Apostel anzuklagen; aber wir können aus seinem Beispiel lernen, dass keiner auf seine menschlichen Kräfte vertrauen soll. Denn worauf sonst zielte unser Lehrer und Heiland ab, als dass er uns am Beispiel des ersten der Apostel zeigte, dass keiner sich über sich erheben dürfe? Der Seele Petri widerfuhr deshalb, was er mit seinem Leib anbot. Er ist dem Herrn nicht vorausgegangen, wie er sich kühn anmaßte, sondern anders als er meinte: Vor dem Tod und der Auferstehung des Herrn starb er mit der Verleugnung und auferstand durch seine Tränen; er starb, weil er stolz auf sich selbst setzte; er auferstand, weil der Herr gütig auf ihn schaute. [LXVI, 2]

[3] Vgl. Ambrosius, der im Lukaskommentar (zu XXII) X, 52, schreibt: «Ich werfe Petrus nicht vor, dass er Christus verleugnet hat, ich lobe ihn aber dafür, dass er geweint hat.»

(…) «Im Hause meines Vaters sind viele Wohnungen»; keiner wird von diesem Haus ausgeschlossen, wo jeder eine Wohnung gemäß seinem Verdienst bekommen wird. Der Denar, den der Hausvater all denen zu geben befiehlt, die im Weinberg gearbeitet haben, ohne zu unterscheiden, wer weniger und mehr gearbeitet hat (vgl. Mt 20,9), ist für alle der gleiche. Dieser Denar bezeichnet sicher das ewige Leben, das keiner länger als der andere lebt, weil das Lebensmaß in der Ewigkeit nicht verschieden ist. Die vielen Wohnungen bedeuten die verschiedenen Grade der Verdienste in diesem ewigen Leben. Denn jeweils anders ist der Glanz der Sonne, des Mondes und der Sterne: ja zwei Sterne unterscheiden sich im Glanz, und so verhält es sich auch bei der Auferstehung der Toten (vgl. 1 Kor 15,41f.). Gleichsam wie die Sterne erhalten die Heiligen im Reich verschiedene Wohnungen von verschiedenem Glanz wie am Himmel, aber, dank des einen Denar, wird keiner vom Reich ausgeschlossen. So wird Gott alles in allem sein (vgl. 1 Kor 15,28), damit, weil Gott Liebe ist (vgl. 1 Joh 4,8), diese Liebe bewirke, dass, was jeder einzelne hat, allen gemeinsam sei (vgl. Apg 4,32). So ergeht es nämlich auch dem, der im anderen liebt, was er selbst nicht hat. Der ungleiche Glanz erregt keinen Neid, weil in allen die Einheit der Liebe herrscht. [LXVII, 2]

(…) «Er hat uns erwählt vor Grundlegung der Welt» (Eph 1,4), sicher durch Vorherbestimmung, nicht durch Berufung. «Die er aber vorherbestimmt hat, die hat er auch berufen» (Röm 8,30): Er hat sie erwählt durch Vorherbestimmung vor Grundlegung der Welt, er hat sie erwählt durch Berufung vor Vollendung der Welt. In diesem Sinn hat er auch die Wohnungen bereitet und bereitet sie noch; und zwar nicht andere, sondern die, welche er bereitet hat, bereitet er, der das Zukünftige gemacht hat; die er durch Vorherbestimmung bereitet hat, bereitet er, indem er sie aufbaut. Sie sind also schon da in der Vorherbestimmung; wäre es nicht so, hätte er gesagt: Ich werde hingehen und sie bereiten, also vorherbestimmen. Aber weil sie noch nicht im Aufbau sind, sagt er: «Und wenn ich hingegangen sein werde und euch einen Platz bereitet haben werde, werde ich wiederkommen und euch zu mir nehmen». [LXVIII, 1]

In gewisser Weise bereitet der Herr aber die Wohnungen, indem er die Bewohner der Wohnungen bereitet. Wenn er allerdings sagt: «Im Hause meines Vaters sind viele Wohnungen», was, denken wir, sei das Haus Gottes, wenn nicht der Tempel Gottes? Wenn wir dazu den Apostel fragen, antwortet dieser: «Der Tempel Gottes ist heilig, und der seid ihr» (1 Kor 3,17). Der Tempel ist auch das Reich Gottes, das der Sohn dem Vater übergeben hat; daher sagt derselbe Apostel: «Der Erstling Christus, dann die zu Christus gehören bei seiner Gegenwart; danach das Ende, wenn er das Reich Gott und dem Vater übergeben wird» (1 Kor 15,23f.); das heißt, die er mit seinem Blut erlöst hat, wird er seinem Vater übergeben, damit auch sie ihn schauen können. Das ist das Himmelreich, von dem es heißt: «Mit dem Himmelreich ist es wie mit einem Mann, der guten Samen auf seinen Acker aussät. Der gute Samen aber, das sind die Söhne des Reiches» (Mt 13,24.38); sie sind jetzt zwar noch mit Unkraut vermischt, allein am Ende sendet der König seine Engel aus, «und sie werden aus seinem Reich alle Ärgernisse sammeln. Dann werden die Gerechten leuchten wie die Sonne im Reich ihres Vaters»

(Mt 13,41.43). Das Reich wird im Reich leuchten, wenn dieses Reich sich vollendet, um dessen Kommen wir mit den Worten beten: «Dein Reich komme» (Mt 6,10). Jetzt wird es also schon ‹Reich› genannt, aber es ist noch im Aufbau. Würde es nicht jetzt schon ‹Reich› genannt, würde der Herr nicht sagen: «Sie werden aus seinem Reich alle Ärgernisse sammeln» (Mt 13,41). Aber noch herrscht dieses Reich nicht. Nur insofern als aus ihm alle Ärgernisse ausgeschlossen werden, wird es zum Reich, so dass es dann nicht nur ‹Reich› heißt, sondern auch die Macht zu herrschen hat. Zu diesem Reich, das zu seiner Rechten steht, wird der Herr sagen: «Kommt, ihr Gesegneten meines Vaters, empfangt das Reich» (Mt 25,34), das heißt, die ihr das Reich wart, aber nicht herrschtet, kommt, um zu herrschen, damit ihr, was ihr auf Hoffnung hin wart, auch in der Erfüllung sein könnt. Also dieses Haus Gottes, dieser Tempel Gottes, dieses Reich Gottes und das Reich der Himmel ist noch im Aufbau: Erst jetzt[4] wird es kunstvoll verfertigt, bereitet und gesammelt. In ihm werden die Wohnungen sein, die der Herr jetzt bereitet, die in ihm schon sind, sofern der Herr sie vorherbestimmt hat. [LXVIII, 2]

Aber warum ist er weggegangen, um die Wohnungen zu bereiten, da er doch uns bereiten soll, was er nicht tun kann, wenn er uns verlässt? Ich verstehe, Herr, so gut ich kann: Ohne Zweifel gibst du so zu erkennen, dass, sollen diese Wohnungen bereitet werden, der Gerechte aus dem Glauben leben muss (vgl. Röm 1,17). Denn wer fern vom Herrn weilt, muss aus dem Glau-

[4] Adhuc meint ‹erst und bis› jetzt; vgl. H. de Lubac, Glauben, a.a.O., 111.

ben leben, weil er durch den Glauben zur Anschauung bereitet wird (vgl. 2 Kor 5,6f.). Denn so steht geschrieben: «Selig, die reinen Herzens sind, denn sie werden Gott schauen» (Mt 5,8) und: «Durch den Glauben reinigt er ihre Herzen» (Apg 15,9). Der erste Text steht im Evangelium, der zweite in der Apostelgeschichte. Der Glaube aber, durch den die Herzen derer gereinigt werden, die Gott schauen werden, glaubt, solange sie Pilger sind, was er nicht sieht, denn wenn du siehst, ist es kein Glaube. Der Glaubende erwirbt sich Verdienste, der Schauende empfängt Lohn. Also soll der Herr gehen und einen Ort bereiten, er soll gehen, damit wir nicht schauen, und sich verbergen, damit er geglaubt werde. Denn der Ort wird dann bereitet, wenn man aus dem Glauben lebt. Im Glauben ersehne man ihn, damit man das Ersehnte besitze: die Sehnsucht der Liebe ist die himmlische Wohnung. Also, Herr, bereite, was du zu bereiten gegangen bist, denn für uns bereitest du dich, und für dich bereitest du uns, weil du in uns den Ort bereitest: Dich in uns und uns in dir. Denn du hast gesagt: «Bleibet in mir und ich in euch» (Joh 15,4). In dem Maß wie einer an dir teilhat, der eine weniger, der andere mehr, wird der Lohn für die verschiedenen Verdienste sein. Die Vielzahl der Wohnungen entspricht der Verschiedenheit der Verdienste ihrer Bewohner, die aber dennoch alle in Ewigkeit leben und ohne Ende selig sein werden. (...) [LXVIII, 3]

(...) «Und wenn ich hingegangen bin und euch einen Platz bereitet habe, komme ich wieder und werde euch zu mir nehmen, damit, wo ich bin, auch ihr seid. Und wohin ich gehe, wisst ihr und den Weg kennt ihr. Darauf sprach Thomas zu ihm: «Herr, wir wissen nicht, wohin du gehst; und wie sollen wir den Weg kennen?» Ihr kennt beides[5], hatte der Herr gesagt. Und dieser da sagt: Wir kennen keines von beiden: weder das Ziel des Gehens noch den Weg dorthin. Der Herr aber kann nicht lügen; sie wussten es also doch; nur wussten sie nicht, dass sie es wussten. So zeigte er ihnen, dass sie schon wissen, was sie meinen, noch nicht zu wissen. Jesus sprach zu ihm: «Ich bin der Weg, die Wahrheit und das Leben.» Wie denn, Brüder? Seht, wir haben die Frage des Jüngers und auch die Lehre des Meisters vernommen, und dennoch erfassen wir nicht den verborgenen Sinn. Aber was können wir nicht erfassen? Konnten denn seine Apostel, zu denen er sprach, ihm sagen: Wir kennen dich nicht? Und wenn sie ihn kannten und er der Weg ist, so kannten sie auch den Weg; und wenn sie ihn kannten und er die Wahrheit ist, so kannten sie auch die Wahrheit; und wenn sie ihn kannten und er das Leben ist, so kannten sie auch das Leben. Seht, so wurden sie überführt, dass sie wussten, was sie nicht zu wissen vermeinten. [LXIX, 1]

Was also haben wir von dieser Predigt nicht erfasst? Was, Brüder, wenn nicht den Ausspruch: «Und wohin ich gehe, wisst ihr, und den Weg wisst ihr?» Sie kannten also den Weg[6], denn sie kannten ihn, den Weg. Der Weg aber ist das, auf dem man geht; ist denn der Weg auch das, wohin man geht? Aber beides wussten sie – so hatte er gesagt: den Weg und das Ziel. Er musste also sagen: «Ich bin der Weg», damit sie, die ihn kannten, den scheinbar unbekannten Weg kennten; er musste aber

[5] Das Antlitz der Kirche [84] 122-124.
[6] Ebd.

auch sagen: «Ich bin der Weg, die Wahrheit und das Leben», weil nach der Einsicht seines Weges die Einsicht seines Zieles noch fehlte, dass er nämlich zur Wahrheit und zum Leben führte. So führte er also durch sich selbst zu sich selbst. Und wohin gehen wir, wenn nicht zu ihm? Wodurch gehen wir, wenn nicht durch ihn? Er also führt durch sich selbst zu sich selbst; wir gehen durch ihn zu ihm: vielmehr aber gehen sowohl er als auch wir zum Vater. Denn von sich selbst sagt er anderswo: «Ich gehe zum Vater» (Joh 16,10), während er hier von uns sagt: «Niemand kommt zum Vater außer durch mich.» So also führt er einerseits durch sich sowohl zu sich wie zum Vater, andererseits gehen wir durch ihn sowohl zu ihm wie zum Vater. Wer erfasst dies, außer wer geistlich denkt? Und wie viel fasst er wohl, auch wenn er geistlich denkt? Brüder, wie wollt ihr, dass ich euch dies erkläre? Bedenkt, wie erhaben diese Dinge sind. Ihr seht, was ich bin; und ich sehe, was ihr seid: In uns allen lähmt der hinfällige Leib die Seele und drückt die irdische Wohnung den vielsinnenden Geist nieder (vgl. Weish 9,15). Können wir wirklich sagen: «Zu dir habe ich meine Seele erhoben, der du im Himmel thronst» (Ps 122,1)? Ja, aber unter der Last einer solchen Bürde, unter der wir seufzen, wie erhebe ich da meine Seele, wenn nicht jener sie mit mir erhebt, der die seine für mich dahin gegeben hat? Was ich kann, sage ich; es erfasse, wer kann. Dank seiner Gnade spreche ich von ihm, der durch seine Gnade dem Verstehen schenkt, der versteht, und Glauben dem, der nicht versteht. Denn «wenn ihr nicht glaubt», sagt der Prophet, «werdet ihr nicht verstehen» (Jes 7,9 nach LXX). [LXIX, 2]

Sag mir, Herr[7], was soll ich meinen Mitknechten sagen? Thomas der Apostel hatte dich, um dich fragen zu können, vor sich und verstünde dich doch nicht, hätte er dich nicht in sich: ich frage dich, weil ich weiß, dass du über mir bist; ich frage dich, weil ich meine Seele über mich selber erheben kann (Ps 41,5), dorthin, wo ich dich, auch ohne Töne, lehrend vernehme. Sag mir, ich bitte dich sehr, wie gehst du zu dir? Hattest du denn, um zu uns zu kommen, dich selber verlassen: zumal du nicht aus dir selber kamst, sondern der Vater dich sandte? Ich weiß, du hast dich selbst in die Leere hinein begeben; aber weil du die Sklavengestalt annahmst (vgl. Phil 2, 7), nicht weil du die Gottgestalt aufgabst, um zu ihr zurück zu kehren, oder verlorst, um sie wieder zu empfangen; und dennoch kamst du, und nicht nur bis vor die fleischlichen Augen, sondern bis hinein in die Hände der Menschen. Wie, wenn nicht im Fleisch? Durch das Fleisch kamst du und bliebst doch, wo du warst; durch dieses kehrtest du heim, ohne von dort zu scheiden, wohin du gekommen warst. Bist du also durch dieses gekommen und heimgegangen, so bist du durch das Fleisch ohne Zweifel nicht nur für uns der Weg zu dir gewesen, sondern warst auch dir selber der Weg für das Kommen und Gehen. Als du aber zum Leben, das du selber bist, gingst, so musstest du offenbar eben dies Fleisch vom Tode zum Leben führen. Ein anderes ist freilich Gottes Wort, ein anderes der Mensch: aber das Wort wurde Fleisch (vgl. Joh 1,14), das heißt Mensch. Nicht also ist die Person des Wortes eine andere als die des Menschen, denn beides ist Christi eine Person; und wie deshalb mit dem Tode des Fleisches Christus starb,

[7] Ebd.

mit dem Begräbnis des Fleisches Christus begraben wurde – so glauben wir mit dem Herzen zur Gerechtigkeit, so bekennen wir mit dem Mund zum Heil – (vgl. Röm 10,10), so kam, als das Fleisch vom Tode zum Leben kam, Christus zum Leben. Und weil das Wort Gottes Christus ist, so ist Christus das Leben. Und so, auf eine wundersame und unaussprechliche Weise, kam, der sich selber niemals entließ und verließ, zu sich selbst. Durch das Fleisch ist, wie gesagt, Gott zu den Menschen gekommen, die Wahrheit zu den Lügnern: Denn Gott ist wahrhaftig, jeder Mensch aber ein Lügner (vgl. Röm 3,4). Und als er von den Menschen entschwand und sein Fleisch dorthin trug, wo niemand lügt, ist er selbst, das Fleisch gewordene Wort (vgl. Joh 1,14), durch sich, das heißt durch das Fleisch, zur Wahrheit, die er selbst ist, zurückgekehrt. Diese Wahrheit hat er, obgleich unter Lügnern, im Tod bezeugt, denn einst war Christus tot, aber er war niemals lügnerisch. [LXIX, 3]

Was es bedeutet und wie es aufzunehmen ist, dass der Herr sagt: «Wer an mich glaubt, wird die Werke, die ich tue, auch selbst tun», ist nicht leicht zu verstehen; und obgleich das sehr schwer zu begreifen ist, hat der Herr etwas noch Schwierigeres hinzugefügt: «Und er wird noch größere tun.» Was soll das heißen?[8] Wir fanden keinen, der die Werke Christi tat, und nun sollen wir gar einen finden, der noch größere tut? Aber in der letzten Predigt[9] hatten wir gesagt, dass es ein größeres Werk war, was die Apostel taten: nur durch den Vorübergang ihres Schattens (vgl. Apg 5,15), und nicht, wie

[8] Ebd. [82] 120f.
[9] Augustinus kommentiert auch dort (LXXI, 3) Joh 14,12.

der Herr, durch den berührten Saum des Gewandes Kranke zu heilen (vgl. Mt 14,36), und dass mehr Menschen sich bekehrten auf die Predigt der Apostel hin als auf die eigene Predigt des Herrn: so dass es schien, als sollten unter den ‹größeren Werken› diese verstanden werden; nicht so, dass der Schüler nun größer sei als der Meister, oder der Knecht als der Herr, oder der angenommene Sohn als der eingeborene, oder der Mensch als Gott, sondern so, dass er sich würdigte, selber durch sie jenes Größere zu tun, der anderswo sagt: «Ohne mich könnt ihr nichts tun» (Joh 15,5). So hat er sie – um unzählig anderes zu übergehen – ohne sie geschaffen, ohne sie die Welt erschaffen; und, da er sich herabließ, auch Mensch zu werden, ebenso sich selbst ohne sie geschaffen. Und was taten sie ohne ihn, wenn nicht die Sünde? Und schließlich hat er auch hier alsbald den möglichen Anstoß beseitigt, denn nachdem er gesagt hatte: «Wer an mich glaubt, wird die Werke, die ich tue, auch selbst tun, und er wird noch größere tun», fügt er sogleich hinzu: «Weil ich zum Vater gehe, und was immer ihr erbitten werdet in meinem Namen, werde ich tun.» Der vorhin sagte: «Er wird tun», sagt jetzt: «Ich werde tun», als wollte er sagen: Nicht unmöglich soll euch dies scheinen: denn nicht größer als ich kann sein, wer an mich glaubt, vielmehr werde ich dann Größeres tun als jetzt; Größeres durch den, der an mich glaubt, abgesehen von ihm, als durch mich: aber ich, sowohl ohne ihn wie durch ihn: wenn aber ohne ihn, dann tut's dieser nicht selber; wenn aber durch ihn, dann tut er's zwar selber, aber nicht durch sich selber. Hinwiederum aber: Größeres tun durch ihn, als ohne ihn, ist nicht Schwäche, sondern Herablassung. Denn was sollen die Knechte dem Herrn vergelten für alles, was er ihnen vergolten hat (vgl. Ps 115,12)? Hat er sich doch gewürdigt, ihnen unter den anderen Gütern auch dieses zu geben, dass er Größeres durch sie tun wollte als ohne sie. Schied nicht jener Reiche traurig von ihm, nachdem er einen Rat betreffend das ewige Leben erbeten hatte (Mt 19,16ff.)? Er vernahm's, er verwarf's, und dennoch: Was der eine von ihm vernahm und nicht tat, das taten später viele, als der ‹gute Lehrer› durch seine Jünger sprach, der, als er den Reichen durch sich selber mahnte, verachtenswert schien, liebenswert aber denen, die er durch Arme aus Reichen zu Armen machte. Siehe: Größeres als selber Hörenden kündend, tat er, von Gläubigen verkündet. [LXXII, 1]

Nun sollen wir verstehen, soweit Gott sich würdigt, uns das Wort zu eröffnen: «Noch eine kleine Weile und die Welt sieht mich nicht mehr, ihr aber werdet mich sehen.» Sicher ist, dass er nach einem Weilchen seinen Leib, in welchem ihn auch die Ungläubigen sehen konnten, ihrem Auge entziehen wollte, da ihn nach der Auferstehung keiner mehr sah. Aber weil von den Engeln bezeugt wurde: «Er wird so wiederkommen, wie ihr ihn in den Himmel habt gehen sehen» (Apg 1,11) und wir nichts anderes glauben, als dass er in demselben Leib zum Gericht über die Lebenden und Toten kommen wird, wird ihn dann sicher die Welt sehen, womit auch die gemeint sind, die seinem Reich fern sind. So versteht man seine Worte: «Noch eine kleine Weile und die Welt sieht mich nicht mehr», weit besser und zwar als einen Hinweis auf das Ende der Zeiten, wo er den Augen der Verurteilten[10] entzogen sein wird, während er sich in

[10] «Oculis damnatorum» heißt es im Original.

der Zukunft von jenen sehen lässt, bei denen er mit dem Vater Wohnung nimmt, da sie ihn lieben. «Eine kleine Weile», sagte er aber auch, weil das, was den Menschen lange scheint, in den Augen Gottes ganz kurz ist; von dieser kleinen Weile spricht ja derselbe Evangelist Johannes: «Kindlein, es ist die letzte Stunde.» [LXXVI, 3]

Damit nun keiner meine, nur der Vater und der Sohn nähmen ohne den Heiligen Geist bei den sie Liebenden Wohnung, möge er erwägen, was zuvor über den Heiligen Geist gesagt wurde: «Den die Welt nicht empfangen kann, weil sie ihn nicht sieht und nicht kennt; ihr aber werdet ihn erkennen, weil er bei euch bleiben wird und in euch sein wird» (Joh 14,17). Der Heilige Geist nimmt mit dem Vater und dem Sohn Wohnung in den Heiligen, natürlich innerlich wie Gott in seinem Tempel. Der dreifaltige Gott, der Vater, der Sohn und der Heilige Geist, kommt zu uns, während wir zu ihm kommen: Er kommt, indem er uns beisteht, wir im Gehorsam, er durch Erleuchtung; wir, indem wir betrachten, er, indem er erfüllt, wir durch Begreifen, damit uns nicht die äußere, sondern eine innere Schau zu eigen werde und seine Einwohnung in uns nicht vorübergehend, sondern ewig sei.[11] So offenbart sich der Sohn der Welt nicht: ‹Welt› werden hier die genannt, über die er sogleich hinzufügte: «Wer mich nicht liebt, bewahrt meine Worte nicht.» Das sind die, welche den

[11] Mit der Taufe «hat für die Wiedergeborenen das Neue Leben im Namen des Dreieinigen Gottes seinen Anfang genommen und damit die geheimnisvolle Einwohnung der göttlichen Personen, die ewig dauern, aber leider auch vorübergehend sein kann» (F. van der Meer, a.a.O., 431).

Vater und den Heiligen Geist niemals sehen; den Sohn aber sehen sie für eine kleine Weile, nicht damit sie selig gepriesen, sondern damit sie gerichtet werden; und auch ihn nicht in der Gestalt Gottes, wo er mit dem Vater und dem Heiligen Geist gleich unsichtbar ist, sondern in Menschengestalt, in der er von der Welt für sein Leiden verachtet, in seinem Gericht schrecklich erscheinen wollte. [LXXVI, 4]

Was Jesus aber hinzufügte: «Und das Wort, das ihr hört, ist nicht von mir, sondern vom Vater, der mich gesandt hat»: Wundern und ängstigen wir uns nicht darüber. Er ist nicht geringer als der Vater, aber er ist nur vom Vater her. Er ist ihm gleich, aber er ist nicht von sich her. Denn er hat nicht gelogen, wenn er sagt: «Wer mich nicht liebt, hält an meinen Worten nicht fest.» Er sagte, das seien seine Worte; widerspricht er sich da vielleicht, wenn er andererseits sagt: «Und das Wort, das ihr hört, ist nicht von mir»? Vielleicht wollte er einen Unterschied machen und sprach von seinen Worten in der Mehrzahl; als er aber sagte, das Wort sei nicht von ihm, sondern vom Vater, wollte er sich selbst bezeichnen. Denn «im Anfang war das Wort und das Wort war bei Gott und Gott war das Wort» (Joh 1,1). Sicher ist er nicht Wort von sich, sondern vom Vater, wie er auch nicht Bild von sich, sondern vom Vater ist. Was immer er Gleiches tut, schreibt er deshalb zu Recht seinem Ursprung zu, von dem er auch das hat, dass er ihm unterschiedslos gleich ist. [LXXVI, 5]

Christus der Weinstock

Die Stelle im Evangelium, an welcher der Herr sich Weinstock und seine Jünger Reben nennt, ist so zu verstehen, dass er das Haupt der Kirche ist und wir seine Glieder, «ein Mittler zwischen Gott und den Menschen, der Mensch Jesus Christus» (1 Tim 2,5). Weinstock und Reben sind einer Natur; deshalb ist der, welcher Gott war, dessen göttliche Natur wir nicht haben, Mensch geworden, damit in ihm die menschliche Natur wie ein Weinstock sei, dessen Reben wir Menschen sein können. (…) [LXXX, 1]

«Ich bin», sagt Jesus Christus, «der wahre Weinstock, und mein Vater ist der Weingärtner. Jede Rebe an mir, die keine Frucht bringt, entfernt er, und jede, die Frucht bringt, reinigt er, damit sie noch mehr Frucht bringe.» Sind der Weingärtner und der Weinstock also eins? Christus ist der Weinstock, insofern er sagen kann: «Der Vater ist größer als ich» (Joh 14,28). Aber sofern er sagt: «Ich und der Vater sind eins» (Joh 10,30), ist er auch Weingärtner, nicht wie diejenigen, die äußerlich einen Dienst tun, sondern wie einer, der innerlich Wachstum gibt. «Denn weder der pflanzt, ist etwas, noch der begießt, sondern der Wachstum gibt, Gott» (1 Kor 3,7). Christus ist wahrlich Gott, denn Gott war das Wort; darum sind er und der Vater eins, und wenn das Wort Fleisch geworden ist (vgl. Joh 1,1.14), was es nicht war, bleibt es dennoch, was es war. Nachdem er also vom Vater als dem Weingärtner gesagt hatte, er entferne die fruchtlosen Reben, die fruchtbaren aber reinige er, damit sie mehr Frucht bringen, sagte er gleich darauf, dass auch er selbst die Reben reinige, und fuhr fort: «Ihr seid schon rein durch das Wort, das ich zu euch gesprochen habe.» Seht, auch er ist Reiniger der Reben, was die Aufgabe des Weingärtners, nicht des Weinstocks ist, der auch die Reben zu seinen Arbeitern gemacht hat. Denn selbst wenn sie kein Wachstum geben, liefern sie dennoch einen Beitrag, aber nicht von dem ihrigen, «denn ohne mich», sagt der Herr, «könnt ihr nichts tun.» Vernehmt ihr eigenes Bekenntnis: «Was ist denn Apollo? Und was ist Paulus? Diener, durch die ihr gläubig geworden seid und wie der Herr einem jeden es verliehen hat. Ich habe gepflanzt, Apollo hat begossen» (1 Kor 3,5f.). Auch das, «wie der Herr es einem jeden verliehen hat» (ebd.); daher nicht von dem ihrigen. Vernehmt, was folgt: «Aber Gott hat Wachstum gegeben» (1 Kor 3,7). Das vollbringt Gott nicht durch sie, sondern aus sich selbst; das geht über die menschliche Niedrigkeit hinaus, ebenso wie über die Erhabenheit der Engel und betrifft ausschließlich die Dreifaltigkeit, den Weingärtner. «Ihr seid schon rein», rein und doch noch zu reinigen. Denn wären sie nicht rein, könnten sie keine Frucht bringen, und dennoch reinigt der Winzer jeden, der Frucht bringt, damit er noch mehr Frucht bringe. Er bringt Frucht, weil er rein ist, und damit er noch mehr bringe, wird er noch mehr gereinigt. Denn wer ist in diesem Leben so rein, das er nicht mehr und mehr gereinigt werden müsste? «Wenn wir sagen, wir hätten keine Sünde, täuschen wir uns selbst, und die Wahrheit ist nicht in uns; wenn wir aber unsere Sünden bekennen, ist er treu und gerecht, so dass er uns die Sünden erlässt und uns von jeder Ungerechtigkeit reinigt» (1 Joh 1,8f.). Gewiss mag er die Reinen, das heißt die Fruchtbaren, reinigen, damit sie umso fruchtbarer sind, je mehr sie gereinigt sind. [LXXX, 2]

«Ihr seid schon rein auf Grund des Wortes, das ich zu euch sprach.» Warum sagt er nicht[1]: Ihr seid rein auf Grund der Taufe, durch die ihr gewaschen seid, sondern: «auf Grund des Wortes, das ich zu euch sprach», wenn nicht, weil es auch im Wasser das Wort ist, das reinigt? Nimm weg das Wort, und was ist das Wasser, als eben Wasser? Es tritt das Wort zum Element, so wird das Sakrament, selbst gleichsam sichtbares Wort.[2] Denn auch dieses hatte er ja gesagt, als er den Jüngern die Füße wusch: «Wer gewaschen ist, bedarf nichts weiter, als die Füße zu waschen; vielmehr ist er ganz rein» (Joh 13,10). Woher diese gewaltige Macht des Wassers, dass es den Leib berühre und die Seele bespüle, wenn nicht, weil das Wort es wirkt: nicht, weil es gesprochen, sondern weil es geglaubt wird? Denn im Wort selbst ist ein anderes der Klang, der verweht, und die Kraft, die besteht. «Das ist das Wort des Glaubens, das wir verkünden», sagt der Apostel, «wenn du in deinem Munde bekennst, dass Jesus der Herr ist, und in deinem Herzen glaubst, dass ihn Gott von den Toten erweckt hat, so hast du das Heil. Denn mit dem Herzen glaubt man zur Gerechtigkeit, mit dem Munde aber bekennt man zum Heil» (Röm 10,8-10). Darum liest man in der Apostelgeschichte: «Durch Glauben reinigt er ihre Herzen» (Apg 15,9), und sagt der selige Petrus in seinem Briefe: «So macht euch die Taufe heil, nicht das Ablegen fleischlichen Schmut-

[1] Das Antlitz der Kirche, a.a.O., [129] 181f.

[2] Augustinus unterscheidet hier nicht, wie die spätere westliche Theologie, zwischen Wort und Sakrament; vgl. A. Schmemann, Die Eucharistie. Sakrament des Gottesreichs, Johannes Verlag Einsiedeln, Freiburg 2. Auflage 2012, 13; ferner die Ausführungen von Eberhard Jüngel, Caritas fide formata, Communio 35 (2006), 609; 614.

zes, sondern das Begehren eines guten Gewissens» (1 Petr 3,21). «Dies ist das Wort des Glaubens, das wir verkünden»: durch das ohne Zweifel auch die Taufe geweiht wird, um reinigen zu können. Denn Christus, der mit uns Weinstock, mit dem Vater Weingärtner ist, «hat die Kirche geliebt und sich für sie dahin gegeben.» Lies den Apostel und sieh, was er beifügt: «Auf dass er sie heilige, sie reinigend durch das Wasserbad im Worte» (Eph 5,25-26). Die Reinigung würde demnach keineswegs dem flüssigen, zerfließenden Element zugesprochen, würde nicht ‹im Worte› hinzugefügt. So viel vermag dies Wort des Glaubens in Gottes Kirche, dass durch den Glaubenden, Darbringenden, Segnenden, Eintauchenden auch das winzige Kind gereinigt wird, das doch noch nicht «mit dem Herzen zur Gerechtigkeit zu glauben» und «mit dem Munde zum Heil zu bekennen» (Röm 10, 10) vermag[3]. All dies geschieht durch das Wort, von dem der Herr sagt: «Ihr seid schon rein auf Grund des Wortes, das ich zu euch sprach.» [LXXX, 3]

Betrachtet immer wieder, was die Wahrheit noch beifügt: «Ich bin der Weinstock, ihr seid die Reben. Wer in mir bleibt und ich in ihm, der bringt reiche Frucht, denn ohne mich könnt ihr nichts tun.» Damit keiner meine, die Rebe könne wenigstens eine kleine Frucht aus eigener Kraft hervorbringen, fügt er nach dem Wort: «Der bringt reiche Frucht», nicht hinzu: Denn ‹ohne

[3] Das kleine Kind glaubt noch nicht persönlich; die Gültigkeit und objektive Wirksamkeit des Taufsakraments wird durch die kirchliche Gemeinschaft verbürgt. Das Sakrament bewirkt eine reale Heiligung und drückt dem Täufling ein unauslöschliches Siegel auf, auch wenn er noch nicht aus einem in der Liebe wirksamen Glauben leben kann.

mich könnt ihr nur wenig tun›, sondern: «Ihr könnt nichts tun.» Also weder wenig noch viel kann man ohne den tun, ohne den man nichts tun kann. Denn trägt die Rebe auch wenig, der Weingärtner reinigt sie, damit sie noch mehr trage. Bleibt sie dennoch nicht am Weinstock und lebt nicht von der Wurzel, kann sie aus eigener Kraft keine noch so kleine Frucht bringen. Aber Christus hätte nicht Weinstock sein können, wenn er nicht Mensch gewesen wäre, und dennoch würde er den Reben diese Gnade nicht verleihen, wenn er nicht auch Gott wäre. Ohne diese Gnade kann man nicht leben, der Tod liegt aber auch in der Macht freien Verfügens. «Wer in mir nicht bleibt», sagt Christus, «wird wie die Rebe weggeworfen und verdorrt, man wird sie sammeln und ins Feuer werfen und sie verbrennt.» Die Zweige des Weinstocks sind also verachtungswürdig, wenn sie nicht am Weinstock bleiben, herrlich, wenn sie daran bleiben, wie ja der Herr sogar durch den Propheten Ezechiel sagt: Abgeschnitten haben die Zweige für die Weingärtner keinen Nutzen mehr, sie sind zu keinem Handwerk mehr zu gebrauchen (vgl. Ez 15,5). Eins von beiden ereilt die Rebe: entweder der Weinstock oder das Feuer: Ist sie nicht am Weinstock, wird sie ins Feuer geworden; damit sie also nicht ins Feuer geworfen werde, möge sie am Weinstock bleiben. [LXXXI, 3]

«Wenn ihr in mir bleibt und meine Worte in euch bleiben, bittet, um was ihr wollt, und es wird euch zuteil werden.» Bleiben die Gläubigen in Christus, was können sie anderes wollen, als was mit Christus übereinstimmt? Was können sie anderes wollen, wenn sie im Erlöser bleiben, als was mit dem Heil vereinbar ist? Das erste wollen wir ja, weil wir in Christus sind, das zweite wollen wir, weil wir noch in dieser Welt sind[4]. Denn weil wir noch in dieser Welt sind, überkommt es uns bisweilen, dass wir um etwas bitten, was unserem Heil nicht förderlich ist, ohne es zu verstehen. Aber wenn wir in Christus bleiben, das sei verhütet, denn er gibt uns auf unsere Bitten hin, was unserem Heil förderlich ist. Wenn wir also in ihm bleiben und seine Worte in uns bleiben, bitten wir, um was wir wollen, und es wird uns zuteil werden. Denn wenn wir bitten und es uns nicht zuteil wird, bitten wir um etwas, das weder mit dem Bleiben in ihm in Einklang steht, noch mit seinen Worten, die in uns bleiben, übereinstimmt, sondern was uns Begierde und Schwäche des Fleisches eingeben, die nicht in ihm sind und in denen seine Worte nicht bleiben. Sicher bezieht sich auf seine Worte das Gebet, das er uns zu sprechen gelehrt hat: «Vater unser, der du bist im Himmel» (Mt 6,9). Von den Worten und Gedanken dieses Gebetes wollen wir mit unseren Bitten nicht abweichen, und um was immer wir bitten, es wird uns zuteil werden. Dann nämlich bleiben seine Worte in uns, wenn wir tun, was er uns befohlen, und ersehnen, was er verheißen hat. Bleiben aber seine Worte nur im Gedächtnis und ohne Widerhall im Leben, dann gehört die Rebe nicht zum Weinstock, weil sie kein Leben aus der Wurzel zieht. Auf diesen Unterschied bezieht sich auch der Satz: «Jene behalten seine Gebote im Gedächtnis, um sie zu tun» (Ps 102,18). Denn viele behalten sie im

[4] Der vollkommene Mensch, so H. de Lubac, Die Kirche, a.a.O., 160, ist noch unverwirklicht: er ist ein fernes Leuchtbild am Horizont. Erst die Einheit im Glauben und die Erkenntnis des Sohnes Gottes macht uns zu vollkommenen Menschen, die Christus in seiner vollendeten Gestalt darstellen (Eph 4,13).

Gedächtnis, um sie zu verachten oder zu verlachen und anzufechten. In denen bleiben die Worte Christi nicht, die sie nur schwach berühren und nicht ihnen verbunden sind. Deshalb gereichen sie ihnen nicht zum Segen, sondern zum Zeugnis wider sie. Und weil sie so in ihnen sind, aber nicht in ihnen bleiben, haben sie sie nur, um von ihnen verurteilt zu werden. [LXXXI, 4]

«Wie mich der Vater geliebt hat», sagt er, «so habe ich euch geliebt; bleibt in meiner Liebe.» Seht, woher wir unsere guten Werke haben. Denn woher kommen sie, wenn nicht der Glaube durch die Liebe wirkt (vgl. Gal 5,6)? Wie können wir aber lieben, wenn wir nicht zuvor geliebt würden? Ganz deutlich hat das eben dieser Evangelist in seinem Brief gesagt: «Wir wollen Gott lieben, weil er uns zuerst geliebt hat» (1 Joh 4,19). Wenn er aber sagt: «Wie mich der Vater geliebt hat, so habe ich euch geliebt», so will er nicht die Gleichheit unserer Natur mit seiner Natur aufzeigen, wie seine Natur der des Vaters gleich ist, sondern auf die Gnade hinweisen, durch die der Mensch Jesus Christus Mittler zwischen Gott und den Menschen ist (vgl. 1 Tim 2,5). Als Mittler zeigt er sich ja, wenn er sagt: «Wie mich der Vater, so ich euch». Denn der Vater liebt sicher auch uns, aber in ihm; denn dadurch wird der Vater verherrlicht, dass wir Frucht bringen im Weinstock, das heißt im Sohn, und seine Jünger bleiben. [LXXXII, 2]

«Bleibt in meiner Liebe.» Wie werden wir darin bleiben? Vernimm die folgenden Worte: «Wenn ihr meine Gebote haltet, werdet ihr in meiner Liebe bleiben.» Erzeugt die Liebe das Halten der Gebote oder das Halten der Gebote die Liebe? Wer aber will bestreiten, dass die

Liebe dem Halten der Gebote vorausgeht? Wer nicht liebt, vermag nämlich nicht die Gebote zu halten. Wenn der Herr also sagt: «Wenn ihr meine Gebote haltet, werdet ihr in meiner Liebe bleiben», offenbart er nicht den Ursprung der Liebe, sondern wie sie sich zeigt. Als sagte er: Meint nicht, ihr könntet in meiner Liebe bleiben, wenn ihr nicht meine Gebote haltet; nur wenn ihr sie haltet, werdet ihr in ihr bleiben. Das heißt, das wird der Beweis sein, dass ihr in meiner Liebe bleibt, wenn ihr meine Gebote haltet. Niemand täusche sich mit der Beteuerung, er liebe den Herrn, wenn er seine Gebote nicht hält, denn wir lieben ihn so sehr, wie wir seine Gebote halten; umso weniger wir sie halten, umso weniger lieben wir. Auch wenn in den Worten: «Bleibt in meiner Liebe», nicht aufscheint, welche Liebe er gemeint hat: die, mit der wir ihn lieben, oder die, mit der er uns liebt; aber aus dem vorherigen Satz kann man es herleiten. Er hatte nämlich gesagt: «Auch ich habe euch geliebt», aber sogleich hinzugefügt: «Bleibt in meiner Liebe», in jener also, mit der er uns geliebt hat. Was heißt also: «Bleibt in meiner Liebe» anderes als: Bleibt in meiner Gnade? Und was heißt: «Wenn ihr meine Gebote haltet, werdet ihr in meiner Liebe bleiben» anderes als: So könnt ihr die Gewissheit haben, dass ihr in meiner Liebe bleibt, mit der ich euch liebe: Wenn ihr meine Gebote haltet? Also halten wir seine Gebote, nicht damit er uns zuerst liebt, sondern im Gegenteil: Wenn er uns nicht liebt, können wir seine Gebote nicht halten. Das ist die Gnade, die den Demütigen offenbart, den Stolzen verborgen ist. [LXXXII, 3]

Was aber bedeuten die Worte, die der Herr hinzufügt? «Wie ich die Gebote meines Vaters gehalten habe und in seiner Liebe bleibe?» Sicher wollte er auch hier, dass wir die Liebe des Vaters verstehen, die der Vater für ihn hat. Er hatte ja gesagt: «Wie mich der Vater geliebt hat, so habe ich euch geliebt»; und diesen Worten hinzugefügt: «Bleibt in meiner Liebe», zweifellos in der, die ich für euch habe. Wenn er also vom Vater spricht und sagt: «Ich bleibe in seiner Liebe», heißt das, er bleibt in der Liebe, die der Vater für ihn hat. Aber ist diese Liebe, mit welcher der Vater den Sohn liebt, nicht Gnade, so wie die Liebe Gnade ist, mit welcher uns der Sohn liebt, weil wir Söhne der Gnade, nicht der Natur nach sind; der Eingeborene aber Sohn der Natur, nicht der Gnade nach ist? Oder muss man diese Worte auch beim Sohn auf seine Menschheit beziehen? Sicher muss man das! Denn indem er sagt: «Wie mich der Vater geliebt hat, so habe auch ich euch geliebt», verweist er auf die Gnade des Mittlers. Jesus Christus ist Mittler zwischen Gott und den Menschen, nicht als Gott, sondern als Mensch. Denn sofern er Mensch ist, liest man über ihn: «Und Jesus nahm zu an Weisheit und Alter und Gnade bei Gott und den Menschen» (Lk 2,52). Also können wir sagen, dass obwohl zur Natur Gottes nicht die menschliche Natur gehört, diese dennoch durch Gnade zur Person des eingeborenen Sohnes Gottes gehört; und zwar durch eine so große Gnade, dass es keine größere und ihr gleiche gibt. Denn der Inkarnation gingen keinerlei Verdienste des Menschen voraus, und in ihr haben alle Verdienste ihren Ursprung. Der Sohn bleibt also in der Liebe, die der Vater für ihn hat, und deshalb hat er seine Gebote gehalten. Denn was ist menschliche Größe, wenn Gott sie nicht angenommen hätte (vgl. Ps

8,5)? Denn Gott war das Wort, er war als Eingeborener mit dem Vater gleich ewig (vgl. Joh 1,1); aber damit uns ein Mittler gegeben werde, ist durch unaussprechliche Gnade «das Wort Fleisch geworden und hat unter uns gewohnt» (Joh 1,14). [LXXXII, 4]

Ihr habt, Geliebte, die Worte des Herrn an seine Jünger vernommen: «Dies habe ich zu euch geredet, damit meine Freude in euch sei und eure Freude vollkommen werde.» Worin besteht die Freude Christi in uns, wenn nicht darin, dass er sich würdigt, sich über uns zu freuen? Und worin besteht unsere Freude, die, wie er sagt, vollkommen werden solle, wenn nicht in der Gemeinschaft mit ihm? Darum hatte er zu Petrus gesagt: «Wenn ich dich nicht wasche, hast du keinen Anteil an mir» (Joh 13,8). Also ist seine Freude in uns die Gnade, die er uns verliehen hat; diese Gnade ist unsere Freude. An dieser Freude erfreute er sich sogar von Ewigkeit her, als er uns erwählte vor Grundlegung der Welt (vgl. Eph 1,4). Und wir können nicht sagen, dass seine Freude nicht vollkommen war, denn Gott freute sich nie unvollkommen. Aber diese seine Freude war nicht in uns, weil wir damals noch nicht am Leben waren, und auch als unser Dasein begann, hatten wir sie noch nicht. In ihm aber war sie immer, der in der unzweifelhaften Wahrheit seines Vorauswissens sich darüber freute, dass wir ihm gehören würden. Daher empfand er schon vollkommene Freude für uns, als er uns in Freude im voraus wusste und vorherbestimmte; denn in dieser Freude konnte keine Furcht sein, dass sein Plan sich vielleicht nicht verwirklichen lasse. Als er ihn umzusetzen begann, ist seine Freude, kraft der er selig ist, nicht gewachsen; sonst wäre er seliger geworden, als er uns schuf. Das kann nicht sein,

Brüder; Gottes Seligkeit wird, weil sie ohne uns nicht geringer war, nicht größer durch uns. Seine Freude über unser Heil, die immer in ihm war, da er uns voraus-wusste und vorherbestimmte, begann in uns zu sein, als er uns berief; und diese Freude wächst und reift und harrt mit Ausdauer ihrer Vollendung. Sie beginnt im Glauben der Wiedergeborenen und wird vollendet im Lohn der Auferstehenden. So verstehe ich das Wort: «Dies habe ich zu euch geredet, damit meine Freude in euch sei und eure Freude vollkommen werde»; meine Freude sei «in euch», eure Freude werde «vollkommen». Denn meine Freude war immer vollkommen, auch bevor ihr berufen wurdet, da ihr von mir als zu Berufende im voraus gewusst wurdet, aber sie entsteht auch in euch, wenn sich in euch mein Plan zu verwirklichen beginnt. «Vollkommen werde» aber «eure» Freude dann, wenn ihr selig sein werdet; ihr seid es noch nicht, wie damals, als ihr erschaffen wurdet, da ihr noch nicht lebtet. [LXXXIII, 1]

«Nicht ihr habt mich erwählt», sagt er, «sondern ich habe euch erwählt.» Das ist die schon erwähnte unaussprechliche Gnade. Denn was waren wir, als wir Christus noch nicht erwählt hatten und folglich nicht liebten? Denn wie kann der ihn lieben, der ihn noch nicht erwählt hat? Waren vielleicht schon solche Gedanken in uns, die im Psalm besungen werden: «Lieber stehen an der Schwelle vor dem Haus meines Gottes, als in den Zelten der Sünder wohnen» (Ps 83,11)? Sicher nicht! Was waren wir also, wenn nicht Feinde und Verlorene? Wir glaubten noch nicht an ihn, um seine Erwählung zu verdienen; denn erwählte er schon an ihn Glaubende, würde er bereits Erwählte erwählen. Warum also sagt er: «Nicht ihr habt mich erwählt», wenn nicht, weil seine Barmherzigkeit uns zuvorgekommen ist (vgl. Ps 58,11)? Hier erweist sich die Schlussfolgerung jener als nichtig, welche das Vorauswissen Gottes gegen die Gnade Gottes verteidigen und sagen, wir seien deshalb vor Grundlegung der Welt erwählt worden (vgl. Eph 1,4), weil Gott im voraus wusste, dass wir gut sein würden, nicht dass er selbst uns zu Guten machen müsste. Das sagt der nicht, dessen Worte lauten: «Nicht ihr habt mich erwählt.» Denn hätte er uns deshalb erwählt, weil er im voraus wusste, dass wir gut sein würden, hätte er gleichzeitig auch im voraus gewusst, dass wir ihn zuerst erwählen würden. Anders können wir ja nicht gut sein, denn man kann nur den gut nennen, der das Gute erwählt hat. Was also erwählte er in den Nicht-Guten? Sie sind nicht erwählt worden, weil sie gut waren, angesichts der Tatsache, dass sie nicht gut wären, wenn sie nicht erwählt worden wären. Behaupten wir, der Gnade seien Verdienste vorausgegangen, ist die Gnade keine Gnade mehr. Es ist sicher Erwählung durch Gnade, von der der Apostel sagt: «So sind also auch in dieser Zeit Reste durch die Erwählung der Gnade heil geworden» (Röm 11,5). Und er fügt hinzu: «Wenn aber durch Gnade, dann nicht mehr auf Grund von Werken, da sonst die Gnade nicht mehr Gnade ist» (Röm 11,6). Hör zu, Undankbarer, und vernimm: «Nicht ihr habt mich erwählt, sondern ich habe euch erwählt.» Sage also nicht: ich wurde erwählt, weil ich glaubte. Wenn du nämlich an ihn glaubtest, wärst du es gewesen, der ihn erwählte. Aber höre gut zu! Du darfst nicht sagen: Bevor ich glaubte, wirkte ich schon Gutes, deshalb wurde ich erwählt. Denn was ist ein gutes Werk wert, bevor du glaubst, da der Apostel sagt: «Alles was nicht aus Glauben geschieht, ist Sünde» (Röm 14,23)? Was also sagen wir, wenn wir die Worte vernehmen: «Nicht ihr habt mich erwählt», außer dass wir böse waren und erwählt wurden, damit wir gut seien durch die Gnade dessen, der uns erwählt hat? Denn es wäre keine Gnade, wenn Verdienste voraus gegangen wären, aber es ist Gnade. Diese fand keine Verdienste vor, sondern bewirkte sie. [LXXXVI, 2]

Und seht, Geliebte, dass er die Guten nicht erwähnt, sondern die, welche er erwählt hat, zu Guten macht. «Ich habe euch erwählt und bestimmt, dass ihr hingeht und Frucht bringt und eure Frucht bleibt.» Ist das nicht die Frucht, von der er gesagt hatte: «Ohne mich könnt ihr nichts tun?» (Joh 15,5). Er hat uns also erwählt und bestimmt, dass wir hingehen und Frucht bringen; wir besaßen demnach keine Frucht, aufgrund der er uns hätte erwählen können. Wir gehen hin, um Frucht zu bringen; und er selbst ist der Weg, auf dem wir gehen, der Weg, den zu gehen er uns bestimmt hat. Daher ist uns in allem seine Barmherzigkeit zuvorgekommen. «Und eure Frucht bleibe, damit, was immer ihr den Vater in meinem Namen bittet, er euch gebe.» Es bleibe also die Liebe; sie ist unsere Frucht. Diese Liebe besteht jetzt in der Sehnsucht, noch nicht in der Erfüllung. Um was immer wir von dieser Sehnsucht bewegt im Namen des eingeborenen Sohnes bitten, gibt uns der Vater. Was aber zu unserem Heil nicht förderlich ist, darum sollen wir im Namen des Erlösers nicht bitten, aber bitten wir im Namen des Heilands nur um das, was uns zum Heil gereicht. [LXXXVI, 3]

Die Verheissung von Trennung und Wiedersehen

(...) «Eine kleine Weile und ihr seht mich nicht mehr, und wiederum eine kleine Weile, und ihr werdet mich sehen. Amen, amen, ich sage euch: Ihr werdet weinen und wehklagen, die Welt aber wird sich freuen; ihr jedoch werdet trauern, aber eure Traurigkeit wird sich in Freude verwandeln.» Das kann man so verstehen, dass die Jünger über den Tod des Herrn betrübt waren und zugleich über die Auferstehung des Herrn in Freude versetzt wurden; die Welt aber, mit der die Feinde bezeichnet werden, die Christus getötet haben, haben sich damals sicher über die Tötung Christi gefreut, als die Jünger trauerten. Unter dem Begriff ‹Welt› kann man auch die Bosheit dieser Welt verstehen, das heißt der Menschen, welche die Freunde dieser Welt sind. Daher sagt der Apostel Jakobus in seinem Brief: «Wer ein Freund dieser Welt sein will, der macht sich zum Feind Gottes» (4,4); diese Feindschaft gegen Gott wurde auch dem eingeborenen Sohn nicht erspart. [CI, 2]

Der Herr fährt fort: «Eine Frau, wenn sie gebiert, hat Traurigkeit, weil ihre Stunde gekommen ist; hat sie aber das Kind geboren, denkt sie nicht mehr an ihre Not, vor Freude, dass ein Mensch in die Welt geboren ist. Auch ihr habt jetzt Traurigkeit; ich werde euch aber wiedersehen und euer Herz wird sich freuen und eure Freude nimmt euch niemand.» Auch dieses Bild scheint nicht schwer zu verstehen zu sein, weil klar ist, weshalb das gerade Dargelegte gesagt wurde: Das Gebären wird nämlich mit Traurigkeit, die Geburt mit Freude verglichen, die dann größer zu sein pflegt, wenn nicht ein Mädchen, sondern ein Junge geboren wird. Wenn der

Herr aber sagt: «Eure Freude nimmt euch niemand», so wird hier, weil Jesus selbst ihre Freude ist, auf das hingewiesen, was der Apostel sagt: «Christus, von den Toten auferstanden, stirbt nicht mehr, und der Tod hat keine Macht mehr über ihn» (Röm 6,9). [CI, 3]

Ich glaube, die Worte «Ich werde euch aber wiedersehen, und euer Herz wird sich freuen, und eure Freude nimmt euch niemand», beziehen sich nicht auf die Zeit, in der er auferstand und ihnen sein Fleisch zum Erkennen und Berühren zeigte (vgl. Joh 20,27), sondern vielmehr auf die Zeit, von der er zuvor gesagt hatte: «Wer mich liebt, wird von meinem Vater geliebt werden, und ich werde mich ihm offenbaren» (Joh 14,21). Schon war Jesus Christus auferstanden, schon hatte er sich den Jüngern in leiblicher Gestalt geoffenbart, schon saß er zur Rechten des Vaters, als eben dieser Apostel Johannes, dessen Evangelium wir auslegen, in seinem Brief schrieb: «Geliebteste, jetzt sind wir Kinder Gottes, und es ist noch nicht offenbar geworden, was wir sein werden: Wir wissen, dass, wenn es offenbar wird, wir ihm ähnlich sein werden, denn wir werden ihn sehen, wie er ist» (1 Joh 3,2). Diese Vision ist nicht Teil dieses, sondern des zukünftigen Lebens, sie ist keine zeitliche, sondern ewige Schau. «Dies aber ist das ewige Leben», sagt der, der das ewige Leben ist, «dass sie dich erkennen, den einen wahren Gott, und den du gesandt hast, Jesus Christus» (Joh 17,3). Über die Schau und ihre Erkenntnis sagt der Apostel Paulus: «Wir sehen jetzt durch einen Spiegel im Rätsel, dann aber von Angesicht zu Angesicht; jetzt erkenne ich teilweise, dann aber werde ich erkennen, wie auch ich erkannt bin» (1 Kor 13,12). Die Frucht all ihrer Mühen kreißt die Kirche jetzt in der Sehnsucht[1], einst wird sie in der Schau gebären; jetzt kreißt sie in Seufzen, einst wird sie in Fröhlichkeit gebären; jetzt kreißt sie in Flehen, einst wird sie in Loben gebären. Und ein Männliches wird sie gebären (Apk 12,5), denn zu dieser Frucht der Beschauung hin bezieht sich all unser amtliches Handeln. Nur dieses Kind ist selbständig, wird um seiner selbst willen erstrebt und auf nichts anderes bezogen. Ihm dient das Handeln, auf ihn bezieht sich, was immer an Gutem getan wird, weil es um seinetwillen getan wird; er selbst aber wird nicht um eines anderen willen, sondern um seinetwillen erstrebt und besessen: er ist also das Ziel, das uns genügen muss. Er ist ewig, denn uns genügt kein Ziel, das nicht endlos währt. Das war Philippus eingegeben, als er sagte: «Zeig uns den Vater, und das genügt uns.» Mit dem Zeigen verhieß sich auch der Sohn, indem er sagte: «Glaubst du nicht, dass ich im Vater bin und der Vater in mir ist?» (Joh 14.8.10). Zurecht vernehmen wir, was also genügt: «Eure Freude nimmt euch niemand.» [CI, 5]

(...) «Eine kleine Weile und ihr seht mich nicht mehr.» Das sagt der Herr zu denen, die ihn damals leibhaftig sahen, weil er zum Vater gehen musste und sie ihn von da an nicht mehr als sterblichen Menschen sehen sollten, wie sie ihn sahen, als er ihnen das sagte. Was er aber hinzufügt: «Und wieder eine kleine Weile und ihr werdet mich sehen», verheißt er der ganzen Kirche ebenso wie: «Siehe, ich bin bei euch bis zum Ende der Welt» (Mt 28,20). Der Herr zögert nicht mit der Erfüllung seiner Verheißung: eine kleine Weile und wir sehen ihn, wo wir dann aber nichts mehr zu bitten und nichts zu

[1] Das Antlitz der Kirche, a.a.O., [281] 348.

fragen brauchen, weil uns dann nichts mehr zu wünschen übrigbleibt, nichts mehr zu suchen verborgen ist. Die kleine Weile bis dahin[2] erscheint uns lang, weil sie noch dauert; wird sie aber zu Ende sein, dann werden wir merken, wie kurz sie war. So sei denn auch unsere Freude nicht so, wie die Welt sie hat, von der es heißt: «Die Welt wird sich freuen»; und doch sollen wir in der Zeit dieser sehnsüchtigen Wehen auch nicht ohne Freude «traurig sein», sondern, wie der Apostel sagt: «in Hoffnung fröhlich, in Drangsal geduldig» (Röm 12,12); denn auch die Gebärende, mit der wir verglichen werden, freut sich mehr über das künftige Kind, als dass sie traurig ist über den gegenwärtigen Schmerz. – Aber hier soll diese Predigt enden, denn im Folgenden steckt eine schwierige Frage, und die soll in ihrer Ausfaltung nicht verkürzt werden, damit sie, so der Herr es will, angemessener erklärt werde. [CI, 6]

«Bis jetzt», sagt der Herr, «habt ihr um nichts in meinem Namen gebeten. Bittet, und ihr werdet empfangen, damit eure Freude vollkommen sei.» Diese Freude, die er vollkommen nennt, ist keine fleischliche, sondern eine geistige Freude; und wenn sie so groß geworden ist, dass man ihr nichts mehr hinzufügen kann, ist sie ohne Zweifel vollkommen. Um was immer man also bittet, um diese Freude zu erlangen, muss man im Namen Christi erbitten, wenn wir die göttliche Gnade erkennen und nach dem Leben in Glückseligkeit wirklich verlangen. Bittet man dagegen um etwas anderes, so bittet man um nichts, nicht weil das Erbetene nichts ist, sondern weil es im Vergleich zu etwas so Großem nichts ist. Man kann

[2] Ebd.

nicht sagen, dass der Mensch nichts ist, und dennoch sagt der Apostel: «Er meint etwas zu sein, obgleich er nichts ist» (Gal 6,3). Denn im Vergleich mit einem geistigen Menschen, der weiß, dass er durch die Gnade Gottes das ist, was er ist (vgl. 1 Kor 15,10), ist jeder, der sich Eitles anmaßt, nichts. So kann man auch sehr gut verstehen, dass unter der Verheißung: «Amen, amen, ich sage euch, wenn ihr den Vater in meinem Namen um etwas bitten werdet, wird er es euch geben», der Herr unter «wenn um etwas» nichts Beliebiges meint, sondern etwas, das im Vergleich zum Leben in Glückseligkeit nicht nichts ist. Auch was folgt: «Bis jetzt habt ihr um nichts in meinem Namen gebeten», kann in zweierlei Weise verstanden werden: entweder ihr habt in meinem Namen nicht gebeten und habt diesen Namen nicht so erkannt, wie er erkannt werden soll; oder ihr habt um nichts gebeten, weil im Vergleich zu dem, worum ihr hättet bitten sollen, das von euch Erbetene als nichts anzusehen ist. Damit sie also in seinem Namen nicht um nichts, sondern um die vollkommene Freude bitten – denn bitten sie um etwas anderes, so ist dieses andere nichts –, mahnt er sie: «Bittet, und ihr werdet empfangen, damit eure Freude vollkommen sei»; das heißt: Bittet in meinem Namen darum, dass eure Freude vollkommen sei, und ihr werdet es empfangen. Denn dieses Gut wird die göttliche Barmherzigkeit ihren im Gebet verharrenden Heiligen keinesfalls vorenthalten. [CII, 2]

«Denn der Vater liebt euch[3], weil ihr mich geliebt habt.» Liebt er wirklich darum, weil wir geliebt haben; oder lieben wir nicht vielmehr, weil er geliebt hat? Der Apo-

[3] Ebd. [25] 46f.

stel gebe selbst Antwort aus seinem Brief: «Wir lieben, weil er selbst uns zuerst geliebt hat» (1 Joh 4,10). So also kam unsere Liebe zustande, dass uns selbst Liebe zuteil geworden ist. Reines Geschenk Gottes ist die Liebe zu Gott. Er gab, geliebt zu werden, der ungeliebt liebte. Als ungefällig wurden wir geliebt, damit in uns sei, wodurch wir gefielen. Denn nicht liebten wir den Sohn, wenn wir nicht auch den Vater liebten. Der Vater liebt uns, weil wir den Sohn lieben; obwohl wir von Vater und Sohn erhielten, dass wir Vater und Sohn lieben: denn beider Geist verströmt in unsern Herzen die Liebe (vgl. Röm 5,5), durch welchen Geist wir den Vater sowohl wie den Sohn lieben, und welchen Geist wir mit Vater und Sohn zugleich lieben. Die kindliche Liebe, mit der wir Gott ehren, stammt also von Gott, «und er sah, dass es gut war» (vgl. Gen 1,4.31), darum liebte er ja, was er schuf. Er würde aber nicht in uns schaffen, was er liebt, wenn er uns nicht schon liebte, bevor er es schuf. [CII, 5]

«Und ihr habt geglaubt», fährt der Herr fort, «dass ich von Gott ausgegangen bin. Ich bin vom Vater ausgegangen und in die Welt gekommen. Nun verlasse ich die Welt wieder und gehe zum Vater.» Das haben wir vollkommen geglaubt. Es darf deshalb nicht unglaublich scheinen, dass er – weil er bei seinem Kommen in die Welt vom Vater ausgegangen ist, ohne sich ihm zu entziehen – auch so zum Vater geht, nach dem Verlassen der Welt, ohne sich ihr zu entziehen. Er ist vom Vater ausgegangen, weil er vom Vater ist; er ist in die Welt gekommen, weil er der Welt seinen Leib darbot, den er von der Jungfrau annahm. Er verließ die Welt, indem er von ihr leiblich schied; er begab sich zum Vater durch die Auffahrt seiner Menschheit. Aber er entzog sich der Welt nicht, sondern lenkt sie mit seiner Gegenwart. [CII, 6]

Dann sagt er zum Abschluss dieser großen und langen Rede: «Dies habe ich zu euch geredet, damit ihr in mir Frieden habt. In der Welt habt ihr Bedrängnis, aber vertraut, ich habe die Welt besiegt.» Am Beginn dieser Bedrängnis stand das, wovon er vorher gesprochen hatte, als er sie als kleine Kinder hinstellte, die noch nicht verstanden und eins für das andere hielten, und denen die Gleichnisse gewissermaßen groß und göttlich waren: «Glaubt ihr jetzt? Seht, es kommt die Stunde, und sie ist schon da, wo ihr zerstreut werdet, jeder in das Seinige.» Seht, das ist der Beginn der Bedrängnis, die aber nicht in dieser Weise dauern sollte; wenn er hinzufügt: «und mich allein lasst», heißt das nicht, dass sie in der anschließenden Verfolgung, die sie nach seiner Himmelfahrt in der Welt erleiden sollten, ihn verlassen, sondern dass sie in ihm bleiben und in ihm Frieden haben. Bei seiner Gefangennahme haben sie nämlich nicht sein Fleisch nur mit ihrem Fleisch verlassen, sondern in ihrem Geist den Glauben aufgegeben. Darauf bezieht sich das Wort: «Glaubt ihr jetzt? Siehe, es kommt die Stunde, wo ihr zerstreut werdet in das Eigene und mich verlasst», als sagte er: Dann werdet ihr so verwirrt sein, dass ihr sogar das aufgebt, woran ihr jetzt glaubt. Tatsächlich verfielen sie in eine so große Hoffnungslosigkeit bis hin zum Tod ihres ursprünglichen Glaubens, wie sich an Kleopas zeigte, der nach Christi Auferstehung, nicht wissend, dass er mit ihm rede, ihm erzählte, was ihm zugestoßen war, und dann schloss: «Wir hofften, er werde Israel erlösen» (Lk 24,31). Seht, wie sie ihn verlassen hatten: Selbst den Glauben, mit dem sie zuvor an ihn geglaubt hatten, hatten sie aufgegeben. Aber in ihrer Bedrängnis nach seiner Verherrlichung und dem Empfang des Heiligen Geistes verließen sie ihn nicht mehr; und obgleich sie von einer Stadt in die nächste flohen, flohen sie nicht vor ihm, sondern um, in der Bedrängnis der Welt in ihm Frieden zu haben; sie waren keine Abtrünnigen, sondern nahmen vielmehr bei ihm Zuflucht. Als ihnen nämlich[4] der Heilige Geist geschenkt wurde, erfüllte sich in ihnen, was ihnen jetzt gesagt worden war: «Vertraut, ich habe die Welt besiegt.» Sie vertrauten, sie siegten. In wem, wenn nicht in ihm? Denn jener hätte die Welt nicht besiegt, hätte die Welt seine Glieder besiegt. Darum sagt der Apostel: «Dank sei Gott, der uns den Sieg verleiht», und fügt sogleich bei: «Durch unseren Herrn Jesus Christus» (1 Kor 15,57), der gesagt hatte: «Vertraut, ich habe die Welt besiegt.» [CIII, 3]

Das hohepriesterliche Gebet

(...) «Dies redete Jesus und mit zum Himmel erhobenen Augen sprach er: Vater, die Stunde ist gekommen, verherrliche deinen Sohn.» (...). Damit zeigt er, dass alle Zeit und alles, was er irgendwann vollbringt oder geschehen lässt, über ihn, der keiner Zeit unterworfen ist, verfügt ist. Denn was in den einzelnen Zeitabschnitten geschehen sollte, hat seine Wirkursache in der Weisheit Gottes, in der es keine Zeit gibt. Glauben wir also nicht, diese Stunde sei als ein Schicksalsschlag gekom-

[4] Das Antlitz der Kirche, a.a.O., [110] 153.

men, sondern sie ist ausschließlich durch Gottes Ratschluss eingetreten. Auch keine von den Sternen abhängige Notwendigkeit bestimmte das Leiden Christi, denn das sei fern, dass die Gestirne den Schöpfer der Gestirne zu sterben zwangen. Die Zeit hat also nicht Christus zu sterben auferlegt, sondern Christus hat die Zeit zum Sterben erwählt, wie er auch die Zeit, in der er von der Jungfrau geboren wurde, mit dem Vater festgesetzt hatte, von dem er vor aller Zeit gezeugt wurde. Gemäß dieser wahren und gesunden Lehre sagt der Apostel Paulus: «Als aber die Fülle der Zeit gekommen war, sandte Gott seinen Sohn» (Gal 4,4), und Gott verkündet durch den Propheten: «Zur Zeit der Gnade habe ich dich erhört, und am Tag des Heils habe ich dir geholfen» (Jes 49,8). Der Apostel sagt ferner: «Siehe, jetzt ist die Zeit der Gnade, jetzt sind die Tage des Heils» (2 Kor 6,2). Dass er also sagt: «Vater, die Stunde ist gekommen», er, der zusammen mit dem Vater über alle Stunden verfügt hat, ist so, als würde er sagen: «Vater, sie ist gekommen», die Stunde, die wir festgesetzt haben um der Menschen willen und zu meiner Verherrlichung unter ihnen, «sie ist gekommen, verherrliche deinen Sohn, damit auch dein Sohn dich verherrliche». [CIV, 2]

Die Verherrlichung des Sohnes durch den Vater verstehen manche so, dass ihn der Vater nicht geschont, sondern für uns alle hingegeben hat (vgl. Röm 8,32). Aber wenn Christus durch Leiden verherrlicht worden ist, wie viel mehr noch durch die Auferstehung! Im Leiden zeigt sich mehr seine Erniedrigung[1] als seine Verherrlichung,

[1] Die Erniedrigung beginnt bereits mit der Menschwerdung und endet mit dem Tod am Kreuz. Augustinus geht nicht der Frage nach,

wie der Apostel mit den Worten bezeugt: «Er erniedrigte sich selbst und wurde gehorsam bis zum Tod, bis zum Tod am Kreuz» (Phil 2,8). Dann fährt er fort und sagt über seine Verherrlichung: «Darum hat ihn Gott auch erhöht und ihm einen Namen gegeben, der über alle Namen ist, damit im Namen Jesu sich jedes Knie beuge im Himmel, auf der Erde und unter der Erde, und jede Zunge bekenne, dass der Herr Jesus Christus in der Herrlichkeit Gottes des Vaters ist» (Phil 2,9-11). Das ist die Verherrlichung unseres Herrn Jesus Christus, die mit seiner Auferstehung ihren Anfang nahm. In der Predigt des Apostels ist dort von der Erniedrigung die Rede, wo er sagt: «Er erniedrigte sich selbst, nahm Knechtsgestalt an», und geht bis zu den Worten: «zum Tod am Kreuz», und von seiner Verherrlichung ab der Stelle: «Darum hat Gott ihn auch erhöht», bis er «in der Herrlichkeit Gottes des Vaters ist». (...) Damit also der Mittler zwischen Gott und den Menschen, der Mensch Jesus Christus in der Auferstehung verklärt oder verherrlicht[2] werde, hat er sich zuvor durch Leiden erniedrigt, denn er wäre nicht von den Toten auferstanden, wenn er nicht gestorben wäre. Die Erniedrigung hat als Verdienst die Verklärung, die Verklärung ist der Lohn seiner Erniedrigung. Aber diese ereignete sich in Knechts-

welche Stufe der Erniedrigung für den Gott-Menschen demütigender ist; vgl. auch H.U. von Balthasar, Theologie der drei Tage, Johannes Verlag Einsiedeln, Freiburg 2. Auflage 2011, 31.

[2] Im weiteren Verlauf dieses Kapitels erklärt der Kirchenvater, dass das Wort doxa im Lateinischen mit gloria / glorificatio bzw. claritas / clarificatio wiedergegeben wird. Beide Begriffe sind synonym. Die deutsche Übersetzung greift auf die Wiedergabe der entsprechenden Zusammenhänge in der Jerusalemer Bibel zurück (vgl. auch CVI, 1).

gestalt, denn in der Gestalt Gottes war Christus immer verklärt und wird er es immer sein. Dennoch kann man weder sagen, er war, wie wenn er es jetzt nicht mehr wäre, noch er wird es sein, wie wenn er es jetzt noch nicht wäre, sondern seine Verklärung ist ohne Anfang und ohne Ende. Wenn er also sagt: «Vater, die Stunde ist gekommen, verherrliche deinen Sohn», dann ist das so zu verstehen: Die Stunde ist gekommen, Erniedrigung zu säen, verzögere nicht die Frucht der Verklärung. Aber was bedeutet das Folgende: «Damit dein Sohn dich verherrliche»? Hat denn auch Gott der Vater die Erniedrigung des Fleisches und des Leidens ertragen und musste daraus verklärt werden? Wie konnte der Sohn den verklären, dessen immerwährender Glanz in menschlicher Gestalt weder abnehmen noch in göttlicher Gestalt hätte zunehmen können? Aber diese Frage will ich nicht in dieser Predigt behandeln, um sie nicht zu verlängern. [CIV, 3]

(...) «Ich habe deinen Namen den Menschen geoffenbart, die du mir von der Welt gegeben hast.» Wenn sich diese Worte nur auf die Jünger beziehen, mit denen er speiste und zu denen er vor Beginn des Gebetes über vielerlei redete, dann steht das nicht mit jener Verklärung in Verbindung, oder, nach der Übersetzung von anderen, mit jener Verherrlichung, von der er zuvor sprach, mit welcher der Sohn den Vater verklärt oder verherrlicht. Denn wie groß oder was für eine Herrlichkeit war das, die den zwölf oder besser elf Sterblichen offenbart worden war? Wenn er aber mit den Worten «Ich habe deinen Namen den Menschen geoffenbart, die du mir von der Welt gegeben hast», alle angesprochen haben wollte, auch die, welche erst künftig an ihn glauben und zu seiner großen, aus allen Völkern bestehenden Kirche gehören würden, von der im Psalm gesungen wird: «In großer Gemeinde will ich dich loben» (Ps 34,18), dann ist das sicher die Verherrlichung, mit welcher der Sohn den Vater verherrlicht, indem er seinen Namen allen Völkern kund tut und vielen Menschengeschlechtern. Und der Sinn dieser Worte: «Ich habe deinen Namen den Menschen geoffenbart, die du mir von der Welt gegeben hast», entspricht dem, was er zuvor gesagt hatte: «Ich habe dich auf Erden verherrlicht» (Joh 17,4). Auch hier hat er anstelle der Zukunft die Vergangenheit gesetzt, denn er wusste, das Getane war vorausbestimmt, und deshalb sagte er, er habe getan, was er ohne jeden Zweifel tun werde. [CVI, 1]

Jetzt wollen wir sehen, was er von seinen Jüngern sagt, die ihm damals zuhörten. «Ich habe», sagt er, «deinen Namen den Menschen geoffenbart, die du mir gegeben hast.» Kannten diese denn den Namen Gottes nicht, weil sie Juden waren? Aber findet sich im Psalm nicht das Wort: «Kund geworden ist Gott in Juda, groß ist sein Name in Israel» (Ps 75,2)? Also «habe ich deinen Namen» jenen «Menschen geoffenbart, die du mir von der Welt gegeben hast», die mich diese Worte sagen hörten, nicht deinen Namen, nach dem du Gott genannt wirst, sondern den, nach dem du mein Vater genannt wirst; dieser Name könnte ohne die Offenbarung seines Sohnes nicht offenbar sein, denn dass er der Gott der gesamten Schöpfung genannt wird – dieser Name konnte allen Völkern, auch bevor sie an Christus glaubten, nicht vollständig unbekannt sein. Das ist die Macht der wahren Gottheit, dass sie dem vernünftigen Geschöpf, das zum Gebrauch seiner Vernunft befähigt ist, nicht ganz und gar verborgen bleiben kann. Abgesehen von einigen wenigen, in denen die Natur allzu verderbt ist, bekennt das gesamte Menschengeschlecht Gott als den Schöpfer dieser Welt.[3] Darin also, dass er diese Welt sichtbar als Himmel und Erde geschaffen hat, war Gott allen Völkern bekannt, noch bevor sie mit dem Glauben an Christus vertraut waren.[4] Sofern er zu seiner eigenen Schmälerung nicht zusammen mit falschen Göttern verehrt werden darf, war Gott in Judäa bekannt. Sofern er aber der Vater von diesem Christus ist, durch den er die Sünde der Welt auf sich nimmt, diesen seinen zuvor allen verborgenen Namen hat derselbe Christus jetzt denen geoffenbart, die der Vater ihm vor der Welt gegeben hat. Aber wie hat er ihn geoffenbart, wenn die Stunde noch nicht gekommen ist, von der er zuvor gesagt hatte, sie komme, «da ich nicht mehr in Gleichnissen zu euch sprechen, sondern unverhüllt von meinem Vater künden werde»? (Joh 16,25). Ob man aber einer Verkündigung in Gleichnissen glauben wird? Warum wird also gesagt: «Ich werde euch unverhüllt verkünden», wenn nicht deshalb, weil «in Gleichnissen» nicht «unverhüllt» ist? Was nicht in Gleichnissen verborgen, sondern unmittelbar mit Worten geoffenbart wird, wird zweifellos unverhüllt gesagt. In welcher Weise hat er also geoffenbart, was er noch nicht unverhüllt gesagt hat?

3 Vgl. H. de Lubac, Glauben, a.a.O., 249, Anm. 1.

4 Himmel und Erde verkünden mit ihrer Wahrnehmbarkeit, dass sie geschaffen sind (vgl. Bekenntnisse, 11. Buch, IV, 6). Aus den sichtbaren Vollkommenheiten leitet sich die Erkenntnis Gottes ab; in der Betrachtung der Werke kann man den Künstler erkennen (Weish 13,1.9). Auf diesen Traktat bezieht sich Henri de Lubac, Auf den Wegen Gottes, Johannes Verlag Einsiedeln, Freiburg, 1992, in seinem Kapitel «Vom Gottesbeweis», 54ff.

Demnach muss das so verstanden werden, dass er die Vergangenheit anstelle der Zukunft benutzt hat, wie bei dem Wort: «Alles, was ich von meinem Vater gehört habe, habe ich euch kundgetan» (Joh 15,15). Es war etwas, das er noch nicht getan hatte, aber er redete, als hätte er es schon getan, wovon er wusste, dass von Anfang an unerschütterlich feststand, dass er es tun werde. [CVI, 4]

Als der Herr über die Jünger, die er schon hatte, zum Vater redete, sagte er unter anderem: «Ich bitte für sie, nicht für die Welt bitte ich, sondern für die, die du mir gegeben hast». Unter der ‹Welt› will er diejenigen verstehen, die den Begierden der Welt nachgehen und nicht im Stand der Gnade sind, von ihm aus der Welt erwählt zu sein. Deshalb erklärt er, nicht für die Welt zu bitten, sondern für die, die der Vater ihm gegeben hat, denn dadurch, dass der Vater sie ihm gegeben hat, gehören sie nicht mehr zur Welt, für die er nicht bittet. [CVII, 1]

Dann fügt er hinzu: «Dein sind sie.» Der Vater hat sie nicht verloren, indem er sie dem Sohn gab, weil dieser mit den Worten fortfährt: «Und alles Meinige ist dein, und das Deinige mein.» Von daher ist offenkundig, in welchem Sinn dem eingeborenen Sohn alles gehört, was dem Vater gehört; sicher deshalb, weil auch er Gott ist und aus dem Vater, ihm gleich, gezeugt ist; nicht in dem Sinn, wie der Vater zum älteren der beiden Söhne sagt: «Du bist immer bei mir, und alles Meinige ist dein» (Lk 15,31). Das gilt nämlich für alle Geschöpfe unterhalb der heiligen vernünftigen Kreatur und die auch der Kirche unterstellt sind. Zu dieser universalen Kirche gehören auch die beiden Söhne, der ältere und der jüngere, mit den heiligen Engeln, denen wir im Reich Christi und Gottes gleich sein werden (vgl. Mt 22,30). Das Wort aber: «Und alles Meinige ist dein und das Deinige mein», bezieht sich auf die vernünftige Natur, die nur Gott untergeben ist, und von der wiederum alles abhängt, was unterhalb von ihr ist. Da diese vernünftige Natur dem Vater gehört, würde sie nicht zugleich dem Sohn gehören, wäre dieser nicht dem Vater gleich. Von dieser sprach er ja, als er sagte: «Nicht für die Welt bitte ich, sondern für die, die du mir gegeben hast; dein sind sie, und alles Meinige ist dein und das Deinige ist mein.» Es ist unvorstellbar, dass die Heiligen, von denen hier die Rede ist, einem anderen gehören als dem, von dem sie geschaffen und geheiligt sind. Folglich muss alles, was ihnen gehört, dem gehören, welchem sie selbst gehören. Da sie also sowohl dem Vater als auch dem Sohn gehören, beweisen sie, dass Vater und Sohn, denen sie gleichermaßen gehören, gleich sind. Was er aber über den Heiligen Geist sagt: «Alles, was der Vater hat, ist mein; darum habe ich gesagt, er wird von dem Meinigen nehmen und euch verkünden» (Joh 16,15), hat sich auf das bezogen, was zur Gottheit des Vaters gehört, worin er ihm gleich ist und alles hat, was der Vater hat. Denn der Heilige Geist sollte sich nicht von einem Geschöpf empfangen, das Vater und Sohn unterworfen ist, was der Herr mit den Worten andeuten will: «er wird von dem Meinigen nehmen», sondern sicher vom Vater, aus dem der Geist hervorgeht und von dem der Sohn geboren ist. [CVII, 2]

Während der Herr noch zum Vater redet und für seine Jünger bittet, sagt er: «Ich habe ihnen dein Wort gegeben und die Welt hat sie gehasst.» Das hatten sie noch nicht erfahren bei ihren Leiden, die ihnen erst später zuteil wurden, aber er sagt das gemäß seiner Gewohnheit, Zukünftiges als etwas Vergangenes zu verkünden. Dann führt er den Grund an, warum die Welt sie hasst: «Denn sie sind nicht von der Welt, wie auch ich nicht von der Welt bin.» Dieses ‹Nicht von der Welt sein› wurde ihnen durch eine neue Geburt zuteil, weshalb er ihnen auch schon gesagt hatte: «Ich habe euch aus der Welt heraus erwählt» (Joh 15,19). Es ist also ein Geschenk, dass sie, wie er, nicht von der Welt sind, da er sie von der Welt befreite. Auch er war niemals von der Welt, sofern er seiner Knechtsgestalt nach aus dem Heiligen Geist geboren ist, aus dem jene neu geboren sind. Denn wenn jene nicht mehr von der Welt sind, weil sie aus dem Heiligen Geist neu geboren sind, so war er niemals von der Welt, weil er aus dem Heiligen Geist geboren ist. [CVIII, 1]

«Ich bitte nicht», sagt er, «dass du sie aus der Welt nehmest, sondern dass du sie vor dem Bösen bewahrst.» Obwohl sie nicht mehr von der Welt waren, mussten sie jetzt dennoch in der Welt sein. Er wiederholt dieselbe Aussage: «Sie sind nicht von der Welt, wie auch ich nicht von der Welt bin. Heilige sie in der Wahrheit.» Denn so werden sie vor dem Bösen bewahrt, worum er zuvor gebeten hatte. Man kann sich aber fragen, in welchem Sinn sie nicht mehr von der Welt waren, wenn sie noch nicht in der Wahrheit geheiligt waren; oder, falls sie es schon waren, warum er darum bittet. Etwa, damit auch die in der Wahrheit Geheiligten in eben dieser Heiligkeit wachsen und voranschreiten, aber nicht ohne die Hilfe der Gnade Gottes, sondern indem jener ihr Voranschreiten heiligt, wie er ihren Anfang geheiligt hat? Daher sagt auch der Apostel: «Der das gute Werk in euch begonnen hat, wird es vollenden bis zum Tage Christi Jesu» (Phil 1,6). Die Erben des Neuen Testaments werden also in der Wahrheit geheiligt, von der die Heiligungen des Alten Testaments nur Schatten waren. Sie werden in der Wahrheit geheiligt, das heißt in Christus, welcher der Wahrheit gemäß gesagt hat: «Ich bin der Weg, die Wahrheit und das Leben» (Joh 14,6). Auch als er sagte: «Die Wahrheit wird euch frei machen» (Joh 8,32), erklärte er gleich darauf seine Aussage: «Wenn euch der Sohn frei macht, werdet ihr wirklich frei sein» (Joh 8,36), um zu zeigen, dass er zuerst ‹Wahrheit› genannt hat, was er danach ‹Sohn› nennt. Was heißt also: «Heilige sie in der Wahrheit» hier anderes als: Heilige sie in mir? [CVIII, 2]

Deshalb fährt der Herr fort und versäumt nicht, tiefer in das Geheimnis einzudringen: «Dein Wort[5]», sagt er, «ist Wahrheit.» Was heißt das anderes als: «Ich bin die Wahrheit»? Im griechischen Evangelium liest man hier nämlich λόγος, was auch im Prolog steht, wo es heißt: «Im Anfang war das Wort, und das Wort war bei Gott, und Gott war das Wort» (Joh 1,1). Und sicher kennen wir den eingeborenen Sohn Gottes als das Wort, «das Fleisch geworden ist und unter uns gewohnt hat» (Joh 1,14). Daher konnte auch hier, wie in einigen Codices, stehen: «Dein Wort ist Wahrheit (veritas)», wie in manchen Handschriften steht: «Im Anfang war das Wort (sermo).» Im Griechischen aber steht unterschiedslos, hier und dort, λόγος. Der Vater heiligt in der Wahr-

[5] Lateinisch: sermo.

heit, also in seinem Wort, in seinem Eingeborenen seine Erben und dessen Miterben. [CVIII, 3]

Aber weil der Mittler[6] zwischen Gott und den Menschen, der Mensch Jesus Christus» (vgl. 1 Tim 2,5), zum Haupt der Kirche wurde und die Menschen zu seinen Gliedern machte, darum spricht er die Worte: «Ich heilige mich für sie.» Denn was heißt das anderes als: Ich heilige sie in mir, da ja auch sie Ich sind[7]? Sind doch jene seine Glieder, von denen er dies, wie erwähnt sagte, und Christus ist nur einer, Haupt und Leib. Sagt und lehrt doch der Apostel vom Samen Abrahams: «Wenn ihr aber Christus gehört, so seid ihr Samen Abrahams» (Gal 3,29), und aufgrund eines früheren Ausspruchs: «Es heißt nicht: deinen Samen [sollen die Verheißungen zufallen], in der Mehrzahl, sondern: deinem Samen, in der Einzahl, nämlich Christus» (Gal 3,16). Wenn also der Same Abrahams Christus ist, dann sagt man offenbar denen, die man als «Samen Abrahams» anspricht, nichts anderes als: Ihr seid Christus. Daher versteht sich auch, dass anderswo der Apostel sagt: «Jetzt freue ich mich um euretwillen an den Leiden und ergänze in meinem Fleisch, was am Leiden Christi noch fehlt» (Kol 1,24). Er sagt nicht: was an meinen Leiden noch fehlt, sondern «an Christi Leiden»: denn er war ein Glied Christi; und in seinen Verfolgungen steuerte er seinen Anteil an die Drangsale Christi bei, wie sie dieser in

6 Das Antlitz der Kirche, a.a.O., [86] 126f.

7 «Ipsi sunt ego»: Braut und Bräutigam sind ein Fleisch; als ein Leib mit vielen Gliedern liebt Christus in seinem Gliedern sich selbst. Vgl. H.U. von Balthasar, Theologik III: Der Geist der Wahrheit, Johannes Verlag Einsiedeln, Freiburg 2. Auflage 2010, 15.

seinem gesamten Leib zu dulden hat. Damit dies auch für die vorliegende Stelle feststehe, beachtet, was folgt. Nach den Worten: «Ich heilige mich für sie» fügt er bei: «damit auch sie in der Wahrheit geheiligt seien», woraus wir ersehen, dass er sie in sich selber heiligt. Denn was heißt ‹in mir› anderes, als dass er eben als Wort im Anfang bei Gott die Wahrheit ist (vgl. Joh 1,1)? In ihm ist auch der Menschensohn selber von Anbeginn seiner Erschaffung geheiligt worden, als das Wort Fleisch wurde; denn Wort und Mensch wurden *eine* Person (vgl. Joh 1,14). Damals also heiligte er sich in sich selber, das heißt: sich als Mensch sich im Wort, denn Wort und Mensch sind *ein* Christus, der den Menschen im Wort heiligt. Um seiner Glieder willen sagt er: «und ich auch für sie», damit es auch ihnen diente, denn auch sie sind Ich; so wie es mir selber diente, der ich Mensch bin ohne sie: «Und ich heilige mich für sie», das heißt: ich heilige sie als mich selbst in mir, denn in mir sind auch sie Ich selbst. «Damit auch sie in der Wahrheit geheiligt sind.» Was heißt «auch sie» anderes als wie ich geheiligt bin «in der Wahrheit», die ich selbst bin? Im Folgenden spricht er nicht mehr nur von den Aposteln, sondern auch von den übrigen Gliedern seines Leibes, was aber mit seiner Gnade in einer anderen Predigt behandelt werden soll. [CVIII, 5]

Nachdem der Herr Jesus für seine Jünger, die damals bei ihm waren, gebetet und andere als die Seinigen darin eingeschlossen hatte, indem er sagte: «Ich bitte nicht allein für diese, sondern auch für die, welche durch ihr Wort an mich glauben werden», fügte er sogleich hinzu, wie wenn wir gefragt hätten, worum oder warum er für sie bete: «Dass alle eins seien, wie du, Vater, in mir und ich in dir, dass auch sie in uns eins seien.» Und vorher, als er nur für die Jünger, die er bei sich hatte, betete, hatte er gesagt: «Heiliger Vater, bewahre sie in deinem Namen, damit sie eins seien, wie auch wir» (Joh 17,11). Damit bat er auch für uns, worum er damals für die Jünger bat, dass alle, wir und sie, eins seien. Dabei soll unsere Aufmerksamkeit darauf gelenkt werden, dass der Herr nicht gesagt hat, alle seien eins, sondern: «Dass alle eins seien, wie du Vater in mir und ich in dir» (das heißt, wir sind eins, was später ausdrücklicher gesagt wird), weil er auch zuvor von den Jüngern, die bei ihm waren, gesagt hatte: «Dass sie eins seien wie auch wir». Der Vater ist im Sohn und der Sohn im Vater, so dass sie eins sind, weil sie aus derselben göttlichen Substanz sind; wir können zwar in ihnen sein, eins aber können wir nicht mit ihnen sein, weil wir und sie nicht von derselben Substanz sind, sofern der Sohn wie der Vater Gott ist. Denn sofern er Mensch ist, ist er von derselben Substanz, von der auch wir sind. Aber hier wollte er stärker hervorheben, was er bei anderer Gelegenheit schon gesagt hatte: «Ich und der Vater sind eins» (Joh 10,30), womit er feststellen wollte, dass seine und die Natur des Vaters dieselbe sind. Doch dürfen wir, weil der Vater, der Sohn und der Heilige Geist in uns sind, nicht glauben, sie seien einer Natur mit uns. Sie sind in uns und wir in ihnen, aber in der Weise, dass sie eins sind in ihrer Natur und wir in unserer. Sie sind so in uns wie Gott in seinem Tempel; wir dagegen sind in ihnen, wie das Geschöpf in seinem Schöpfer. [CX, 1]

Als er dann gesagt hatte: «Dass auch sie in uns eins seien», fügte er hinzu: «Damit die Welt glaube, dass du mich gesandt hast». Wie denn? Wird etwa die Welt dann zum

Glauben gelangen[8], wenn wir alle im Vater und im Sohn eins sein werden? Ist das nicht schon der ewige Friede und viel eher der Lohn des Glaubens als der Glaube? Denn eins werden wir sein, nicht um zu glauben, sondern weil wir glaubten. Und sogar in diesem Leben schon sind wir alle, die an dasselbe glaubten, auf Grund desselben Glaubens eins, gemäß dem Apostelwort: «Ihr alle seid eins in Christus Jesus» (Gal 3,28), und sind es nicht, um zu glauben, sondern weil wir glaubten. Was bedeutet demnach: «Alle mögen eins sein, damit die Welt glaube»? Eben jene «alle» sind die glaubende Welt. Denn jene, die eins sein werden, sind nicht verschieden von der Welt, die darum glauben wird, weil jene eins sein werden; offenbar gilt von denselben, über die gesagt wird, «dass alle eins seien», auch das frühere Wort: «Nicht für sie allein bitte ich, sondern auch für jene, die durch ihr Wort an mich glauben werden», wo gleich beigefügt wird: «damit alle eins seien». Diese «alle» aber sind doch zweifellos die Welt, nicht die feindliche zwar, sondern die gläubige. So bittet also der, der vorhin sagte: «Nicht für die Welt bitte ich», jetzt für die Welt, damit sie glaube. Denn es gibt zwar eine Welt, von der geschrieben steht: «damit wir nicht mit dieser Welt zusammen verdammt werden» (1 Kor 11,32). Für diese Welt bittet er nicht: weiß er doch, wozu sie vorherbestimmt ist. Es gibt aber auch eine Welt, von der geschrieben steht: «Der Menschensohn ist nicht gekommen, die Welt zu richten, sondern damit die Welt durch ihn gerettet werde» (Joh 3,17); und darum sagt der Apostel: «Gott hat in Christus die Welt mit sich versöhnt» (2 Kor 5,19). Für diese Welt bittet er: «Dass die Welt glaube, dass du

[8] Das Antlitz der Kirche, a.a.O., [242] 309f.

mich gesandt hast». Durch diesen Glauben wird die Welt mit Gott versöhnt, wenn sie an Christus glaubt, der von Gott gesandt ist. Wie verstehen wir also sein Wort: «Dass auch sie in uns eins seien, damit die Welt glaube, dass du mich gesandt hast», wenn nicht in der Weise, dass die Welt nicht deshalb glaubt, weil sie jene eins sieht, die sein sind, da die Welt selbst diese alle sind, welche im Glauben eins werden? Sondern er betete mit den Worten: «Dass die Welt glaube», und ebenso: «Dass alle eins seien», und weiterhin: «Dass auch sie in uns eins seien». Dasselbe ist also «alle sollen eins sein» und «die Welt soll glauben»: denn glaubend werden sie eins, vollkommen eins, die im Ursprung eins gewesen, aber, vom Einen sich lossagend, uneins geworden waren. (…) [CX, 2]

Deswegen folgen dann die Worte: «Und du hast sie geliebt wie du mich geliebt hast.» Im Sohn liebt uns ja der Vater, weil er uns in ihm erwählt hat vor Grundlegung der Welt (vgl. Eph 1,4). Denn wer den Eingeborenen Sohn liebt, liebt sicher auch die Glieder dieses Sohnes, die er in ihm durch ihn an Kindesstatt annahm. Da es heißt: «Du hast sie geliebt wie auch mich», sind wir deshalb aber noch nicht dem eingeborenen Sohn gleich, durch den wir erschaffen und neugeboren wurden. Denn nicht immer besteht eine Gleichheit, wenn gesagt wird: dieses ist wie jenes, oder: weil dieses so ist, ist jenes auch so. Denn wer wagte zu sagen, die Apostel seien in der Weise in die Welt gesandt worden wie Jesus Christus vom Vater gesandt wurde? Ganz zu schweigen von den anderen Unterschieden, die zu erwähnen zu weit führte; sicher sind jene gesandt worden, als sie schon Menschen waren, er aber wurde gesandt, um Mensch zu werden, und dennoch sagte er zuvor: «Wie du mich in die Welt gesandt hast, so habe ich sie in die Welt gesandt» (Joh 17,18), als wollte er sagen: Weil du mich gesandt hast, habe ich sie gesandt. So sagt er auch hier: «Du hast sie geliebt, wie du mich geliebt hast», was nichts anderes heißt als: Du hast sie geliebt, weil du auch mich geliebt hast. Der Vater, der den Sohn liebt, kann nämlich nicht die Glieder des Sohnes nicht lieben, und aus keinem anderen Grund liebt er sie, als weil er den Sohn liebt. Er liebt den Sohn als Gott, weil er ihn sich gleich gezeugt hat; er liebt ihn auch als Menschen, weil das eingeborene Wort selbst Fleisch geworden ist (vgl. Joh 1,14), und wegen des Wortes ist ihm das Wort des Fleisches lieb. Uns aber liebt er, weil wir die Glieder dessen sind, den er liebt, und damit wir das wären, deshalb hat er uns geliebt, bevor wir waren. [CX, 5]

Verrat, Leiden und Sterben Jesu

Nach Abschluss dieser großen und langen Rede, die der Herr den Jüngern, die mit ihm waren, kurz vor dem Vergießen seines Blutes für uns hielt, und im Anschluss an ein Gebet zum Vater beginnt der Evangelist Johannes seinen Leidensbericht mit den Worten: «Als Jesus das gesagt hatte, ging er mit seinen Jüngern hinaus über den Bach Cidron, wo ein Garten war, in den er hineinging mit seinen Jüngern.» (...) [CXII, 1]

«Auch Judas, der ihn verriet, kannte den Ort.» Die Reihenfolge der Worte ist: «Es kannte den Ort, der ihn verriet, weil Jesus oft mit seinen Jüngern dorthin gekommen war.» Dort also lernte der im Schafspelz verhüllte und unter den Schafen durch höheren Ratschluss geduldete Wolf, wo er für kurze Zeit die Herde zerstreute, indem er den Hirten aus dem Hinterhalt angriff. «Als also Judas die Kriegsschar und Diener von den Hohenpriestern und Pharisäern bekommen hatte, kam er dorthin mit Laternen, Fackeln und Waffen.» Die Kriegsschar bestand nicht aus Juden, sondern aus Soldaten. Sie war vom Statthalter abgesandt, wie zu beachten ist, um unter Wahrung der gesetzlichen Macht den Schuldigen festzunehmen, damit keiner die Festnahme zu verhindern wagte. Es kam übrigens eine so große Schar und so stark bewaffnet, die schon ausreichte, Schrecken einzujagen oder in die Flucht zu schlagen, falls einer gewagt hätte, Jesus Christus zu verteidigen. So sehr war seine Macht verborgen und seine Schwäche vorgetäuscht, dass den Feinden alle Vorkehrungen gegenüber Christus notwendig schienen, gegen den sie nichts vermocht hätten, wenn er es nicht selbst gewollt hätte. Er, der Gute bediente sich der Bösen, um aus Bösem Gutes zu gewinnen, indem er aus Bösem Gutes machte und die Guten von den Bösen unterschied. [CXII, 2]

«Die Kriegsschar aber, der Hauptmann und die Diener der Juden ergriffen Jesus und banden ihn.» Sie ergriffen den, an den sie nicht herantraten; denn er ist der Tag, jene aber blieben Finsternis und vernahmen nicht das Wort: «Tretet zu ihm und lasst euch erleuchten» (Ps 33,6). Denn träten sie so zu ihm, würden sie ihn nicht ergreifen, um ihn mit Händen zu töten, sondern um ihn in ihrem Herzen aufzunehmen. Jetzt aber, da sie ihn auf diese Weise ergriffen, wichen sie noch weiter vor ihm zurück und banden ihn, von dem sie lieber hätten gelöst werden wollen. Und vielleicht waren unter ihnen auch welche, die damals Christus Fesseln anlegten und, später von ihm befreit, sagten: «Du hast meine Fesseln gelöst» (Ps 115,16).[1] Das mag für heute genügen; das Folgende soll, so Gott will, in einer neuen Predigt behandelt werden. [CXII, 6]

Der Evangelist fährt fort: «Simon Petrus aber und ein anderer Jünger folgten Jesus. (...) Jener Jünger aber war mit dem Hohenpriester bekannt und ging mit Jesus in die Vorhalle des Hohenpriesters; Petrus aber stand draußen vor der Tür. Also ging der andere Jünger, der mit dem Hohenpriester bekannt war, hinaus und sprach mit der Türhüterin und führte Petrus hinein. Da sagt die Magd, die Türhüterin, zu Petrus: Bist du nicht auch ein Jünger dieses Menschen? Der antwortet: Ich bin es nicht!» Seht, die stärkste Säule wankte bei einem Luftstoß. Wo ist die Kühnheit des Mannes, der so viel versprochen und zu sehr auf sich selbst vertraut hat? Wo sind die Worte: «Warum kann ich dir jetzt nicht folgen? Mein Leben werde ich für dich geben» (Joh 13,37)? Leugnen, dass man der Jünger seines Meisters ist, heißt das dem Meister folgen? Gibt man so das Leben für den Herrn, dass man, aus Angst zu sterben, die Äußerung einer Magd fürchtet? Und warum staunt man, wenn Gott Wahres vorausgesagt, der Mensch aber in falscher Weise auf sich vertraut hat? Sicher müssen wir bei der Verleugnung des Apostels Petrus beachten, dass Christus nicht nur von

[1] Es ist das Psalmwort, mit dem Augustinus selbst Gott für die Gnade seiner Bekehrung dankt: «Herr, wer ist dir gleich? Du hast meine Fesseln gebrochen, ein Opfer des Lobes will ich Dir darbringen» (Die Bekenntnisse VIII, 1,1); der Hinweis stammt von E. Gandolfo, a.a.O., 1122.

dem verleugnet wird, der sagt, dieser sei nicht Christus, sondern auch von dem, der leugnet, Christ zu sein, obwohl er es ist. Der Herr sagt nämlich nicht zu Petrus: Du wirst mich als mein Jünger verleugnen, sondern «du wirst mich verleugnen» (Mt 26,34). Er verleugnete ihn also, weil er leugnete, sein Jünger zu sein. Was aber hat er damit anderes geleugnet als Christ zu sein? (…) Der also leugnete, ein Jünger Christi zu sein, verleugnete die Sache an sich, den Grund, dass man Christ genannt wird. Wie viele in der Folge – ich spreche nicht von alten Männern und Frauen, die gesättigt vom Leben für ein Bekenntnis zu Christus leicht den Tod verachten konnten; aber wie viele nicht nur Jugendliche beiderlei Geschlechts, von denen man zurecht Tapferkeit fordert, sondern Jungen und Mädchen und eine unzählbare Schar heiliger Märtyrer sind stark und ungestüm in das Himmelreich eingetreten, was der damals nicht konnte, der die Schlüssel des Reiches erhielt (vgl. Mt 16,19). Als der Herr sich für uns hingab und uns mit seinem Blut erlöste, sagte er: «Lasset diese gehen» (Joh 18,8), damit sich das Wort erfülle: «Die du mir gegeben hast, ich habe keinen von ihnen verloren» (18,9). Denn wenn Petrus nach der Verleugnung Christi aus diesem Leben geschieden wäre, wäre er sicher verloren gegangen. [CXIII, 2]

(…) «Mein Reich», sagt Christus zu Pilatus, «ist nicht von dieser Welt.» Was wollt ihr mehr? Kommt zu einem Reich, das nicht von dieser Welt ist. Kommt durch den Glauben und tobt nicht aus Furcht. In der Prophetie über Gott den Vater sagt der Herr: «Ich aber bin als König von ihm eingesetzt über Sion seinen heiligen Berg» (Ps 2,6). Aber jenes Sion und jener heilige Berg sind nicht von dieser Welt. Denn was ist das, sein Reich?

Es sind die, welche an ihn glauben, zu denen er sagt: «Ihr seid nicht von der Welt, wie auch ich nicht von der Welt bin» (Joh 17,16)? Dennoch wollte er, dass sie in der Welt seien; deswegen sagte er über sie zu seinem Vater: «Ich bitte nicht, dass du sie von der Welt wegnimmst, sondern dass du sie vor dem Bösen bewahrst» (Joh 17,15). Daher sagt er hier auch nicht: «Mein Reich ist nicht» in dieser Welt, sondern «von dieser Welt» (...). Sein Reich, das nicht mehr von dieser Welt ist, ist alles geworden, was in Christus wiedergeboren worden ist. Denn so hat Gott uns aus der Gewalt der Finsternis entrissen und in das Reich des Sohnes seiner Liebe versetzt (vgl. Kol 1,13); von diesem Reich sagt er: «Mein Reich ist nicht von dieser Welt», oder: «Mein Reich ist nicht von hier». [CXV, 2]

«Daher sagte Pilatus zu ihm: Also bist du ein König? Jesus antwortete: Du sagst es, ich bin ein König.» Nicht dass er sich fürchtete, sich als König zu bekennen; aber die Worte: «Du sagst es», lassen in der Schwebe, ob er sich als König verleugnet (denn er ist ein König, dessen Reich nicht von dieser Welt ist), oder sich dazu bekennt, so ein König zu sein, dessen Reich von dieser Welt ist. Denn so einen König meinte jener, der gesagt hatte: «Also bist du ein König», dem geantwortet wurde: «Du sagst es, ich bin ein König.» «Du sagst es», ist eine Entgegnung, wie wenn gesagt würde: Du hast eine fleischliche Gesinnung und redest fleischlich. [CXV, 3]

Dann fügt der Herr hinzu: «Ich bin dazu geboren und dazu in die Welt gekommen, dass ich für die Wahrheit Zeugnis gebe.» (...) Es ist offensichtlich, dass er hier von seiner irdischen Geburt spricht, durch die er in die Welt kam, indem er Fleisch wurde, nicht von der ewigen, durch die er Gott war und durch den der Vater die Welt erschuf (vgl. 1,1,14). Deshalb also, sagte er, sei er geboren und in die Welt gekommen, in jedem Fall aus einer Jungfrau geboren, um für die Wahrheit Zeugnis zu geben. Aber weil der Glaube sich nicht bei allen findet (vgl. 2 Thess 3,2), fügt er hinzu: «Jeder, der aus der Wahrheit ist, hört meine Stimme.» Er hört sie sicher mit dem inneren Ohr, das heißt, er gehorcht meiner Stimme, was so viel bedeutet wie, er glaubt mir. Wenn Christus also für die Wahrheit Zeugnis gibt, gibt er sicher für sich selbst Zeugnis, denn er sagt ja selbst: «Ich bin die Wahrheit» (Joh 14,6), und auch anderswo: «Ich gebe Zeugnis von mir» (Joh 8,18). Wenn er aber sagt: «Wer aus der Wahrheit ist, hört meine Stimme», dann betont er die Gnade, aufgrund welcher er nach seinem Ratschluss beruft. Über diesen Ratschluss sagt der Apostel: «Wir wissen, dass denen, die Gott lieben, alles zum Guten gereicht, denen die nach dem Ratschluss Gottes berufen sind» (Röm 8,28), also nach dem Ratschluss dessen, der beruft, nicht derer, die berufen sind. Anderswo schreibt der Apostel noch klarer: «Arbeite für das Evangelium in der Kraft Gottes, der uns errettet und beruft in heiliger Berufung, nicht aufgrund unserer Werke, sondern aufgrund seines Ratschlusses und seiner Gnade» (2 Tim 1,8f.). Betrachten wir also die Natur, in der wir geschaffen sind: Wer ist nicht aus der Wahrheit, weil die Wahrheit alle Menschen erschaffen hat? Aber allen erlaubt die Wahrheit, sie zu hören, das heißt ihr zu gehorchen und an sie zu glauben. Sicher ohne vorherige Verdienste, sonst wäre die Gnade keine Gnade mehr. Hätte er nämlich gesagt: Jeder, der meine Stimme hört, ist aus der Wahrheit, würde man denken, er werde deshalb aus der Wahrheit genannt, weil er der Wahrheit gehorcht. Das aber sagt er nicht, sondern: «Jeder, der aus der Wahrheit ist, hört meine Stimme.» Und daher ist er nicht deshalb aus der Wahrheit, weil er seine Stimme hört, sondern er hört sie, weil er aus der Wahrheit ist, das heißt, weil ihm diese Gnade selbst aus der Wahrheit zuteil geworden ist. Was bedeutet das anderes als: durch die Gabe Christi glaubt er an Christus? [CXV, 4]

Als die Juden geschrien hatten, nicht Jesus solle ihnen von Pilatus zu Ostern freigelassen werden, sondern der Räuber Barabbas, nicht der Heiland, sondern der Mörder, nicht der Geber des Lebens, sondern sein Zerstörer, «da ließ Pilatus Jesus ergreifen und geißeln». Man soll nicht meinen, Pilatus habe das aus einem anderen Grund getan, als damit die Juden zu der Erkenntnis kämen, dass Misshandlungen ausreichten und sie aufhörten, bis zum Tod Jesu zu wüten. Dazu kommt, dass derselbe Landpfleger seiner Kohorte auch Folgendes zu tun erlaubte oder vielleicht auch befahl, obgleich der Evangelist das verschweigt. Er beschränkt sich nämlich darauf, zu erzählen, was die Soldaten darauf taten, aber dass Pilatus es befohlen hatte, sagt er nicht. «Und die Soldaten», sagt er, «flochten eine Krone aus Dornen und setzten sie auf sein Haupt und legten ihm einen Purpurmantel um. Und sie traten zu ihm und sagten: Sei gegrüßt, König der Juden. Und gaben ihm Backenstreiche.» So erfüllte sich, was Christus über sich geweissagt hatte, so wurden die Märtyrer unterwiesen, alles zu ertragen, was ihren Verfolgern ihnen zuzufügen gefiel. Indem er eine Weile seine zu fürchtende Macht verbarg, wollte er vor allem seine nachzuahmende Geduld empfehlen; sein Reich, das nicht von dieser Welt war, besiegte so die stolze

Welt, nicht durch wilden Kampf, sondern durch ausdauernde Demut; so wurde das sich vervielfältigende Samenkorn in entsetzlicher Schmach gesät, um wunderbar in Herrlichkeit empor zu sprießen. [CXI, 6]

«Sie nahmen aber Jesus und führten ihn hinaus; und selbst das Kreuz tragend[2], ging er hinaus an den Ort, der Kalvaria heißt, auf hebräisch Golgotha, wo sie ihn kreuzigten.» Jesus ging also an den Ort, wo er gekreuzigt werden sollte, sich selbst sein Kreuz tragend. Welch ein Schauspiel! Welch ein Gespött, wenn das die Gottlosigkeit sieht, aber welch ein Geheimnis, wenn der Glaube betrachtet! In den Augen der Gottlosen, ein Zeugnis großer Schmach; in den Augen des Glaubens dagegen eine große Stütze. Wenn die Gottlosigkeit es sieht, lacht sie darüber, dass ein König anstelle des Zepters seiner Herrschaft das Holz seiner Marter trägt; erwägt es dagegen der Glaube, so sieht er den König das Holz tragen, an das er selbst geschlagen wird, das dann aber sogar die Stirn der Könige zieren wird[3]. In den Augen der Gott-

[2] Hans Urs von Balthasar, Der Kreuzweg des Herrn im Kolosseum, Johannes Verlag Einsiedeln, Trier 1989, 2. Station, o. S., übersetzt die johanneischen Worte «bajulans sibi crucem»: Jesus trug sein Kreuz aus eigenem Entschluss.

[3] Zum Bedeutungswandel des Kreuzes schreibt Gebhard M. Behler, Das Ärgernis des Kreuzes. In: Geist und Leben 32 (1959), 12, indem er auf Enarrationes in Psalmos 54,12, PL 36, 637, Bezug nimmt: «Von Cicero bis Paulus ist eine ungeheure, unerhörte Umwälzung geschehen; und diese Umwertung hat ihre Kreise immer weiter gezogen: das Kreuz ist zum Zeichen der Ehre geworden. Die Hinrichtung durch das Kreuz wurde im Römischen Reich bis in die erste Hälfte des vierten Jahrhunderts gehandhabt; erst der christliche Kaiser Konstantin hat diese ‹infernalischste Erfindung der antiken Justiz› aus Ehrfurcht vor dem Kreuze Christi abgeschafft. ‹Das Kreuz ist zum Zeichen des Ruhmes geworden: einst Gegenstand

losen wurde er dafür verschmäht, die Herzen der Heiligen werden sich in ihm rühmen. Paulus, der sagte: «Mir jedoch sei es ferne, mich zu rühmen, es sei denn im Kreuze unseres Herrn Jesus Christus» (Gal 6,14), empfahl er sein Kreuz, das er auf der Schulter trug, und er trug es wie eine brennende Lampe für den Leuchter, die nicht unter den Scheffel gestellt werden darf (vgl. Mt 5,15). Also «selbst das Kreuz tragend, ging er hinaus an den Ort, der Kalvaria heißt, auf hebräisch Golgotha, wo sie ihn kreuzigten; und mit ihm zwei andere, rechts und links, in der Mitte aber Jesus». Diese beiden waren Räuber, wie wir aus dem dem Bericht der anderen Evangelisten wissen. Mit ihnen und zwischen sie wurde Christus gekreuzigt, worüber die Prophetie im voraus gesagt hatte: «Und er ist unter die Missetäter gerechnet worden» (Jes 53,12). [CXVII, 3]

«Pilatus schrieb aber auch eine Aufschrift und setzte sie über das Kreuz; es stand da geschrieben: Jesus von Nazareth, König der Juden (...)». [CXVII, 4]

«Da sagten die Hohenpriester der Juden zu Pilatus: Schreibe nicht: König der Juden, sondern dass er selbst gesagt hat: Ich bin der König der Juden. Pilatus entgegnete: Was ich geschrieben habe, habe ich geschrieben.» O unaussprechliche Kraft göttlichen Wirkens, selbst im Herzen der Unwissenden! Pilatus vernahm nicht eine innere verborgene Stimme in hörbarer Stille, wenn man so sagen kann, was lange zuvor im Buch der Psalmen vorhergesagt worden war: «Zerstöre nicht die Titelauf-

des Spottes von Seiten der Feinde, ziert es heute die Stirn der Könige. Es hat seine Kraft bewiesen: nicht das Eisen hat die Welt bezwungen, sondern das Holz».

schrift» (Ps 56,1; 57,1)? Seht, die Titelaufschrift zerstört er nicht: was er geschrieben hat, hat er geschrieben. Aber auch die Hohenpriester, die sie zerstört haben wollten, was sagten sie? «Schreibe nicht König der Juden, sondern dass er selbst gesagt hat: Ich bin der König der Juden.» Was redet ihr da, ihr Narren? Was widersprecht ihr dem, was ihr absolut nicht ändern könnt? Denn wird es etwa deshalb nicht wahr sein, dass Jesus gesagt hat: «Ich bin der König der Juden»? Wenn man nicht zerstören kann, was Pilatus geschrieben hat, kann man etwa zerstören, was die Wahrheit gesagt hat? Aber ist Christus nur König der Juden oder auch der Völker? Denn da er in der Prophetie gesagt hatte: «Ich aber bin als König, von ihm eingesetzt über Sion, seinen heiligen Berg zu verkünden das Gebot des Herrn» (Ps 2, 6-7), hat er gleich darauf hinzugefügt, damit keiner, der ihn vom Berg Sion sprechen hörte, meinte, er sei nur für die Juden als König eingesetzt: «Der Herr sprach zu mir: Mein Sohn bist du, heute habe ich dich gezeugt; fordere von mir, und ich will dir die Völker zum Erbe geben und zu deinem Eigentum die Enden der Erde» (Ps 2,7-8). (...) [CXVII, 5]

Was sich unter dem Kreuz des Herrn nach seiner Kreuzigung ereignete, wollen wir mit seiner Hilfe in dieser Predigt behandeln. «Als die Soldaten ihn nun gekreuzigt hatten, nahmen sie seine Kleider, aus denen sie vier Teile machten, für jeden Soldaten einen Teil, und den Rock. Der Rock aber war ohne Naht, von oben an ganz durchgewebt. Sie sagten also zueinander: Wir wollen ihn nicht zerteilen, sondern losen, wem er gehören soll. Damit sollte sich die Schrift erfüllen: Sie haben meine Kleider unter sich geteilt und über mein Gewand das

Los geworfen.» Es geschah, was die Juden wollten; nicht sie, sondern die Soldaten, die Pilatus gehorchten, haben auf sein Urteil hin Jesus gekreuzigt, und doch müssen wir feststellen, denken wir an die Absichten, Nachstellungen, Bemühungen, die Überlieferung und schließlich das erpressende Geschrei der Juden, dass sie sicher mehr[4] als die Soldaten Jesus getötet haben. [CXVIII, 1]

Vielleicht fragt sich jemand, was die Teilung der Kleider in vier Teile und die Losung um den Rock bedeuten. Das gevierteilte Gewand des Herrn Jesus Christus bedeutet seine viergeteilte Kirche, die in den vier Himmelsrichtungen verbreitet ist und zwar überall gleichmäßig, das heißt: einträchtig. Darum sagt der Herr anderswo, er werde seine Engel senden, damit sie seine Auserwählten von den vier Winden her sammeln (vgl. Mt 24,31; Mk 13,27); also von den vier Teilen der Welt: von Osten, Westen, Norden und Süden. Der Rock aber, über den das Los geworfen wurde, bedeutet die Einheit dieser Teile, die durch die Liebe miteinander verbunden sind.[5] Über die Liebe aber sagt er Apostel: «Einen hervorragenderen Weg zeige ich euch» (1 Kor 12,31) und an anderer Stelle fordert er, «die Liebe Christi zu erkennen, welche alles Wissen überragt» (Eph 3,19) und noch woanders steht: «Über allem aber die Liebe, die das Band der Vollkommenheit ist» (Kol 3,14). Wenn also die Liebe der vorzüglichste Weg ist und alles Wissen überragt und über allen Geboten steht, dann wird zu-

[4] Lateinisch: magis.

[5] Das nahtlose Gewand Christi ist Gleichnis für die Einheit der Kirche, die in der gegenseitigen Liebe grundgelegt ist. Vgl. I. de la Potterie, a.a.O., 103f. Vielleicht hat Cyprian als erster diesen Gedanken entwickelt; vgl. E. Gandolfo, a.a.O., 1154.

recht das Kleid, das sie bedeutet, als von oben gewebt bezeichnet. Es ist nahtlos, damit es zu keiner Zeit aufgetrennt werde, und es strebt zur Einheit, weil es alle in einem sammelt. Wie bei den Aposteln – obwohl sie zwölf waren, also vier mal drei, und alle gefragt worden waren – nur Petrus antwortet: «Du bist Christus, der Sohn des lebendigen Gottes» (Mt 16,16) und ihm gesagt wird: «Ich werde dir die Schlüssel des Himmelreiches geben» (Mt 16,19), als hätte er allein die Macht zu binden und zu lösen erhalten. Aber obwohl Petrus für alle sprach, empfing er das Amt mit allen, gleichsam als Repräsentant dieser Einheit. Es empfing die Macht einer für alle, weil die Einheit in allen ist. Daher hat der Evangelist den Worten ‹von oben gewebt› ‹ganz› beigefügt. Beziehen wir ‹ganz› auf das, was die Tunika bedeutet, so ist keiner, wenn er zum Ganzen gehört, dieser Einheit beraubt. Von dieser Ganzheit her wird die Kirche, wie das der griechische Begriff anzeigt, katholisch genannt. Was aber wird im Los hervorgehoben, wenn nicht die Gnade Gottes? So gelangt sie nämlich vom einen zum anderen, sofern das Los allen gefällt, weil in der Einheit die Gnade Gottes zu allen kommt. Wenn das Los geworfen wird, überlässt man es nicht den Verdiensten einzelner Personen, sondern dem verborgenen Urteil Gottes. [CXVIII, 4]

Keiner wird deshalb sagen, all das bedeute nichts Gutes, weil es von bösen Menschen verursacht wurde, nicht durch die, welche Christus nachfolgten, sondern die ihn verfolgten. Denn was sollen wir vom Kreuz an sich sagen, das Christus sicher von den Feinden und Gottlosen gefertigt und auferlegt wurde? Und dennoch meint man zurecht, es bedeute die Dimensionen, von denen der

Apostel spricht: «die Breite, die Länge, die Höhe und die Tiefe» (Eph 3,18). Denn breit ist es im Querholz, an dem die Hände des Hängenden ausgestreckt sind, und es bedeutet die guten Werke, in der Breite der Liebe. Lang ist es vom Querholz bis zur Erde; an ihm sind der Rücken und die Füße angeheftet und das bedeutet die Beharrlichkeit in der Länge der Zeit bis zum Ende. Hoch ist es an der Spitze, wo es über das Querholz nach oben hinausgeht, und das bedeutet das himmlische Ziel, auf das sich alle unsere Werke beziehen; denn alles, was in der Breite und Länge gut und beharrlich geschieht, soll um der Größe des göttlichen Lohns willen getan werden. Tief ist es in dem Teil, wo es in der Erde steckt, denn dort ist es dem menschlichen Blick verborgen und kann nicht gesehen werden, aber von da erwächst seine Sichtbarkeit und Größe, wie unsere guten Werke aus der Tiefe der Gnade Gottes hervorgehen, die nicht verstanden und beurteilt werden kann. Wenn aber das Kreuz Christi nur das bedeutet, was der Apostel ihm zuspricht: «Die welche Jesus Christus zugehören, haben ihr Fleisch mit seinen Leidenschaften und Gelüsten gekreuzigt» (Gal 5,24), wäre das schon ein großes Gut. Und doch geschieht das nicht, es sei denn, ein guter gegen das Fleisch kämpfender Geist ist dazu fähig, obwohl der Feind, das heißt der böse Geist, das Kreuz Christi errichtet hat. Was ist schließlich das allen bekannte Zeichen Christi, wenn nicht das Kreuz Christi? Wird dieses Zeichen nicht an die Stirn der Gläubigen gemacht oder über dem Wasser[6], aus dem sie wiedergeboren werden, oder über dem Öl, womit sie mit Chrisam gesalbt

[6] In der Osternacht weiht der Priester das Wasser mit dem Zeichen des Kreuzes und betet zu Gott. Vgl. De bapt. 3.10.15; 5.20.27. F. van der Meer, a.a.O., 429.

werden, oder über dem Opfer[7], von dem sie gespeist werden, so ist kein Ritus richtig vollzogen. Warum soll also durch das, was Böse tun, nicht Gutes angedeutet werden, wenn durch das Kreuz Christi, welches das Werk böser Menschen war, bei der Feier der Geheimnisse Christi uns alles Gute zukommt? (...) [CXVIII, 5]

(...) «Es standen aber beim Kreuz Jesu seine Mutter und die Schwester seiner Mutter, die Frau des Kleophas, und Maria von Magdala. Als nun Jesus die Mutter und den Jünger, den er liebte, dastehen sah, sagte er zu seiner Mutter: Frau, siehe dein Sohn! Dann sagte er zu dem Jünger: Siehe, deine Mutter! Und von jener Stunde an nahm sie der Jünger zu sich.» Das ist zweifellos jene Stunde, von der Jesus vor der Verwandlung des Wassers in Wein zu seiner Mutter gesagt hatte: «Was willst du von mir, Frau? Meine Stunde ist noch nicht gekommen» (Joh 2,4). Diese Stunde hatte er also vorausgesagt, die Stunde, die damals noch nicht gekommen war und in der er sterbend diejenige anerkennen sollte, von der er als sterblicher Mensch geboren war. Als er damals etwas Göttliches vollbringen wollte, wies er die Mutter nicht der Gottheit, sondern seiner Schwachheit gleichsam wie eine Unbekannte ab; jetzt aber, da er wie ein Mensch litt, anempfahl[8] er sie, aus der er Mensch geworden war, mit menschlicher Liebe. Damals offenbarte sich der, welcher Maria geschaffen hatte, in seiner Macht; nun aber hing der, den Maria geboren hatte, am Kreuz. [CXIX, 1]

[7] Während des eucharistischen Hochgebetes macht der Priester das Kreuz über die Gaben von Brot und Wein. Vgl. F. van der Meer, a.a.O., 468.

[8] I. de la Potterie bemerkt dazu, dass alle griechischen und lateinischen Väter (mit Ausnahme von Origenes) die Szene ausschließ-

Der Evangelist fährt fort: «Danach sagte Jesus, da er wusste, dass bereits alles vollbracht war, damit die Schrift erfüllt würde: Mich dürstet. Ein Gefäß voll Essig stand da; jene steckten also einen mit Essig gefüllten Schwamm an einen Ysopstengel und hielten ihn an seinen Mund. Als nun Jesus den Essig genommen hatte, sprach er: Es ist vollbracht. Und er neigte das Haupt und gab den Geist auf.» Wer kann sein Tun so anordnen, wie jener Mensch es anordnete, als er litt? Aber dieser Mensch ist Mittler zwischen Gott und den Menschen; über ihn steht geschrieben: Er ist Mensch, aber wer wird ihn erkennen, denn die Menschen, die ihn kreuzigten, kannten den Gottmenschen nicht. Denn er zeigte sich als Mensch und verbarg sich als Gott; im Leiden zeigte er seine Menschheit, und kraft seiner verborgenen Gottheit ordnete er alles an. Er sah also, dass alles vollbracht war, bevor er den Essig nahm und den Geist aufgab; denn damit die Schrift, die vorausgesagt hatte: «Und in meinem Durst gaben sie mir Essig zum Trank» (Ps 68,22), sich erfüllte, sagte er: «Mich dürstet», als wolle er sagen: Ihr tatet wenig, gebt mir, was ihr seid[9]. Die Juden waren nämlich selbst Essig, degeneriert vom Wein der Patriarchen und Propheten und wie ein volles Gefäß, gefüllt mit der Un-

lich im moralischen Sinn ausgelegt haben: Der sterbende Sohn sorgt für seine Mutter. Erst im zwölften Jahrhundert, stellt I. de la Potterie fest, «weitet sich das Gesichtsfeld»; a.a.O., 106. Dieser moralischen Deutung der Anempfehlung Mariens widerspricht Joseph Ratzinger, «Frau, siehe dein Sohn», in: Der Weg des Lebens, a.a.O., 50f., indem er darauf hinweist, dass Johannes die Mutter «in sua» [CXIX, 3], das heißt für Augustinus, zu sich, aber nicht in sein Haus, sondern «in sein Sein, in sein Denken und Leben», aufnimmt.

[9] In seiner Psalmenauslegung deutet Augustinus das Wort des Herrn «mich dürstet» anders: Er hatte Durst nach ihnen (vgl. E. Galdolfo, a.a.O., 1159)

gerechtigkeit dieser Welt, ihr Herz wie ein Schwamm, mit ausgehöhlten, gleichsam gewundenen, trügerischen Schlupfwinkeln. Der Isopstengel, an den sie den mit Essig gefüllten Schwamm steckten, ist ein niedriges Kraut, das die Brust reinigt, ein Bild der Niedrigkeit Christi, den die Juden umringten und überlistet zu haben meinten. Darüber steht im Psalm: «Besprenge mich mit Isop, und ich werde rein» (50,9). Denn durch die Demut Christi werden wir rein; hätte er sich nicht erniedrigt und wäre er nicht gehorsam gewesen bis zum Tod am Kreuz (vgl. Phil 2,7), wäre sicher sein Blut zur Vergebung der Sünden, also zu unserer Reinigung, nicht vergossen worden. [CXIX, 4]

«Als nun Jesus den Essig genommen hatte, sprach er: Es ist vollbracht.» Was war vollbracht, wenn nicht das, was die Prophetie lange zuvor verheißen hatte? Dann, weil es nichts mehr gab, was vor seinem Tod noch geschehen sollte, da er, der die Macht hatte, sein Leben hinzugeben und es wieder zu nehmen (vgl. Joh 10,18), alles vollendet hatte, dessen Vollendung er noch erwartete, «neigte er das Haupt und gab seinen Geist auf». Wer schläft so, wann er will, wie Jesus gestorben ist, wann er wollte? Wer zieht so sein Kleid aus, wann er wollte, wie Jesus sein Fleisch ablegte, wann er wollte? Wer scheidet so, weil er wollte, wie er starb, weil er wollte? Wie sehr muss man auf die Macht des Richtenden hoffen oder sie fürchten, wenn sie in seinem Tod so groß aufschien? [CXIX, 6]

«Es kamen nun Soldaten und zerschlugen dem einen die Beine und ebenso dem anderen, der mit ihm gekreuzigt wurde. Als sie aber zu Jesus kamen und sahen, dass er schon gestorben war, zerschlugen sie ihm die Beine nicht, sondern einer der Soldaten[10] öffnete sein Herz mit einer Lanze, und sogleich trat Blut und Wasser heraus.» Ein sorgsames Wort verwandte der Evangelist, um nicht sagen zu müssen: Er durchbohrte oder verwundete seine Seite, oder etwas derartiges, vielmehr ‹öffnete›, damit dort gleichsam die Türe des Lebens aufgetan würde, durch die sich die Sakramente der Kirche ergossen, ohne die man zum wahren Leben nicht eingeht. Blut ward zur Vergebung der Sünden vergossen, Wasser mildert den heilsamen Becher, es gewährt zugleich Bad und Trunk. Vorbedeutung dessen war die Türe, die Noe an der Seite der Arche anbringen sollte (vgl. Gen 6,16) zum Einlass der Tiere, die von der Flut verschont werden sollten, die Sinnbilder der Kirche. Um dessentwillen ward das erste Weib aus der Seite des schlafenden Mannes gebildet (vgl. Gen 3,20) und Leben und Mutter der Lebendigen genannt (vgl. Gen 2,22). Denn sie bedeutete großes Gut, vor der Sünde großem Übel. Hier entschlief geneigten Hauptes am Kreuz der zweite Adam, damit ihm aus dem, was der Seite des Schlummernden entfloss, eine Gattin gebildet werde[11]. O Tod, durch welchen die Toten aufleben! Was ist reiner als dieses Blut, heilsamer als diese Wunde? [CXX, 2]

[10] Das Antlitz der Kirche, a.a.O., [95] 142f.

[11] Henri de Lubac, Geheimnis aus dem wir leben. Paradox und Mysterium der Kirche, Johannes Verlag Einsiedeln, Freiburg 2. Auflage 1990, 37f., bezieht sich auf diese Stelle, um darauf hinzuweisen, dass die Frage nach der Gründung der Kirche – am Kreuz oder an Pfingsten – für die Väter nicht in Form eines «Entweder Oder» überliefert wurde.

«Danach bat Joseph von Arimathea, der ein Jünger Jesu war, allerdings im Geheimen aus Furcht vor den Juden, Pilatus, dass er den Leichnam Jesu abnehmen dürfe, und Pilatus erlaubte es. Er kam also und nahm den Leichnam Jesu. Es kam aber auch Nikodemus, der zu Jesus erstmals nachts gekommen war, und brachte eine Mischung von Myrrhe und Aloe, etwa hundert Pfund.» Man darf die Satzzeichen nicht so setzen, als hätte der Evangelist gesagt: ‹Erstmals brachte Joseph von Arimathae eine Mischung von Myrrhe›, sondern ‹erstmals› bezieht sich auf den vorhergehenden Satz. Denn Nikodemus war erstmals nachts zu Jesus gekommen, wovon Johannes in früheren Abschnitten seines Evangeliums (vgl. 3,1.2) berichtet hatte. Hier ist also gemeint, Nikodemus sei zu Jesus nicht nur damals, sondern auch später gekommen, um im Hören des Wortes sein Jünger zu werden; das wird jetzt bei der Enthüllung des Leichnams des Heiligen Stephanus allen Völkern verlässlich kundgetan.[12] «Sie nahmen nun den Leichnam Jesu und wickelten ihn in Leinentücher mit Wohlgerüchen, wie es bei den Juden Begräbnissitte ist.»[13] Mir scheint, nicht umsonst hat der Evangelist gesagt: «wie es bei den Juden Begräbnissitte ist»; auf diese Weise mahnt er nämlich an, falls ich mich nicht täusche, dass bei Verrichtungen, die den Verstorbenen erwiesen werden, die Sitte des jeweiligen Volkes zu beachten ist. [CXX, 4]

[12] Im Dezember 415 werden in Palestina die Gebeine des Heiligen Stephanus und des Heiligen Nikodemus gefunden. Vgl. Luciani epistula de inventione corporis S. Stephani, quando ipsius etiam Nicodemi corpus detectum fuit. Zit. nach CCSL 662. Im Sommer 416 erreicht diese Nachricht Hippo.

[13] Vgl. dazu die Ausführungen bei F. van der Meer, a.a.O., 574.

Der Auferstandene

«Petrus und der andere Jünger gingen hinaus, und sie kamen zum Grab. Es liefen aber beide zugleich, doch der andere Jünger lief schneller als Petrus und kam zuerst zum Grab.» Hier bemerkt man eine Wiederholung, die hervorzuheben ist: wie der Evangelist zu etwas Vorausliegendem zurückkehrt, und es doch als ein Nachfolgendes hinzufügt. Denn nachdem er schon gesagt hatte: «Sie kamen zum Grab», kehrt er zurück, um zu präzisieren, wie sie hinkamen, indem er sagt: «Sie liefen aber beide zugleich» etc. Damit zeigt er uns, dass jener andere Jünger, der voraus lief, als erster zum Grabe kam, womit er sich selbst meint, aber dennoch aus der Perspektive des anderen alles erzählt. [CXX, 7]

«Und als er sich vorbeugte, sah er die Leintücher daliegen, ging aber nicht hinein. Nun kam auch Simon Petrus hinter ihm her und ging in das Grab hinein; und er sah die Leintücher daliegen und das Schweißtuch, das über seinem Haupt gewesen, nicht bei den Leinenbinden liegen, sondern für sich zusammengewickelt an einer besonderen Stelle.» Glaubt ihr, das bedeutet nichts? Das denke ich nicht. Aber wir gehen weiter, bis wir durch die Notwendigkeit einer Frage oder Unklarheit zum Verweilen gedrängt werden. Denn von jeder einzelnen Sache, die an sich klar ist, die Bedeutung zu erforschen, ist sicher eine heilige Wonne[1], aber nur für die Müßigen, die wir nicht sind. [CXX, 8]

[1] Vgl. H. de Lubac, Geist, a.a.O., 488.

Maria Magdalena hatte den Jüngern Petrus und Johannes verkündet, dass der Herr aus dem Grab weggenommen worden sei. Als jene hinkamen, fanden sie nur die Leintücher, mit denen der Leichnam eingewickelt gewesen war; und was konnten sie anderes glauben, als was sie gesagt und auch selbst geglaubt hatte? «Also gingen die Jünger wieder nach Hause», dorthin, wo sie wohnten und von woher sie zum Grab gelaufen waren. «Maria aber stand draußen am Grab und weinte.» Denn während die Männer zurückkehrten, hielt die stärkere Liebe das schwächere Geschlecht an eben diesem Ort fest. Und die Augen, die den Herrn gesucht und nicht gefunden hatten, waren voll Tränen, in größerem Schmerz darüber, dass er aus dem Grab weggenommen als dass er am Kreuz getötet worden war, weil nun von einem so großen Lehrmeister, dessen Leben ihnen genommen war, nicht einmal ein Andenken zurückblieb. Dieser Schmerz hielt also die Frau am Grab fest. «Wie sie nun weinte, beugte sie sich vor und schaute in das Grab hinein.» Ich weiß nicht, warum sie das tat. Denn sie wusste, dass der, den sie suchte, nicht mehr dort war, da sie ja selbst den Jüngern mitgeteilt hatte, er sei weggenommen worden; und jene waren zum Grab gekommen, und nicht nur im Hineinschauen, sondern auch im Hineingehen hatten sie den Leichnam des Herrn gesucht, ihn aber nicht gefunden. Was also bedeutet es, dass sie, während sie weinte, sich erneut in das Grab beugte und schaute? Oder meinte sie, sie dürfe in ihrem großen Schmerz weder ihren noch anderen Augen trauen? Oder ist eher ein Wink Gottes in ihrem Geist die Ursache, dass sie nochmals hineinschaute? Denn sie schaute «und sah zwei Engel in weißen Gewändern sitzen, einen zu Häupten und einen zu Füßen, wo der

Leichnam Jesu gelegen hatte.» Warum saß einer zu Häupten und einer zu Füßen? Vielleicht weil sie, die im Griechischen Engel und im Lateinischen Boten heißen, auf diese Weise andeuten wollten, dass das Evangelium Christi gleichsam von den Häupten bis zu den Füßen, vom Anfang bis zum Ende verkündet werden müsse? «Jene sagten zu ihr: Frau, warum weinst du? Sie sagt zu ihnen: Weil sie meinen Herrn weggenommen haben, und ich weiß nicht, wo sie ihn hingelegt haben.» Die Engel verboten ihr die Tränen, denn was verkündeten sie anderes als gewissermaßen zukünftige Freude? Denn sie sagten: «Warum weinst du?» so, als wollten sie sagen: Weine nicht. Aber sie, in der Meinung, sie hätten aus Unwissenheit gefragt, verriet den Grund ihrer Tränen: «Weil sie meinen Herrn weggenommen haben», indem sie den entseelten Leib ihres Herrn ihren Herrn nennt, den Teil für das Ganze nimmt, so wie wir alle Jesus Christus, den Sohn Gottes als den einen Herrn bekennen, der sicher zugleich Wort, Seele und Fleisch ist, der gekreuzigt und begraben wurde, obwohl nur sein Fleisch begraben wurde. «Und ich weiß nicht, wo sie ihn hingelegt haben.» Das war der wichtigste Grund ihres Schmerzes, dass sie nicht wusste, wohin gehen, um ihren Schmerz zu lindern. Aber schon war die Stunde da, in der auf die von den Engeln verbotenen Tränen Freude folgte, wie die Engel sie verkündet hatten. [CXXI, 1]

«Jesus sagt zu ihr: Rühre mich nicht an, denn ich bin noch nicht zu meinem Vater hinaufgestiegen. Gehe aber zu den Brüdern und sage ihnen: Ich steige hinauf zu meinem Vater und zu eurem Vater, zu meinem Gott und zu eurem Gott.» Es liegt in diesen Worten etwas, was wir kurz, aber exakt behandeln müssen. Mit seiner

Antwort lehrte Jesus ja die Frau, die ihn als Lehrer erkannt und angeredet hatte, den Glauben, und jener Gärtner säte in ihrem Herzen wie in seinem Garten ein Senfkorn. Warum sagt der Herr: «Rühre mich nicht an»?, und wie wenn man nach dem Grund des Verbotes fragte, fügt er hinzu: «Denn ich bin noch nicht zu meinem Vater hinaufgestiegen.» Was heißt das? Wenn er auf Erden nicht berührt werden kann, wie soll er dann im Himmel von den Menschen berührt werden? Vor seiner Himmelfahrt erschien er den Jüngern mit der Aufforderung, ihn zu berühren, wie der Evangelist Lukas bezeugt: «Tastet und seht, dass ein Geist nicht Fleisch und Blut hat, wie ihr es an mir seht» (24,39), oder als er zu seinem Jünger Thomas sagte: «Lege deinen Finger hierher und siehe meine Hände, und tue deine Hand hierher und lege sie in meine Seite» (Joh 20,27). Wer ist aber so dumm, zu behaupten, von den Jüngern habe sich der Herr vor der Himmelfahrt zum Vater berühren lassen wollen, von den Frauen aber erst nach der Auffahrt zum Vater? Auch wem danach verlangte, dem würde seine Torheit nicht gestattet. Denn man liest, dass auch die Frauen nach der Auferstehung Jesus, bevor er zum Vater auffuhr, berührt haben, und unter denen war auch Maria Magdalena. Matthäus erzählt, dass ihnen Jesus mit den Worten entgegen kam: «Seid gegrüßt! Sie aber traten hinzu», sagt er, «umfassten seine Füße und beteten ihn an» (28,9). Diese Episode lässt Johannes aus, aber von Matthäus wird sie als wahr berichtet. Es bleibt uns also nur, anzunehmen, dass sich in diesen Worten ein Geheimnis verbirgt, das, ob wir es enthüllen oder nicht, sicher ist, dass es besteht. Der Herr hat also zu Maria Magdalena gesagt: «Rühre mich nicht an, denn ich bin noch nicht zu meinem Vater hinaufgestiegen», entweder weil in jener Frau die Kirche aus den Heiden vorabgebildet worden ist, die an Christus erst glaubte, nachdem er zum Vater hinaufgestiegen war; oder Jesus wollte, dass man so an ihn glaube, ihn geistig berühre, in der Überzeugung, dass er und der Vater eins sind. Von jemandem, der im Glauben fortgeschritten ist, kann man sagen, dass in seinem Innersten Christus gewissermaßen zum Vater aufgestiegen ist, so dass er ihn als gleich dem Vater erkennt, denn anders berührt man ihn nicht richtig, anders glaubt man nicht richtig an ihn[2]. Maria konnte aber so an ihn glauben, dass sie ihn als mit dem Vater ungleich hielt, was ihr allerdings mit den Worten verboten wird: «Rühre mich nicht an», das heißt: Glaube nicht so an mich, wie du es jetzt verstehst; strecke deinen Sinn nicht nur nach dem aus, was ich für dich geworden bin, ohne zu dem überzugehen, wodurch du es geworden bist. Glaubte sie jetzt nicht fleischlich an den, welchen sie wie einen Menschen beweinte? «Ich bin noch nicht», sagt er, «zu meinem Vater hinaufgestiegen»; dort wirst du mich berühren, wenn du an mich als dem Vater gleichen Gott geglaubt hast. «Gehe aber zu meinen Brüdern und sage ihnen: Ich steige hinauf zu meinem Vater und zu eurem Vater.» Er sagt nicht, zu unserem Vater; denn zu meinem ist etwas anderes als zu eurem: meinem gemäß der Natur, eurem gemäß der Gnade. «Und zu meinem Gott und zu eurem Gott.» Auch hier sagte er nicht: unserem Gott; denn auch hier ist zu meinem Gott etwas anderes als zu eurem: meinem Gott, dem auch ich als Mensch unterworfen bin,

[2] «Rühre mich nicht an» «bedeutet also, dass der Herr eher mit dem Glauben als mit einem fleischlichen Finger berührt werden kann», vgl. F. van der Meer, a.a.O., 444.

eurem Gott, dessen Vermittler ich bin zwischen ihm und euch. [CXXI, 3]

«Maria Magdalena geht hin und verkündet den Jüngern: Ich habe den Herrn gesehen und dies hat er mir gesagt. Als es nun Abend geworden war an jenem Tag, einem nach dem Sabbat, und die Türen verschlossen waren, wo die Jünger sich versammelt hatten aus Furcht vor den Juden, kam Jesus und trat in ihre Mitte und sagte zu ihnen: Friede sei mit euch! Und als er dies gesagt hatte, zeigte er ihnen die Hände und die Seite.» Die Nägel hatten seine Hände durchbohrt, die Lanze seine Seite geöffnet; um die Herzen der Zweifler zu heilen, sind die Spuren der Wunden sichtbar. Der Wucht des Leibes aber, in der die Gottheit wohnte, widerstanden die geschlossenen Türen nicht. Der, bei dessen Geburt die Jungfräulichkeit der Mutter unverletzt blieb, konnte in den Abendmahlsaal eintreten, ohne ihn zu öffnen. «Da freuten sich die Jünger, als sie den Herrn sahen. Da sagte er wiederum zu ihnen: Friede sei mit euch». Die Wiederholung dieser Worte ist wie eine Bestätigung: Er gibt ihnen den durch den Propheten verheißenen Frieden über Frieden (vgl. Jes 26,3). «Wie mich der Vater gesandt hat», fügt er hinzu, «so sende ich euch.» Wir wissen, dass der Sohn dem Vater gleich ist, aber hier vernehmen wir die Worte des Mittlers. Als Mittler offenbarte er sich mit den Worten: Wie er mich gesandt hat, so sende ich euch. «Als er dies gesagt hatte, hauchte er sie an und sprach zu ihnen: Empfanget heiligen Geist.» Im Anhauchen deutete er an, dass der Heilige Geist nicht nur der Geist des Vaters, sondern auch der seine sei. «Welchen ihr die Sünden nachlasst, denen sind sie nachgelassen; und welchen ihr sie behaltet, denen sind sie behalten.» Die Liebe der Kirche, welche durch den Heiligen Geist in unseren Herzen ausgegossen wird, vergibt die Sünden ihrer Glieder[3], denen aber, die nicht an ihr teilnehmen[4], behält sie sie. Daher hat er nach seinen Worten «Empfanget heiligen Geist», sofort das Wort vom Vergeben und Behalten der Sünden hinzugefügt. [CXXI, 4]

«Simon Petrus» sprach: «Ich gehe fischen. Da sprachen zu ihm, die bei ihm waren: Auch wir gehen mit dir. Sie gingen und stiegen in das Schiff; und in dieser Nacht fingen sie nichts. Als es aber schon Morgen geworden war, stand Jesus am Ufer; die Jünger aber erkannten nicht, dass es Jesus sei. Da sprach Jesus zu ihnen: Kinder, habt ihr nicht etwas zu essen? Sie antworteten ihm: Nein. Er sprach zu ihnen: Werfet das Netz rechts vom Schiffe aus, und ihr werdet finden. Sie warfen es also aus und konnten es nicht mehr herausziehen wegen der Menge der Fische. Da sprach der Jünger, den der Herr liebte, zu Petrus: Es ist der Herr. Als Simon Petrus gehört hatte, dass es der Herr sei, gürtete er sich mit dem Oberkleid und stürzte sich ins Meer. Die andern Jünger aber kamen in dem Schiffe und zogen das Netz mit den Fischen. Da sie nun ans Land stiegen, sahen sie Kohlen hingelegt und einen Fisch darauf, und Brot. Jesus sprach

[3] lat.: participum.

[4] die nicht mit ihr verbunden sind. Vgl. sermo 98,6: Die Binden des Lazarus «sunt vincula ipsius reatus». Augustinus unterstreicht hier auch die kirchliche Dimension der Buße. Im Anschluss an Tertullian hatte Ambrosius den Akt der Versöhnung der Büßer mit der Kirche mit folgenden Worten beschrieben: «Die Kirche betet für dich, das Volk weint über dich», zitiert nach E. Gandolfo, a.a.O., 1171.

zu ihnen: Bringet von den Fischen, die ihr jetzt gefangen habt. Simon Petrus stieg hinauf und zog das Netz ans Land voll großer Fische, hundertdreiundfünfzig. Und obwohl ihrer so viele waren, zerriss das Netz nicht.» [CXXII, 5]

Das ist ein großes Geheimnis im gewaltigen Johannesevangelium; um es umso stärker hervorzuheben, ist es als letztes aufgeschrieben. Bei diesem Fischfang waren sieben Jünger zugegen: Petrus, Thomas, Nathanael, die beiden Zebedäussöhne und zwei andere, deren Namen verschwiegen werden. Diese verweisen in ihrer Siebenzahl auf das Ende der Zeit. Die gesamte Zeit läuft nämlich in sieben Tagen ab. Darauf bezieht sich, dass Jesus am Morgen am Ufer stand; denn auch das Ufer zeigt das Ende des Meeres an und bedeutet deshalb das Ende der Welt. Dasselbe Ende der Welt scheint auch darin auf, dass Petrus das Netz an Land zog, das heißt ans Ufer[5]. Das hat der Herr selbst dargelegt, als er das Gleichnis vom ins Meer ausgeworfenen Netz vortrug: «Und sie ziehen es ans Ufer.» Als Erklärung, was das Ufer ist, sagt er: «So wird es sein am Ende der Welt» (Mt 13,48f.) [CXXII, 6]

Wenn wir die Zahl festlegen wollen, die das Gesetz bedeutet, welche ist es wenn nicht die Zehn? Wir wissen sicher, dass der Dekalog, die berühmten zehn Gebote, zuerst mit dem Finger Gottes auf zwei Tafeln geschrieben wurde (vgl. Dt 9,10; Ex 31,18). Aber das Gesetz

[5] Petrus schwimmt zum Herrn und steht dann neben ihm «auf dem Felsgrund der Ewigkeit», so umschreibt H. U. von Balthasar das Ufer (vgl. Licht des Wortes, a.a.O., 268).

führt, ohne den Beistand der Gnade, zu Übertretungen und liegt nur im Buchstaben; besonders deshalb sagt der Apostel: «Der Buchstabe tötet, der Geist macht lebendig» (2 Kor 3,6). Also vereine sich der Geist mit dem Buchstaben, damit der Buchstabe den nicht töte, den der Geist nicht lebendig macht; damit wir die Gebote des Gesetzes erfüllen, reichen unsere Kräfte nicht, sondern bedürfen der Hilfe des Heilands. Kommt aber die Gnade zum Gesetz, der Geist zum Buchstaben, wird gewissermaßen zur Zehn die Sieben hinzugefügt. Dass durch die Siebenzahl der Heilige Geist angedeutet wird, bezeugen ehrwürdige Stellen der Heiligen Schrift. Die Heiligkeit oder Heiligung wird ja im Besonderen dem Heiligen Geist zugeschrieben, durch den, auch wenn der Vater Geist ist und der Sohn Geist ist, sofern Gott Geist ist (vgl. Joh 4,24) und der Vater und der Sohn heilig sind, der Geist beider Heiliger Geist genannt wird. Und wo ertönte die Heiligung im Gesetz wenn nicht am siebten Tag? (...) Wenn also zur Zehn des Gesetzes der Heilige Geist in der Siebenzahl hinzukommt, sind es siebzehn; diese Zahl, von eins bis zu sich selbst addiert, wächst auf hundertdreiundfünfzig. Nicht nur hundertdreiundfünfzig Heilige auferstehen zum ewigen Leben, sondern Tausende von Heiligen, die an der Gnade des Heiligen Geistes Anteil haben. Diese Gnade stimmt mit dem Gesetz Gottes gleichsam wie mit einem Gegner überein, damit der Buchstabe nicht töte, was der Geist lebendig macht, sondern was durch den Buchstaben angeordnet wird, wird mit dem Beistand des Geistes vollendet und vergeben, wenn er nicht erfüllt wird. Alle die an dieser Gnade teilhaben, werden mit dieser Zahl abgebildet, das heißt sinnbildlich bezeichnet. Diese Zahl umschließt auch dreimal die Fünfzig und außerdem die

Drei, welche das Geheimnis der Trinität bedeutet. Fünfzig aber erfüllt sich durch die Multiplikation von sieben mal sieben unter Hinzufügung von eins, denn sieben mal sieben ergibt neunundvierzig. Eins aber wird hinzugefügt, um anzudeuten, dass es Einer ist, der mit der Sieben aufgrund seines siebenfachen Wirkens bezeichnet wird; und wir wissen, dass der Heilige Geist zu den Jüngern gesandt wurde (vgl. Apg 2,2-4; 1,4), nach der Verheißung, dass sie ihn am fünfzigsten Tag nach der Himmelfahrt des Herrn erwarten sollten. [CXXII, 8]

Das Evangelium des Apostels Johannes endet damit, dass der Herr nach der Auferstehung sich zum dritten Mal seinen Jüngern offenbart. Davon haben wir schon, soweit wir es vermochten, den ersten Teil behandelt bis zu der Stelle, wo der Evangelist berichtet, dass die Jünger, denen der Herr sich offenbarte, hundertdreiundfünfzig Fische fingen, und dass die Netze, obwohl die Fische groß waren, nicht zerrissen. Nun wollen wir das Folgende betrachten und mit Gottes Hilfe, dem Gegenstand angemessen, erklären. Nach dem Fischfang «sagte Jesus zu ihnen: Kommt, esst! Und keiner von den Mahlhaltenden wagte ihn zu fragen: Wer bist du? Denn sie wussten, dass es der Herr ist.» Wenn sie es also wussten, was mussten sie ihn fragen? Wenn sie es aber nicht mussten, warum heißt es: «Sie wagten nicht», wie wenn sie es gemusst, aber aus Furcht nicht gewagt hätten? Der Sinn dieser Worte ist der: So groß war die Evidenz der Wahrheit, mit der Jesus den Jüngern erschien, dass keiner von ihnen sie nicht nur zu leugnen, sondern nicht einmal zu bezweifeln wagte, denn hätte einer gezweifelt, hätte er sicher fragen müssen. Daher sagt der Evangelist: «Keiner wagte ihn zu fragen: Wer bist du?», wie wenn er sagte: Niemand wagte zu bezweifeln, dass er es sei. [CXXIII, 1]

(...) Der Herr sagte: «Bringt von den Fischen, die ihr gerade gefangen habt.» Wer meint, dass sie es auf seinen Befehl hin nicht getan haben? Davon bereitete also der Herr den sieben Jüngern das Frühmahl, vom Fisch, den sie auf dem Kohlenfeuer gesehen hatten, wobei er noch von den Fischen hinzufügte, die sie gefangen hatten und vom Brot, das sie nach der Erzählung des Evangelisten ebenfalls gesehen hatten. Der gebratene Fisch ist der leidende Christus. Er ist auch das Brot, das vom Himmel herabgekommen ist (vgl. Joh 6,41). Ihm wird die Kirche einverleibt, damit sie an seiner ewigen Seligkeit teilhabe. Darum wird gesagt: «Bringt von den Fischen, die ihr gerade gefangen habt», damit wir alle, sofern wir diese Hoffnung haben, uns bewusst sind, dass wir durch die Siebenzahl der Jünger, durch welche hier die Gesamtheit der Gläubigen abgebildet wird, an dem so großen Sakrament teilhaben und Verbündete eben dieser Seligkeit sind. Mit diesem Frühmahl des Herrn mit seinen Jüngern schließt Johannes sein Evangelium ab, obwohl er von Christus noch vieles zu sagen hätte, und zwar mit einer, wie ich meine, große Dinge umfassenden Betrachtung. Denn hier wird die Kirche, wie sie künftig nur in den Guten sein wird, durch den Fang der hundertdreiundfünfzig Fische versinnbildlicht; und denen, die das glauben, hoffen und lieben, wird durch dieses Frühmahl die Teilhabe an dieser ewigen Seligkeit geoffenbart. [CXXIII, 2]

(...) «Weide meine Schafe. Wahrlich, wahrlich, ich sage dir: als du jung warst, gürtetest du dich selbst und gingst, wohin du wolltest; bist du aber alt geworden, so wirst du deine Hände ausbreiten, und ein anderer wird dich gürten und dich dorthin führen, wohin du nicht willst. Dies sagte er, andeutend, welchen Todes er Gott verherrlichen sollte.» Dies also war das Ende[6] jenes Leugnenden und Liebenden, der vermessen hochfuhr, verratend hinabfuhr, weinend geläutert, bekennend erprobt und leidend gekrönt ward: das also war sein Ende: dass er in vollendeter Liebe stürbe für dessen Namen, mit dem zusammen er in verkehrter Hast zu sterben versprochen. So leiste in der Kraft des Auferstandenen, was der Kraftlose unzeitig versprach. Denn so war es recht: erst musste Christus sterben für Petri Entsündigung, dann Petrus für Christi Verkündigung. Verkehrt war, was menschliche Vermessenheit zu wagen begonnen hatte, denn die ewige Wahrheit hatte diese Reihe von Ereignissen vorbereitet. Petrus meinte, sein Leben für Christus hingeben zu können (vgl. Joh 13,37), er, der befreit werden musste, meinte, sein Leben für den Befreier hingeben zu können, obgleich Christus gekommen war, um sein Leben hinzugeben für die Seinen, von denen Petrus einer war. Seht, das ist bereits geschehen. Erlangen wir jetzt die wahre Herzensstärke, um für den Namen des Herrn mit dessen Gnade den Tod zu erdulden, keine falsche, die aus unserer Vermessenheit hervorgeht. Jetzt dürfen wir die Vernichtung dieses Lebens nicht mehr fürchten, weil durch den auferstandenen Herrn der Beweis eines anderen Lebens vorausging. Jetzt, Petrus, darfst du den Tod nicht fürchten, denn den du als tot betrauert und dem du aus fleischlicher Liebe zu sterben verwehrt hast (vgl. Mt 16,21f): er lebt. Du

[6] Das Antlitz der Kirche a.a.O., [162] 222.

hast es gewagt, dem Führer zuvorzukommen; du empfandest Angst vor seinem Verfolger; jetzt, da er den Lösepreis für dich errungen hat, folge dem Loskäufer, und folge ihm vorbehaltlos bis zum Tod am Kreuz. Du hast die Worte dessen vernommen, den du schon als wahr redend erkannt hast; der dir deine Verleugnung vorhergesagt hatte, hat dir jetzt dein Leiden vorhergesagt. [CXXIII, 4]

Petrus und Johannes

(...) Wie geschrieben steht, hat Gott, ohne sich seines Erbarmens zu verschließen (vgl. Ps 76,10), außer den Tröstungen für die Armen, die er dem Menschengeschlecht unaufhörlich verleiht, in der von ihm vorherbestimmten Fülle der Zeit seinen eingeborenen Sohn gesandt (Gal 4,4), durch den er alles erschaffen hatte (vgl. Joh 1,3), damit dieser, Gott bleibend, Mensch werde und der Mensch Jesus Christus Mittler zwischen Gott und den Menschen werde (vgl. 1 Tim 2,5). Im Glauben an ihn sind die Menschen durch das Bad der Wiedergeburt von der Anklage aller Sünden befreit, zuerst von der Erbsünde, die unserer Geburt geschuldet ist und gegen die ganz besonders die Wiedergeburt eingesetzt wurde, dann von den übrigen Sünden, welche durch schlechtes Tun verursacht werden. So sind sie von der ewigen Verdammnis befreit und leben in Glaube, Hoffnung und Liebe als Pilger in dieser Welt mitten in ihren mühseligen und gefährlichen Versuchungen, aber auch in Gottes leiblichen und geistlichen Tröstungen wandeln sie seiner Schau entgegen auf dem Weg, der

Christus für sie ist. Aber auch wenn sie auf diesem Weg wandeln, sind sie nicht ohne Sünden, die wegen der Schwäche ihres Lebens sich einschleichen. Deshalb verlieh der Herr ihnen das Heilmittel der Barmherzigkeit, zur Unterstützung ihres Gebets, das er sie gelehrt hatte: «Vergib uns unsere Schuld, wie auch wir unseren Schuldnern vergeben» (Mt 6,12). Das tut die Kirche, selig in der Hoffnung, in diesem mühseligen Leben; und der Apostel Petrus versinnbildlichte auf Grund seines apostolischen Vorrangs die Gestalt dieser Kirche. Denn was ihn selbst betrifft, war er von Natur ein Mensch, durch Gnade ein Apostel und sogar der erste unter ihnen. Aber als ihm gesagt wurde: «Dir werde ich die Schlüssel des Himmelreiches geben, und was immer du auf Erden binden wirst, wird auch im Himmel gebunden sein; und was immer du auf Erden lösen wirst, wird auch im Himmel gelöst sein» (Mt 16,19), stellte er die universale Kirche dar, die in dieser Welt von Versuchungen wie Unwettern, Fluten, Stürmen geschüttelt wird, aber nicht zu Fall kommt, weil sie auf Felsen (petra) gegründet ist, von wo Petrus seinen Namen ableitet. Denn nicht von Petrus kommt petra, sondern umgekehrt, wie auch nicht Christus vom Christen kommt, sondern der Christ nach Christus benannt ist. Deshalb sagte der Herr: «Auf diesen Felsen werde ich meine Kirche bauen», weil Petrus gesagt hatte: «Du bist Christus, der Sohn des lebendigen Gottes» (Mt 16,16.18). Auf diesen Felsen, den du bekannt hast, sagt der Herr, werde ich meine Kirche bauen. Denn der Fels war Christus (vgl. 1 Kor 10,4); auf diesem Fundament ist auch Petrus erbaut. Denn ein anderes Fundament als das gelegte, das Jesus Christus ist, kann niemand legen (vgl. 1 Kor 3,11). Die Kirche, die auf Christus gegründet ist, hat von ihm in

Petrus[1] die Schlüssel des Himmelreiches empfangen, das heißt die Gewalt, Sünden zu binden und zu lösen. Denn was die Kirche in Christus im eigentlichen Sinn ist, das ist sinnbildlich Petrus im Felsen; im übertragenen Sinn ist der Felsen Christus und die Kirche Petrus. Solange nun diese Kirche, die Petrus darstellt, im Bösen lebt, wird sie durch ihre Liebe zu Christus und seine Nachfolge vom Bösen befreit. Mehr noch aber folgt sie in denen nach, die für die Wahrheit bis zum Tod kämpfen. Aber zur gesamten Kirche wird gesagt: «Folge mir nach»; für diese Gesamtheit hat Christus gelitten, über den eben Petrus sagt: «Christus hat für uns gelitten und uns ein Beispiel gegeben, damit wir seinen Spuren folgen» (1 Petr 2,21). Deshalb wird zu ihm gesagt: «Folge mir nach.» Es gibt aber ein anderes unsterbliches Leben, das sich nicht im Bösen vollzieht; dort werden wir von Angesicht zu Angesicht schauen, was hier nur wie durch einen Spiegel rätselhaft gesehen wird (vgl. 1 Kor 13,12), auch wenn man im Betrachten der Wahrheit voranschreitet. Zweierlei Leben[2] kennt die Kirche, beide von Gott her ihr offenbart und empfohlen: das eine im Glauben, das andere im Schauen; das eine in wandernder Zeitlichkeit, das andere in der ewigen Wohnung; das eine in Mühe, das andere in Ruhe; das eine auf der Wanderung, das andere in der Heimat; das eine im Leisten des Werks, das andere im Lohn der Beschauung; das eine wendet sich vom Bösen ab und tut das Gute, das andere hat nichts Böses, wovon es sich abwendet, sondern etwas Großes, womit es das Gute genießt; das

[1] H. de Lubac, Credo, 149, a.a.O., ergänzt hier: In Petrus, um seines Glaubens willen, hat die Kirche die Schlüssel des Himmelreichs empfangen.

[2] Das Antlitz der Kirche, a.a.O., [156] 214f.

eine kämpft mit dem Feind, das andere gebietet ohne Feind; das eine ist stark in den Widerwärtigkeiten, das andere empfindet nichts Widriges; das eine zügelt die fleischlichen Gelüste, das andere widmet sich geistlichen Vergnügungen; das eine ist beunruhigt in der Sorge um den Sieg, das andere sorglos im Frieden des Sieges; das eine ist in Versuchungen auf Beistand angewiesen, das andere erfreut sich ohne Versuchung am Beistand selbst; das eine unterstützt die Bedürftigen, das andere ist dort, wo es keinen Bedürftigen gibt; das eine vergibt fremde Sünden, damit ihm die eigenen vergeben werden, das andere erleidet weder Unrecht, das es vergeben sollte, noch tut es etwas, was ihm vergeben werden müsste; das eine wird von Übeln gegeißelt, damit es sich nicht in Gütern erhebe, das andere ist durch eine Überfülle an Gnade von jedem Übel frei, so dass es ohne Versuchung zum Hochmut dem höchsten Gut anhängt; das eine trennt Gut und Böse, das andere kennt nur das Gute; das eine ist also gut, das andere besser und selig. Dieses wird durch den Apostel Petrus dargestellt, jenes durch Johannes. Dieses wird[3] ganz hienieden verlebt bis zum Ende der Welt und findet an diesem sein Ende; jenes wird, um vollendet zu werden, verschoben bis nach dem Ende der Welt, in der künftigen Welt aber hat es kein Ende. Darum wird zu diesem gesagt: «Folge mir nach», von jenem aber: «Wenn ich will, dass er so bleibe, bis ich komme? Was geht dich das an? Du folge mir nach.» Was denn bedeutet dies? Soviel ich sehe, soviel ich verstehe, nichts anderes als dies: Du folge mir nach, du ahme mich nach im Ertragen zeitlicher Übel; jener bleibe, bis ich wiederkehrend ewige Güter bringe. Was

[3] Ebd.

sich deutlicher so umschreiben lässt: Die vollkommene Tätigkeit folge mir nach, durchformt vom Beispiel meines Leidens. Anhebende Kontemplation hingegen harre aus, bis ich komme, um dann erst, wenn ich komme, vollendet zu werden.[4] Es folgt Christus nach bis hin zum Tode die Vollgestalt des fromm-geduldigen Leidens, aufgespart aber bleibt bis zur Ankunft Christi die dann zu enthüllende Vollgestalt der Erkenntnis. Denn hienieden erträgt man die Übel der Welt im Lande der Sterbenden, drüben erschaut man die Güter Gottes im Lande der Lebenden. Und wenn es heißt: «Ich will, dass er so bleibe, bis ich komme», so meint dieses Bleiben kein Zurückbleiben oder Am-Leben-Bleiben, sondern ein wartendes Aufgespart-Werden, weil das, was er versinnbildet, eben nicht jetzt, sondern bei Christi Wiederkunft sich erfüllt. Wenn aber das Wirken dessen, dem gesagt ist: «Folge mir nach», nicht erfüllt wird, so gelangt man auch nicht zum Erhofften hindurch. Je mehr wir in diesem tätigen Leben Christus lieben, umso leichter werden wir von dem Übel erlöst. Er aber liebt uns weniger, so wie wir jetzt sind; und erlöst uns von hier, damit wir nicht immer so seien. Drüben liebt er uns mehr, denn dort wird nichts Missfälliges, Abzustreifendes mehr an uns haften: und allein darum liebt er uns hier, um uns zu heilen und hinüberzupflanzen von dem weg, was er nicht liebt. Hier also weniger, wo er unser Bleiben nicht will, dort mehr, wohin er unseren Übergang will und nicht unser Umkommen. So liebe ihn denn Petrus, auf dass wir dieser Sterblichkeit entrinnen; er aber liebe Jo-

[4] Vgl. H. U. von Balthasar, Thomas und die Charismatik, Quaestio 182, 2, a.a.O., 230.

hannes, auf dass wir jene Unsterblichkeit gewinnen. [CXXIV, 5]

Aber mit dieser Begründung wird gezeigt, warum Christus Johannes mehr als Petrus liebte, nicht warum Petrus Christus mehr als Johannes geliebt hat.[5] Denn wenn Christus uns in der zukünftigen Welt, in der wir ewig mit ihm leben werden, mehr liebt als in dieser, aus welcher er uns befreit, um immer mit ihm dort zu sein, dann werden wir ihn nicht weniger lieben, wenn wir besser sein werden, weil wir ja auf keine andere Weise besser sein können, als indem wir ihn mehr lieben. Warum also liebte Johannes ihn weniger als Petrus, wenn dieser dieses Leben versinnbildlichte, in dem man noch viel mehr lieben soll? Sicherlich deshalb, weil der Herr sagt: «Ich will, dass er bleibt», das heißt wartet, «bis ich komme.» Das bedeutet, dass auch wir diese Liebe, die dann viel größer sein wird als jetzt, noch nicht haben, aber hoffen, sie zu haben, wenn er kommt. Denn derselbe Apostel schreibt in seinem Brief: «Noch ist nicht offenbar geworden, was wir sein werden; wir wissen, dass wir, wenn es sich offenbart, ihm ähnlich sein werden, weil wir ihn schauen werden, wie er ist» (1 Joh 3,2). Wenn wir ihn sehen, dann werden wir mehr lieben. Der Herr selbst, der unser künftiges Leben, das in uns angelegt ist, kennt, liebt uns in seiner Vorherbestimmung mehr, um uns liebend dorthin zu geleiten. Daher, weil alle Wege des

[5] Diese Frage, warum Jesus zwar Johannes mehr liebt, aber von Petrus mehr Liebe verlangt, sollte man, so Hans Urs von Balthasar, nicht stellen. Indem Johannes das Vorrecht der größeren Liebe an Petrus abtritt, kann «sein Persönliches im Kirchlichen aufgehen». Vgl. ders., Der antirömische Affekt, Wie lässt sich das Papsttum in der Gesamtkirche integrieren? Johannes Verlag Einsiedeln, Freiburg 2. Auflage 1989, 185.

Herrn Barmherzigkeit und Wahrheit sind (vgl. Ps 24,10), kennen wir unser gegenwärtiges Elend, weil wir seine Last fühlen; und deshalb lieben wir umso mehr die Barmherzigkeit des Herrn, die wir zur Befreiung aus unserem Elend ersehnen; wir erflehen sie täglich zur Vergebung unserer Sünden und erhalten sie. Das versinnbildlicht Petrus, der mehr liebt, aber weniger geliebt wird, weil Christus uns weniger im Elend als in der Seligkeit liebt.[6] Auch wir lieben jetzt weniger die Schau der Wahrheit, wie sie dann sein wird, weil wir sie noch nicht kennen und innehaben; sie wird durch Johannes versinnbildlicht, der weniger liebt und deshalb wartet, dass der Herr kommt, um ihn in den Besitz der Wahrheit zu bringen und um in uns die Liebe zu vollenden, wie sie dem Herrn geschuldet ist. Johannes aber wird mehr geliebt, weil das, was er versinnbildlicht, ewig selig macht.[7] [CXXIV, 6]

Niemand aber trenne[8] diese beiden hervorragenden Apostel[9]. Denn einerseits waren beide in dem, was Petrus versinnbildlichte, und andererseits sollten beide in dem, was Johannes versinnbildlichte, einmal sein. Nur im Sinnbild folgte dieser nach, blieb dieser: im Glauben

[6] Hans Urs von Balthasar fragt, ob diese Scheidung zwischen der reinen Kirche der Liebenden und der unreinen Kirche der Sünder im 4. Jahrhundert nicht bereits überholt war: «Müsste hier nicht seine [Augustinus'] Mariologie sich wirksamer in seiner Kirchenlehre auswirken?» Ebd., 150

[7] Petrus versinnbildlicht also das zeitliche Leben in Elend und Sünde, Johannes «die Vorwegnahme der Seligkeit der reinen Kirche in der Beschauung»; vgl. ebd., 149.

[8] Das Antlitz der Kirche, a.a.O., [156] 214f.

[9] Ihre Einheit hat Augustinus hier «als erster sichergestellt», ders., Antirömischer Affekt, a.a.O.,149.

erduldeten beide die Übel der elenden Gegenwart, erhofften beide die Güter der kommenden Seligkeit. Und nicht allein sie: die gesamte heilige Kirche, Christi Braut, tut das, um diesen von diesen Fährnissen enthoben und in jenem Glück aufgehoben zu werden. Für diese beiden Leben wurden Petrus und Johannes als Sinnbilder aufgestellt: aber einträchtig wandelten beide hienieden im Glauben und werden beide drüben im Schauen genießen. Für alle Heiligen, die unzertrennlich zum Leibe Christi gehören, hat also der Apostelfürst Petrus am Steuer dieses hoch wogenden Lebens die Schlüssel des Himmelreichs[10] zum Binden und Lösen der Sünden erhalten. Aber nicht minder für alle Heiligen hat der Evangelist Johannes um jenes andern, tief verborgenen Lebens im abgründigen Schoße willen am Busen Christi geruht. Denn weder dieser allein, sondern die ganze Kirche bindet und löst Sünden, noch Johannes allein trank aus der Quelle der Brust, was er in seiner Predigt verströmte: die erhabene Wahrheit des Wortes, das im Anfang war, das Gott war und bei Gott war (vgl. Joh 1,1) und die übrigen Wahrheiten über die Gottheit Christi, die Erhabenheiten über die Trinität und die Einheit der drei Personen, welche wir in der Ewigkeit von Angesicht zu Angesicht, hier aber, bis zur Wiederkunft des Herrn, nur in Spiegeln und Rätsel betrachten können (vgl. 1 Kor 13,12). Aber der Herr hat selbst sein Evangelium auf der ganzen Erde verbreitet, damit die Seinen gemäß ihrer jeweiligen Empfänglichkeit davon trinken. (…) [CXXIV, 7]

[10] Hier klingt die Schiffsmetapher an; Petrus als Steuermann hat das Schifflein durch die Wogen der gegenwärtigen Welt zu steuern: Am Ende der Zeiten wird jedoch der verklärte Herr die Heiligen der Ecclesia gloriosa zu sich holen. Vgl. Hugo Rahner, a.a.O., 488.

BIBLIOGRAPHIE

I. Ausgaben und Übersetzungen:

Sancti Aurelii Avgvstini, In Iohannis Evangelivm Tractatvs CXXIV, CCL36, Brépols Tvrnholti 1954.

Augustin, Traités sur Saint Jean, tome dixième 315-720 et tome onzième 1-161. In Œuvres complètes, Sermons de Saint Augustin, Sous la direction de Raulx M. Bar-le-Duc 1872.

Agostino, Commento al Vangelo di Giovanni. Introduzione di Oreste Campagna e Agostino Vita. Traduzione e note di Emilio Gandolfo, Città Nuova Editrice, Roma 2012.

Balthasar, H. U. von, Das Antlitz der Kirche, Johannes Verlag Einsiedeln, Freiburg 1991.

Aurelius Augustinus, Vorträge über das Evangelium des Hl. Johannes, übersetzt und mit einer Einleitung versehen von Thomas Specht, III Bände (BKV), Kösel, Kempten, München 1913-1914.

II. Literatur (Auswahl):

Behler, G. M., Das Ärgernis des Kreuzes. In: Geist und Leben 32 (1959), 5-12.

Berrouard, M.-F., Introduction aux Homélies de Saint Augustin sur l'Évangile de Saint Jean, Paris (Institut d'Études Augustiniennes) 2004.

Berrouard, M.-F., Le Tractatus 80,3 in Iohannis Euangelium de saint Augustin: La parole, le sacrement et la foi in: Révue d'Études Augustiennes et Patristiques 33 (1987).

Curtrone, E. J., Sacrements, in: Encyclopédie Saint Augustin. Le Méditerranée et l'Europe: IVe-XXIe Siècle, Les Éditions du Cerf, Paris 2005.

Daniélou, J., Die vierzig und die fünfzig Tage, in: Vom Geheimnis der Geschichte, Übertragung ins Deutsche von Peter Henrici, Schwabenverlag, Stuttgart 1955.

Dassmann, E., Augustinus, Heiliger und Kirchenlehrer, Kohlhammer, Stuttgart, Berlin, Köln 1993.

Dassmann, E., Überlegungen zu Augustins Vorträgen über das Johannesevangelium, in: Trierer Theologische Zeitschrift 78 (1969), 257-282.

Fitzgerald, A. D., Homélies sur l'Évangile de Saint Jean, in: Encyclopédie Saint Augustin. Le Méditerranée et l'Europe: IVe-XXIe Siècle, Les Éditions du Cerf, Paris 2005.

Fries, T., Eucharistische Spiritualität bei Augustinus von Hippo, Augustinus bei Echter, Würzburg 2016.

Geerlings, W., Augustinus – Leben und Werk. Eine bibliographische Einführung, Ferdinand Schöningh, Paderborn, München, Wien, Zürich 2002.

Genn, F., Trinität und Amt nach Augustinus, Johannes Verlag, Einsiedeln 1986.

Gilson, S., Der heilige Augustinus. Eine Einführung in seine Lehre, Hegner Hellerau 1930.

Hofrichter, P., Wer ist der «Mensch, von Gott gesandt» in Joh 1,6? Biblische Untersuchungen Bd. 21 (Ergänzungsheft zu Band 17), Verlag Friedrich Pustet, Regensburg 1990.

Meer, F. van der, Augustinus der Seelsorger: Leben und Werk eines Kirchenvaters, Verlag J.P. Bachem, Köln 1951.

Müller, H., In Iohannis euangelium tractatus, in: Augustinus-Lexikon 3, Fasc. 5/6, Verlag Schwabe, Basel 2008, 702-730.

Potterie, I. de la, Die Passion nach Johannes. Der Text und sein Geist, Johannes Verlag Einsiedeln, Trier 1987.

Rahner, H., Symbole der Kirche. Die Ekklesiologie der Väter, Verlag Otto Müller Salzburg 1964.

Schnackenburg, R., Das Johannesevangelium. I. Teil, Einleitung und Kommentar zu Kap. 1-4, Verlag Herder Freiburg, Basel, Wien 1965; III. Teil, Kommentar zu Kap. 13-21, Verlag Herder Freiburg, Basel, Wien 1975.

Sieben, H. J., Augustinusauslese. Texte zum Glaubensbekenntnis, Ferdinand Schöningh, Paderborn 2006.

Simonis, W., Ecclesia visibilis et invisibilis. Untersuchungen zur Ekklesiologie und Sakramentenlehre in der afrikanischen Tradition von Cyprian bis Augustinus, Josef Knecht Verlag, Frankfurt am Main 1970.

Toribio, J. F., El prólogo de san Juan en la obra de San Augustin. Uso exegetico y teologico, in: Mayéutica 12 (1986) 40-146.

Williams R., Création, in: Encyclopédie Saint Augustin, La méditerranée et l'Europe IVe – XXIe siècle, Les éditions du Cerf, Paris 2005, 404-409.